U0789712

全国教育科学“十三五”规划2016年度国家重点课题“义务教育学校标准化建设研究”（AHA160006）成果

新时代
义务教育学校标准化建设的中国探索

张新平　佘林茂　等◎著

科学出版社
北京

内 容 简 介

义务教育学校标准化建设是推进我国义务教育优质均衡发展，走向教育公平的纵深战略。在全社会扎实推进共同富裕的新时代，义务教育学校标准化建设的行动及其研究也逐渐成为一个探索共同富裕的“教育样板”。

本书旨在系统梳理义务教育学校标准化建设这一公众议题的基本问题，在国际比较视域基础上从“条件”“区域”“效果”等角度，分步分类研究我国义务教育学校标准化建设的现实逻辑与问题状态，进而凝练区域典型经验，探寻义务教育学校标准化建设的“中国方案”，为建设“高质量教育体系”寻找方法路径与机制保障。

本书对中小学校长，学校管理人员及教育行政人员，教育类本科生、研究生，以及教育相关研究人员有一定的参考价值。

图书在版编目（CIP）数据

新时代义务教育学校标准化建设的中国探索 / 张新平等著. —北京：科学出版社，2022.11

ISBN 978-7-03-067858-4

Ⅰ. ①新… Ⅱ. ①张… Ⅲ. ①义务教育-学校管理-标准化-研究-中国 Ⅳ. ①G522.3-65 ②G637-65

中国版本图书馆 CIP 数据核字（2020）第 272012 号

责任编辑：朱丽娜 高丽丽 / 责任校对：郑金红
责任印制：李 彤 / 封面设计：润一文化

科 学 出 版 社 出版
北京东黄城根北街 16 号
邮政编码：100717
http://www.sciencep.com

北京建宏印刷有限公司 印刷
科学出版社发行 各地新华书店经销
*
2022 年 11 月第 一 版 开本：720×1000 1/16
2022 年 11 月第一次印刷 印张：18 1/2
字数：300 000

定价：108.00 元

（如有印装质量问题，我社负责调换）

目　录

导论　重新发现义务教育学校标准化建设

新时代，我国义务教育发展面临着新机遇、新挑战、新问题。社会公众对义务教育抱持更高期待，从关注数量到关注质量，从关注“有学上”到关注“上好学”。如何让每一位学生得到“公平而有质量的教育”是面临的现实挑战，对此国家先后出台了相关政策。其中一项重大举措便是开展义务教育学校标准化建设，推进义务教育均衡发展，落实教育公平与社会正义。“义务教育学校标准化建设”这一议题，较早的正式表达见于中共中央、国务院印发的《国家中长期教育改革和发展规划纲要（2010—2020年）》，其将“义务教育学校标准化建设”确立为重大项目，作为一项国家行动来推进义务教育均衡发展。其中明确提出，建立健全义务教育均衡发展保障机制，推进义务教育学校标准化建设，均衡配置教师、设备、图书、校舍等资源。2014年，《国家贫困地区儿童发展规划（2014—2020年）》中进一步提出，“推动各地制定义务教育阶段学校标准化的时间表、路线图”，解决农村义务教育中寄宿条件不足、上下学交通困难、基本教学仪器和图书不达标等突出问题。为响应和执行国家推动义务教育学校标准化建设的号召，各级地方政府纷纷根据国家教育法规、政策文件精神，结合各地实际情况研制、颁布了“义务教育学校标准化建设项目规划”以及“义务教育学校办学基本标准”等系列政策文件。譬如，广西出台了《广西壮族自治区义务教育学校标准化建设项目规划（2010—2020年）》，浙江出台了《浙江省义务教育标准化学校基准标准》等。可以说，推进义务教育学校标准化建设是新时代教育发展的必由之路，也是新时期国家和地方政府制定政策的必然选择。

新时代，以“标准化”建设推进义务教育发展，也彰显了标准化在中国教育现代化进程中的地位与作用。长期以来，各地的实际情况不同，地区环境与条件迥异，各地在有效推进义务教育发展的同时，取得了不少成果，同时也由于经验偏差、建设随意性等问题的存在，导致义务教育发展缺乏应有的“评价尺度”和科学参照。为此，2014 年，国家制定或完善教育标准多达 20 多项，这一年成为名副其实的中国教育的“标准年”，进一步构建和完善了国家教育基本标准。2018 年，《教育部关于完善教育标准化工作的指导意见》出台，强调要落实党中央、国务院关于“标准化工作”的决策部署，强化“标准”对加快教育现代化、建设教育强国、办好人民满意的教育的支撑和引领作用。该文件还指出，进入新时代，我国教育事业步入高质量发展阶段，教育标准的重要性愈益凸显。加快教育现代化、建设教育强国、办好人民满意的教育，引导我国教育总体水平逐步进入世界前列，必须增强标准意识和标准观念，形成按标准办事的习惯，提升运用标准的能力和水平，形成可观察、可量化、可比较、可评估的工作机制，充分发挥标准的支撑和引领作用。

在“义务教育学校标准化建设”研究层面，学界讨论的相关话题越来越多，在研究上贡献了很多智识与力量，当然也有不一样的声音。例如，有人认为在提倡教育高质量发展的时代，似乎提“标准化建设”早已是不合时宜的，更有来自多方面的挑战与疑虑。在实践上，有人认为标准化使学校失去了特色化的优势；在理论上，“标准化”被部分研究者钉在教育发展的耻辱柱上；在政策上，层出不穷的各类标准形成“标准丛林”，“乱花渐欲迷人眼”，让人无所适从。①

可以说，多年来，在推进义务教育学校标准化建设的过程中，究竟哪些环节是最重要的，仍有待形成共识；标准化建设的真实效果究竟如何，仍有待

---

① 有学者认为，现代社会、现代学校以标准化为特性，我们在其中浸润已久，已经失去了对这种根本恶的敏感。有研究者提出，完全的标准化教育对人的独特性的伤害，是在特定语境下讨论标准化教育的问题，这无可厚非。但是初看题目，很容易让人产生“标准化是无用的、罪恶的”的绝对观念，容易使碎片化阅读时代不谨慎的人产生偏狭的误会。事实上，研究者自身也认同标准化的意义：“当然，个性化的前提是有一个基本的准入水平，即从建筑、场地、设施、人员、制度等方面有一个基本的达标标准，这是办学的准入门槛或最低限制，达到之后，办成什么样的特色，完全是学校师生自己说了算。”［参见：高德胜. 论标准化对教育公平的伤害[J]. 教育科学研究，2019，(2)：5-12］本书中的标准化建设并非绝对统一之义，其背景、内涵、特点复杂、丰富，也并非说“教育要走向绝对统一化”，具体内容参见本书正文。

验证；区域推进义务教育学校标准化建设的典型经验是什么，仍有待明晰；“义务教育学校标准化建设”本身究竟是什么，仍有待廓清。作为一项系统而深入的研究，本书旨在回应新时代的这一宏大命题。但本书并不想用“宏大叙事”回答“宏大命题”，因为这样得到的答案有可能是全面而无用的、统一而无意义的。在现代性与后现代思潮并存的时代，我们将暂时悬置教育研究无所不包的“完整叙事”，转而寻求一种合乎历史与逻辑、本土与国际、理论与实务的“适切”研究范式，用四个字概括这一研究，即精准关切。

“精准关切”这一话语表达，来源于国家对农村的“精准扶贫”“精准帮扶”。“精准扶贫”的重要思想最早是在 2013 年 11 月被提出的，习近平到湖南湘西考察时首次做出了“精准扶贫”的重要指示。习近平还提出扶贫开发“贵在精准，重在精准，成败之举在于精准”，由此“精准扶贫”成为各界热议的关键词。[①]“精准扶贫”是粗放扶贫的对称，是指针对不同贫困区域环境、不同贫困农户状况，运用科学、有效的程序对扶贫对象实施精确识别、精确帮扶、精确管理的治贫方式。所谓精准关切，即在工作与研究中注重全面、真实、系统探究的前提下，坚持以实证和务实的方式关注问题的本源，促进问题的敞现及其精准解决，至少应该包括以下核心要义：问题导向、循证本位和共建共享。

第一，坚持问题导向。义务教育学校标准化建设是一项宏大的系统工程，需要在把握整体和关注全局的同时，强调体现科学精神与价值伦理的“精准关切”，尤其是要精准把握这项工作及其研究背后的原点问题、关键问题、重点问题、难点问题。①回归原点问题。义务教育学校标准化建设的内涵是什么，为何在实践中有多种误解，要回答这些问题，需要回归理论的原点，从原理层面进行概念辨析、关系比较、学科视角等方面的对话。这种基本原理的回归，还需要定位于更大范围的视域，探索全球视野下义务教育学校标准化建设的基本理路与基本关系。②把握关键问题。这方面包括义务教育学校标准化建设的前置条件是什么，投入保障与资源配置在何种层面上形成了学校标准化建设的“底层支撑”。③聚焦重点问题。农村教育作为教育工作的重中之重，在全面建设小康社会中具有基础性、先导性、全局性的重要作用，特别需要关注

① 习近平精准扶贫精准脱贫思想的实践和理论意义[EB/OL]. http://politics.people.com.cn/n1/2016/0209/c1001-28118280.html(2016-02-09).

少数民族地区、山区、革命老区等欠发达地区农村义务教育学校标准化建设现状，为农村学校的发展寻求方向与出路。④应对难点问题。这方面包括如何全面评估义务教育学校标准化建设的实施效果，特别是从产出端给予科学评价，并凝练区域推动义务教育学校标准化建设的特色经验。

第二，坚持循证本位。精准关切在何种程度上实现，需要坚持以实证与事实为基础的科学研究，基于证据的研究、决策与实践才能让精准关切有底气、有根基、有依据。作为一项重大政策行动，如何判断义务教育学校标准化建设得到有效保障（例如，实现城乡之间、地区之间义务教育的优化组合并能够促进义务教育均衡发展，政府对学校的投入达到了优化组合且无闲置或不足），以及如何更为全面地评估义务教育学校标准化建设的实施效果等，皆需要基于证据的研究设计，走向基于证据的教育决策与改进。就此而言，进一步推进教育信息化建设，实现从“经验决策”到“循证决策”的转型，始终存在较大的优化空间。[①]本书研究团队严格落实循证本位，在调查、数据分析与挖掘中，力图准确分析义务教育学校标准化建设工作取得的实际效果和存在的不足，为改进相关工作提供更为精准的参考，践行“无证据，不决策”[②]的实证研究理路。

第三，坚持共建共享。精准关切在方式上贵在“精准”，在结果上重在“关切”。关切不仅是研究与实践中的关注、关心、关怀，更是切己之关系的社会建构，是命运共同体视域下义务教育学校标准化建设及其研究的多元关系的对话与融合。在教育现代化进程中，义务教育学校标准化建设在一定意义上促进了学校自主发展、政府投入、社会公众参与的新样态的形成，有利于推进教育治理体系与治理能力的现代化。在共建共治共享的新时代，本研究团队特别注重区域推动义务教育学校标准化建设的经典模式，对地方建设经验进行挖掘、汇聚、推广和分享，以点带面，力图开拓义务教育学校标准化“建设群”的新局面。

---

① 张新平. 科学化的县级教育行政决策[J]. 决策与信息，2018，(9)：77-80.

② 在此方面，本研究团队发表了大量实证研究成果，具体如下：学校信息化硬件投入如何影响学生成绩——基于南京市初中的实证研究[J]. 教育学术月刊，2020（1）：87-94；义务教育学校标准化建设改善了学业成绩吗？——基于A省域内监测数据的实证分析[J]. 教育学术月刊，2019，(5)：87-95；从“苦学”到“巧学”：探析影响学生学业成绩的关键因素——基于江苏省262245名学生学业质量监测数据的实证研究[J]. 中小学管理，2018，(11)：39-43；地级党委常委集体特征对教育财政支出影响的实证研究[J]. 教育发展研究，2018，(17)：15-20，42；集权化教育财政改革是否促进了省域内教育经费均等——基于县级数据的考察[J]. 教育与经济，2016，(5)：44-48；家庭背景、教育质量与学生能力形成——基于CEPS的多层线性模型分析[J]. 当代教育与文化，2018，(4)：70-79.

尽管我们并非想以绝对完美的框架来设计本书，放弃所谓的宏大叙事，但并不代表本书没有自身的“四梁八柱”。在精准关切理念下，我们重点从三个层面、六个问题来阐述这项宏大议题，整体以“一三一”结构呈现，即一个原点、三大关切、一个总结。

一个原点性问题，即义务教育学校标准化建设的“为什么”“是什么”问题，这是本书研究的总体问题，旨在揭示义务教育学校标准化建设的政策由来、理论纷争等起始状态（第一章）。当然，这一基本原理问题更需要将“视域”扩大到整个“全球视野”（第二章），探索比较视域下全球义务教育学校标准化建设的发展演变与共同议题，以形成义务教育学校标准化建设研究的整体面貌，为后续研究奠定理论基础。

三大关切性问题，即探索义务教育学校标准化建设的紧迫现实问题，分别从“条件”“区域”“结果”角度，分步分类研究义务教育学校标准化建设的现实逻辑与问题状态。在条件（资源投入）层面，主要研究义务教育学校标准化建设的投入机制与优化策略，重点关注学校标准化建设中义务教育学校资源投入的供需匹配问题（第三章）。在地区层面，对我国农村义务教育进行宏观与微观的“双重聚焦”，一方面在宏观上进行农村义务教育学校标准化建设的整体宏观叙事，“精准关切”农村义务教育学校标准化建设的进展、问题与改进路径（第四章）；另一方面，在微观意义上选取我国东、中、西部三个县区的乡村学校，对乡村小规模学校标准化建设进行田野考察（第五章）。在结果层面上，从产出端意义上科学地评估义务教育学校标准化建设的实施效果（第六章）。

一个总结性问题，即从概括与升华的意义上研究我国区域推进义务教育学校标准化建设的典型经验，在此基础上探索义务教育学校标准化建设的中国“区域方案”（第七章），聚焦起步早、成体系的先行探索省份在义务教育学校标准化建设过程中创生了何种新思路、新理念、新路径，如何凝练我国义务教育学校标准化建设的“地方性知识”。这也在某种层面上形成了研究的“回环”，即呼应第一部分的全球经验比较，形成更多的鲜明参照与意义构建。

总之，本书七章内容就是对六个精准关切的问题进行聚焦研究。通过设计的系列问题，我们期待能够把握义务教育学校标准化建设的实质内涵，借鉴国际义务教育学校标准化建设的参照经验，探索义务教育学校标准化建设的投入机制，寻求对农村义务教育学校标准化建设的精准把脉，探析如何对义务教育学校标准化建设的效果进行科学评估，深挖我国区域推进义务教育学校标准化建设的路径和经验。具体来说，我们从如下方面进行义务教育学校标准化建设的多维探究。

第一，义务教育学校标准化建设的基本原理研究。义务教育学校标准化建设是我国长久以来持续推进的教育行动。在中国教育现代化过程中，我国教育标准化进程持续加快，一系列教育标准不断得到制定和实施。作为“标准”家族谱系成员，从中央到地方出台的各种标准文件，如《义务教育学校管理标准》《义务教育学校校长专业标准》等，在不同层面上回应了义务教育学校标准化建设问题。我们从政策话语出发，首先考察义务教育学校标准化建设的基本内涵，力图科学地界定义务教育学校标准化建设的定义与范围，并将其作为历史进程中不断演进的公众议题，讨论其不断涌现的复杂多元状态及其构成的多重面向。譬如，从“元标准性”来看义务教育学校标准化建设，可以发现，标准关涉“愿景”，更关涉“效用”；标准关涉“操作”，更关涉“理据”；标准关涉“技术”，更关涉“人情”。其次，我们从系统性层面考察义务教育学校标准化建设，借助“关系范畴”解构学校标准化建设关涉的多重关系。在实践工作中，这种多重关系要求我们要尊重当前义务教育学校标准化建设过程中的“方法论”原理，包括坚持“实事求是”的精神，明确“抓两头、带中间”的思想，牵住建设工作的“牛鼻子”，运用好工作中的“辩证法”。作为一项公共议题，义务教育学校标准化建设在法学、教育学、经济学与管理学等多学科中均有讨论，我们需要回到学科立场，充分考量规范、秩序、效能、科学、理性、管理、育人、公平、均衡等不同理论关切在义务教育学校标准化建设中的价值立场，形成有关义务教育学校标准化建设的更为丰富的多元化解释。

第二，义务教育学校标准化建设的国际比较研究。如果将义务教育学校标准化建设作为一项教育现代化工程进行“知识考古”，探析全球义务教育学校标准化建设的现代化进程，可以发现其开端、发展与完善的历史过程。全球教育现代化进程，最早可追溯到17世纪的欧洲，标准化的班级授课制诞生，意味着真正意义上现代学校教育的产生和发展。20世纪的现代学校是“现代工厂制度”的翻版，最为显著的是学校的“工厂化”与班级的“车间化”逐渐成为现代义务教育学校标准化建设的基本样态。随后，崇尚“效率至上”的现代学校在办学过程中逐渐聚焦于学校制度标准与体系标准的规范化，不断完善公共教育系统，也就是在持续追求义务教育学校标准化建设的公共性和民主性。我们可以看到，20 世纪各国现代学校的标准化建设整体上是对“工业化”的回应，提升效率和效益是学校办学的主要目的，而进入 21 世纪之后，在重视效率的同时，各国推行学校标准化建设更多的是激活学校创新活力，或者说更加致力于提升教育质量。进一步而言，21 世纪以来，世界各国的学校标准化建设也存在“静悄悄的革命”，连续性的现代性思维在学校标准化建设行动中并非被完全遵循，而是随着“时代精神”不断演变或转移，在“人工智能”“大数据”甚至“元宇宙”技术或概念的冲击下，标准化建设行动出现了多元复杂的发展轨迹，从技术伦理和全球共同利益视角下重新定义义务教育学校标准化建设，也显得尤为必要。从全球义务教育学校标准化建设现状来看，朝向“全球共同利益”的义务教育目的，“公平、效率、质量”的价值维度，“硬件、软件、人件”的办学向度等，均是值得进一步关注的共同议题与价值选择。

第三，义务教育学校标准化建设的资源配置研究。义务教育学校标准化建设是推进义务教育均衡发展的重要举措，其中教育资源供给与人口需求的均衡是教育均衡的重要维度，从“供给”意义上全面考量义务教育学校标准化建设问题，是重要的前端性研究。目前，持续的人口数量动态变化、不均衡的人口空间分布与经济发展水平影响了义务教育的总体需求与供给水平，进而给义务教育资源的供给总量和配置安排带来较大压力。当前，在义务教育学校标准化建设工作中，是否能够实现城乡之间、地区之间义务教育的优化组合并促进义务教育均衡发展，是判断教育资源配置效率高低的重要标准。衡量义务教育阶段学校财政投入效率高低，重要的标准在于政府对学校的投入是否达到了优化组合且无闲置或不足现象。只有达到了这两个标准，才能真正保证义务教育学校标准化建设的有效实施。与传统研究相比，我们试图跳出目前义务教育学校标准化建设中既定的监测框架，重点关注义务教育学校资源投入的供需匹配问题，以学校布局为切入点进行实证分析，以对我国义务教育学校标准化建设中的学校资源配置及供需匹配有较为清晰的认识。具体而言，我们先就学校设置及其资源配置问题对目前的义务教育服务水平现状进行了实证分析，然后就由人口变化等带来的教育需求变动对义务教育学校布局的影响进行了探讨，并就目前学校布局及资源配置的供需匹配度进行了考察。我们在研究中发现，人口变化与学校设置因素带来的义务教育资源供需相互约束，不同区域匹配度的差异较大，说明义务教育满足居民需求的程度有差异，也说明义务教育学校标准化建设过程中不同区域对此问题的重视程度和努力程度存在差异。

第四，农村义务教育学校标准化建设的问题与改进研究。全面建设小康社会的重点和难点在农村，而义务教育学校标准化建设的重点也在农村。对农村的扶贫开发，“贵在精准，重在精准，成败之举在于精准”，对农村义务教育发展的研究也需要做到精准关切。中央政府要求通过义务教育学校标准化建设缩小城乡差距，促进义务教育均衡发展。各地依据自身的办学情况专门制定了政策，通过设立专项工程、进行数据监测、设立评估指标，对农村义务教育学校建设标准与实施路径进一步细化。从研究层面而言，我们立足农村区域的特殊性和独特性，在调研的基础上理性分析农村义务教育阶段学校标准化建设的投入机制及问题，探索农村义务教育学校标准化建设的困境及出路。当前，农村义务教育学校标准化建设取得了一定成效，主要体现在：极大改善了农村义务教育学校硬件条件；加强了农村寄宿制学校建设和小规模学校建设；形成了由生活条件、职业发展、工资待遇等组成的多维立体师资队伍建设策略体系。然而，我们更需要精准关切农村义务教育学校标准化建设存在的现实问题，譬如，农村义务教育学校内部建设标准化的改革动力不足，农村学校的特色和优势未能得到充分挖掘，农村教育和农村学校的内涵式发展水平有待进一步提升；城乡间学校标准化建设的差距依然较为显著，农村教育资源配置的合理化水平有待提升，农村教育资源的浪费问题依然存在，农村教师队伍的精准配置和持续发展水平有待提升；农村义务教育学校标准化建设缺少过程性评估，缺少对发展数据的动态监测。同时，乡村小规模学校标准化建设是农村义务教育的一个“微型景观”，通过对不同区域乡村小规模学校的“深描”，可以管窥当代乡村小规模学校标准化建设的现实样态与独特理路。

第五，义务教育学校标准化建设的效果评估研究。义务教育学校标准化建设是一项连续性工作，在政策引导和工作实施之外，科学合理的“效果评估”也应该成为标准化建设的应有维度。从现实来看，尽管各地在进行学校标准化建设过程中整体上建立了一定的评价指标体系，但是相比投入要素评价而言，对于义务教育产出导向评价的重视程度仍然相对不足。具体而言，我国当前的义务教育学校标准化建设效果评估的实践工作与学术研究主要聚焦于设施设备、师资条件、经费保障等投入端要素，而且在评估的过程中，没有对混淆变量做严格的控制，从而难以准确、全面地反映义务教育学校标准化建设取得的实际效果与存在的问题。就理想层面考虑，产出导向评价应该全面关注某项教育政策对于学生成绩、能力、态度等多个方面的影响，然而这些指标在整体操作性上难以准确测量，这就导致目前大多数产出导向的教育政策评价均将学生成绩作为产出的代理变量。因此，本书沿袭教育评估的一般趋势，并且在设计初衷上"直击目标"，在可操作性框架下更加关注学生成绩提升和均衡达成，而非仅仅关注硬件设备及办学条件的改善（尽管这也是重要的）。只有如此，才能在效果评估过程中超越补偿式的、简单化的教育关注，更加聚焦教育投入与教育质量、学生成绩等产出要素之间的关系。另外，在标准化教育改革过程中，不断改进和提高的教育标准又为度量"教育充足"的程度提供了标尺，从而让"教育充足"观念真正落实到行动中。针对于此，借鉴结果导向教育评估的思路，我们基于《江苏统计年鉴》数据、义务教育学校标准化监测数据以及学生学业质量监测数据，在一个准实验设计框架下，采用断点回归等方法分析义务教育学校标准化建设的成效，评估义务教育学校标准化建设是否促进了学生的学业成绩提升，以及是否推进了校际学生学业产出的均衡。

第六，区域推进义务教育学校标准化建设的典型经验研究。从现实来看，我国各地在推进义务教育学校标准化建设过程中涌现出不同路径和经验，各级政府是责任主体，其在义务教育学校标准化建设中的重要作用不容忽视。作为全国教育发达省份，由于起步早、成体系、举措新，江苏省在推进义务教育学校标准化建设工作方面取得了较好的建设效果，也在全国产生了广泛的影响。基于江苏省的个案考察，可以看到该省义务教育学校标准化建设是一个持续推进、不断深化的过程，经历了四个主要阶段：一是聚焦农村学校基本条件标准改善阶段，关注农村学校校舍与基础设施的改造和配建；二是指向基本均衡的条件标准化建设阶段，关注所有地区、所有学校的标准化建设，以及实验设备、图书资料、体育和艺术教育器材等与教育教学本身关联更为紧密的办学条件；三是指向优质均衡的办学标准建设阶段，从"办学条件标准"转向内容更为丰富与综合的"办学标准"，从兜底式、补差式、合格式建设转向"一样好"的发展式、均衡性、优质化建设；四是基于监测报告机制的标准化建设阶段，关注工作推进机制的完善与创新。梳理江苏省自 1993 年开始的义务教育学校标准化建设历程，有五个方面的经验构成了彰显"中国特色"的区域方案：一是在坚持以县为主的基础上强化省级统筹，明确各级政府的建设责任；二是确立持续、整合与创新兼顾的建设思路，保持建设工作的持续性，强化建设工作与其他工作的有机整合，并不断创新；三是采用全面改薄与分类协进的推进方式，既关注关键差距，又重视整体跃进；四是构建政策、标准与监测一体化的杠杆机制，切实推动政策与标准的落地见效；五是实施由点到面、体系清晰的工程化策略，尤其是要重视不同时期标准化建设工程的连续性与体系性。这些经验或许不能完全反映全国义务教育学校标准化建设的整体面貌，却是其他地区可以参照和借鉴的。

在新的历史阶段重新探索义务教育学校标准化建设，需要以精准关切的目光冷静审视，这也使本书的研究在展开过程中形成了四个鲜明特点，即方法的综合性、知识的生成性、研究的应用性及成果的本土化。

第一，在量质并举中走向综合方法范式。作为一项综合性、系统性研究，义务教育学校标准化建设研究充分考量了思辨研究、实证研究与实地研究等多种方法的优势，在宏观与微观、理论与实践、历史与逻辑之间寻求张力平衡，增强各种方法之间的互补效应，具体来说主要运用了以下研究方法。

一是文献与理论分析法。搜集、整理国内外义务教育学校标准化建设的学术研究文献、政策文本等研究资料，在文献泛读与精读的基础上进行理论和内容分析，系统探究义务教育学校标准化的内涵、特征、关系范畴、工作方法论等，并从不同学科立场进行义务教育学校标准化建设的多元视角解读。

二是比较研究法。从全球视野出发，以纵、横两维度进行义务教育学校标准化建设的国际比较研究。在纵向上，将全球义务教育学校标准化建设作为“现代化进程”的展开，探究学校标准化建设的当代历史演变与主题推进；在横向上，重点关注美国、英国、日本等发达国家义务教育学校标准化建设以及国际组织关于教育发展标准系统的研究，比较不同国家与地区之间义务教育学校标准化建设的相同、相似、相通之处，探析义务教育学校标准化建设的全球共同议题与价值选择，并在此基础上为我国的义务教育学校标准化建设提供经验。

三是调查法。基于典型性与随机性相结合的调查原则，综合采用问卷、访谈、座谈等方式，调研我国义务教育学校标准化建设的现状，实地走访吉林、江苏、浙江、江西、贵州、广东等地方教育行政部门及其所辖学校，与教育局局长，分管人事、财务、信息化建设、教科研等部门的科室负责人，以及学校校长等开展义务教育学校标准化建设专题座谈会。同时，笔者设计了“义务教育学校标准化建设调查问卷”，利用赴各地调研及参加校长、局长培训的机会发放了问卷，了解义务教育学校标准化建设的现实困境、效果评估等情况；编制了“义务教育学校标准化建设数据采集表”，采集了教育局和学校的相关数据，回收的资料和数据涵盖 10 省（自治区）的 24 县（区）。在多轮调研中，我们获取了当前统计资料无法提供的第一手研究资料与数据，深入了解了义务学校标准化建设工作中的经费投入、资源配置、硬件设施、师资队伍等情况。

四是计量分析法。建立计量模型，定量分析以“学校设置”为基础的义务教育学校标准化建设中学校资源配置的供需匹配问题。同时，就效果评估而言，以学生学业成绩衡量学生发展，从充足与公平两方面对义务教育学校标准化建设的成效进行评价，利用最小二乘回归分析、断点回归设计等，探讨义务教育学校标准化建设是否达到了“教育充足”，义务教育学校标准化建设是否促进了教育结果公平，学校标准化建设与学生成绩差异系数的相关性如何，等等。

五是个案研究法。为探索乡村小规模学校标准化建设情况，我们分别选取东、中、西部省份的乡村学校作为个案，深描我国当代乡村小规模学校标准化建设现状，总结乡村小规模学校标准化建设的阶段及其保障路径。从区域典型经验来说，研究了东部发达省份系统推进义务教育学校标准化建设的“区域方案”，总结了义务教育学校标准化建设的推进历程与典型经验，构建了义务教育学校标准化建设的“地方性知识”。

第二，在研究领域承继中探索新的知识生产方式。义务教育学校标准化建设是一个复杂的教育管理议题，理论的关照、政策的关注和实践的关心等各不相同，均有其观察、反思问题的视域或焦点。研究团队对于义务教育学校标准化建设问题的研究与反思，在承继原有研究和前沿领域基础上，更加强调高质量的知识生产与话语生成。有关义务教育学校标准化建设的研究存在争议，更加需要在适合的平台进行多主体、多角度、多层次的交流、对话乃至构建。譬如，2017 年 3 月 26 日，在学术沙龙上，我们进行了一场题为“义务教育学校标准化建设的实地调研汇报与探讨”的对话，邀请教育行政领导者、教育学者、教育实践者、教育学研究生等进行分享。其中，江苏省教育评估院负责人做了题为“江苏义务教育学校标准化建设质态分析与政策建议”的报告，深入分析了江苏省义务教育学校标准化建设的形式、推进举措，以及义务教育学校标准化监测制度架构、机制方法、监测结果与政策建议；研究团队核心成员结合江苏常熟、如皋两地的调研，对“标准化何以促进义务教育学校建设”进行了理论反思；研究生通过 CiteSpace 可视化软件分析，梳理了我国改革开放以来义务教育学校标准化建设状况。又如，2017 年 5 月 27 日，江苏省教育学会教育管理专业委员会 2017 年年会暨“优质学校建设中的问题与趋向”研讨会在扬州召开，会上研究团队与地方教育局局长、校长等就“义务教育学校标准化建设与优质学校发展”议题进行了“智汇沙龙”，就义务教育学校标准化建设及优质学校发展过程中出现的问题与采取的对策进行了探讨，生发出“底层”与“高层”碰撞、理论与实践交融、解构与建构并举的多种观点、意见及共识。不同立场的研究者基于各自的实践背景与研究假设，既有合理的假设，又抛弃原有的偏见，在义务教育学校标准化建设问题上形成了更多、更深、更有创建性的观点，在某种意义上，也达成了意见共识。[①]这是一种全新的知识生产方式，它既尊重原有的研究逻辑和知识积淀，又对广泛的教育政策与实践领域敞现更多的可能性。值得指出的是，这种知识生产方式背后形成了有关义务教育学校标准化建设研究的“松散耦合共同体”，即不同单位、地区、领域、立场的研究者在多元化视角下生发不同的意见，在标准化建设的兴趣与研讨下“松散而紧密地联结在一起”。仅就研究团队成员所在单位或组织性质而言，就包括小学、中学、大学，以及江苏省教育学会教育管理专业委员会、中国教育发展战略学会现代教育管理专业委员会、美国陶斯研究院（Taos Institute）等，大大超越了 U-G-S（university-government-school，大学-政府-学校）的范畴。

第三，在理论与政策研究中强化智库担当。在研究推进与书稿撰写过程中，我们也特别注重研究的“实时转化”与“政策应用”。2017 年，受江苏省教育评估院委托，研究团队完成了《江苏省义务教育阶段“适合的教育”实施状况研究报告》，得到江苏省教育厅的批示。2017 年 9 月，研究团队撰写义务教育学校标准化建设相关政策咨询报告 9 篇，并将《激发老教师教学活力》

---

① 陈嘉映. 走出唯一真理观[M]. 上海：上海文艺出版社，2020：33-34.

等 4 篇政策报告提交给相关教育部门。2018 年，团队成员研究了农村小规模学校标准化建设问题，提交的报告《关于制定农村地区小规模学校标准、保障小规模学校发展的若干政策建议》，被中国民主同盟江苏省委员会调研处采纳并向中国民主同盟中央委员会推荐。2020 年，研究团队调研了南京市鼓楼区的基础教育发展状况，完成了《面向未来的突破——鼓楼“全国首善、江苏最好”教育强区建设研究报告》，提交江苏省南京市鼓楼区人民代表大会常务委员会，得到广泛关注与高度认可。项目研究开创了高校、研究机构、地方人大与省级教育评估院深度合作的新形式，为地方人大的前置监督、系统监督与科学监督提供了智力支持，为专业评估机构职能创新提供了新样式，也为研究团队拓展研究思路、优化人才培养模式、强化社会服务能力提供了新路径、新模式。鼓楼区人大常委会于 2020 年 6 月回复，研究报告“为鼓楼区人大监督机制创新提供了实践样本，对鼓楼区教育决策具有重要参考价值”。“互联网+”时代，我们建立了“教育领导与管理共创学园”微信公众号，作为稳定的成果推介平台，持续分享义务教育学校标准化建设研究相关成果，对相关领域研究以及一线教育实践变革产生了一定的影响。2017 年春，以江苏为发端地，国内掀起关于“适合的教育”主题热议，很多校长面对这一陌生而又熟悉的话语，不知何去何从。我们在《中国教育报》上连续发表《“适合的教育”与义务教育学校标准化建设》等七篇主题文章，对此问题进行正本清源和价值引导，引起了诸多校长等教育领导者的共鸣与思考。在研究的过程中，我们始终强调回应政策、改进实践的价值取向，面向共建共治共享的新时代精神，在一定意义上发挥“教育智库”功能，特别是为江苏等长江经济带的义务教育学校标准化建设的政策与实践提供了借鉴和指引。

第四，在国际比较中彰显本土构建。义务教育学校标准化建设既是本土教育发展问题，也是全球共同关注的教育中心议题。从全球视野来看，全球义务教育学校标准化建设是教育现代化不断演进的过程，全球义务教育学校标准化建设有一些共同议题、价值选择和共同经验值得我们借鉴、比较与反思。我们在进行义务教育学校标准化建设研究过程中，非常关注相关研究的国际视野，一方面，邀请美国阿拉巴马大学的菲利普·韦斯特布鲁克（Philip Westbrook）、孙静萍（Jingping Sun）等学者来中国交流研究。其中，罗伯特·普兹比尔斯基（Robert Przybylski）博士甚至在研究团队主体单位 N 大学教育管理与政策系全职工作三年，承担“学校管理学”等课程的教学，与教育管理与政策系师生持续共研义务教育学校标准化建设的中美经验。另一方面，团队成员陆续赴美国宾夕法尼亚大学、犹他大学和不列颠哥伦比亚大学等访学交流，与国际同人分享和交流中国义务教育学校标准化建设的实践与研究，共同促进相关领域研究的拓展。在“引进来”与“走出去”的国际化进程中，我们对欧美国家学校标准化建设现状等进行了深入探索，在撰写书稿之余，相继发表了《美国中小学教学标准运动发展研究》《从挽救失败到力求成功的教育发展观的转变——〈每个学生都成功法案〉的政策分析》《美国基础教育“教育充足”标准的确立与影响》等主题论文。然而，在国际比较视野参照下，我们更为关注中国本土的现实研究，基于中国国情探索义务教育学校标准化建设，既有纵向上对我国本土义务教育学校标准化建设的“历史沉思”，撰写并发表了论文《波浪式推进：我国义务教育改革发展 40 年》《70 年：中小学组织结构之变革与发展》等；又有横向上对我国义务教育学校标准化建设本土现实的“学理探究”，关注学校标准化建设关涉的内涵、目标、方法、理路、路径等，撰写并发表了论文《义务教育学校标准化建设：现况、问题与理路选择》《义务教育学校标准的制定：内涵、目标与方法论》《指向义务教育均衡优质发展的学校标准化建设路径——基于政策目标与政策手段的分析》等。其中的很多研究成果被我们吸收融入本书中。义务教育学校标准化建设研究的国际化与本土化研究，从根本上而言涉及的是“在中国”与“在世界”的关系，在坚持中国特色社会主义道路自信、理论自信、制度自信、文化自信的背景下，研究团队始终坚守对义务教育学校标准化建设“中国探索”的精准关切，通过全面调查、数据挖掘以及实地研究，深度探析了区域推进义务教育学校标准化建设的特色路径及典型经验，力图凝练义务教育学校标准化建设的“中国方案”，真正“把论文写在祖国的大地上，把成果应用在实现现代化的伟大事业中”。

在这几年时间里，我们尝试立足精准关切的立场，调查、研究、思考、探索义务教育学校标准化建设的中国道路，在义务教育学校标准化研究上有一些发现或者说共识意义上的结论，从基本原理、比较视野、资源配置、农村关切、效果评估、典型经验等方面提出了一些新思考、新观点、新建议。

其一，义务教育学校标准化建设是一项不断演进、具有多重面向的复杂议题。改革开放以来，国家以多种方式推进义务教育学校标准化建设。由于不同阶段工作重心的不同，“标准”工作本身在称呼及概念上不尽相同，客观上导致义务教育学校标准化建设陷入了“标准丛林”。从最广泛的意义上来看，义务教育学校标准化建设既是一个有关义务教育学校标准研制、实施及评价其工作成效的动态发展过程，也是办学管校的多个责任主体在协商、参与义务教育学校建设中凝聚共识并共享建设成果的持续努力过程。从关系范畴切入，可以发现义务教育学校标准化建设存在多种关系，即在义务教育学校标准化建设的起始点、动力源、生态环、复杂态、时空维等方面分别存在一与多、上与下、内与外、静与动、横与纵五对关系。将义务教育学校标准化建设引入“关系”的思考乃是一种冷静的“返回”，这种关系背后隐含了一条可能的道路，即建立健全义务教育学校标准化建设一体化联动机制，推动形成“共建共治共享”的治理格局。在义务教育学校标准化建设命题不断演进的过程中，其彰显出多重面向，表现出层次性、逻辑性、动态性、质量化、多元性、系统性、主体性、典型性、科学性、元标准性等特征。关于义务教育学校标准化建设问题，在法学、经济学、管理学、教育学等多学科中均有丰富的学术讨论，透过不同视角的审视，可以管窥各自强调的关切要点。从法学视角来看，特别是在软法框架下，以专业性、技术性与规范性的体现方式和程度为依据，可以将我国义务教育学校办学标准划分为两个层次，即“作为技术工序的办学标准”和“作为行为规范的办学标准”，义务教育学校标准化建设关键在于寻求“软约束力”，达到“软性”和“法性”的平衡，最终指向“最佳秩序的建构”。从经济学和管理学视角来看，以标准化推进义务教育学校标准化建设，从某种意义上而言就是要重新配置教育资源，重新优化教育产品与服务在社会中的供求情况。其中，基于指标构建、数据监测的大数据时代的教育管理是重要方式，这背后有效能最优化的追求，从根本上而言这与我们对“科学理性”的价值认同有关。教育学视角作为反思视角的内在转向与自我回归，拥有自身的价值关怀，其更加凸显育人之目的，更加关注公平与均衡，更加强调教育家办学。

其二，义务教育学校标准化建设是全球教育现代化发展的必由之路。作为一项教育现代化工程，全球义务教育学校标准化建设整体上遵循学校办学基本标准的确立、学校办学规范与制度的形成以及现代教育系统的完善与新时代转向的过程。在全球义务教育学校标准化建设过程中，尽管各国所面临的具体国情和挑战不同，解决学校均衡发展与优质发展、个性化发展与特色发展、薄弱学校改造与学校效能提升等问题采取的具体措施各有不同，但共同的选择是“走学校标准化建设的道路”。从一定意义上来说，义务教育学校标准化建设是全球教育现代化发展的必由之路。国际教育发展现代化进程表明，世界各国对学校标准化建设的重视程度不断增强，并将其纳入国家教育发展战略任务，以学校标准化建设的路径推进教育的现代化发展。全球义务教育学校标准化建设举措，对于推进我国义务教育学校标准化建设具有重要意义，其共同经验尤其值得重视，具体包括完善义务教育学校标准化建设的法规与政策、确定义务教育学校办学质量标准、增加义务教育学校办学经费投入、促进义务教育均衡与充分发展、注重因地制宜办适合的学校等。

其三，义务教育学校标准化建设的资源配置需要综合考虑学校设置与人口结构因素。在新时代人口发展趋势下，我们需要格外留心人口结构变化，其结构变动会直接导致受教育需求的变化，并进一步对义务教育资源的供给提出新的要求。一般而言，义务教育要满足民众的受教育需求，但也可能存在限制风险，或者说可能无法完全适应人口结构变化，因此在义务教育与人口结构之间存在耦合协调的内在机理。义务教育学校标准化建设的资源配置需要综合考虑人口结构变化因素，应增加“学校设置”的监测指标，将学校布局和学校规模等资源配置因素作为义务教育学校标准化建设动态发展的重要方向和重要内容。当下义务教育学校标准化建设需要区别对待发展中的资源配置差异问题，着力解决学校布局和学校规模因素造成的教育服务供需匹配协调度不高等问题，坚持稳中求进，将满足需求作为义务教育学校标准化建设的重要目标。同时，创新义务教育阶段学校设置均衡性的评价体系尤为重要，对于义务教育阶段学校布局及其规模的均衡性应该审慎考量，并将学校本身视作教育资源进行均衡性评价，不仅需要在学校自身建设上进行监测评价，更要上升到行政区层面进行学校布局和学校资源配置的系统性评价。

其四，后扶贫时代需要持续关注农村义务教育学校标准化建设的系统推进。由于长期以来的历史欠账，农村义务教育学校标准化建设相对是一块短板，农村义务教育学校标准化建设事关教育均衡与公平。随着 2020 年脱贫攻坚目标的实现，我国将进入后扶贫时代，系统推进农村义务教育学校标准化建设，需要得到持续而精准的关注。伴随标准化建设任务的不断推进，农村义务教育学校标准化建设原有实践方式的问题也逐渐显现。为确保农村义务教育学校标准化建设的良性推进，我们亟须对其展开一场从“理念认知”到“实践重点”的系统性变革。具体而言，农村义务教育学校标准化建设的突破之道在于：一是需要进一步强化对农村义务教育学校标准化建设特色的认识；二是探索制定适切性强的区域性农村义务教育学校标准体系，在促进城乡教育一体化过程中使农村学校能够实现有特色的差异化发展，切合农村学校的发展需要、彰显农村学校特色和优势；三是创新教师队伍管理体制和机制，着力促进农村义务教育学校教师队伍标准化建设。同时，作为农村义务教育的重要组成部分，乡村小规模学校标准化建设的现实逻辑值得“深描”，从东、中、西部三个地区个案学校的田野调查可知，乡村小规模学校标准化建设拥有自身的“阶段逻辑”，体现为满足“够用”、保障“公平”、优先“发展”三个阶段。为进一步优化乡村小规模学校标准化建设，有三种路径保障值得关注，即“危机化解”的生存路径、“底部生成”的内涵式发展路径以及“机制先导”的创新发展路径。

其五，充足产出与结果公平应成为义务教育学校标准化建设效果评估的重要考量。当前，义务教育学校标准化建设如何实现从均等投入转向充足产出与结果公平，仍存在较大的改进空间。从效果评估的角度看，为进一步推动相关政策更好地落实，我们从“产出端”提出优化义务教育学校标准化建设的几条建议：一是从投入均等向教育结果充足、公平转变。教育均衡不应只是硬件等投入资源的均衡，质量的高位均衡、教育结果的公平更应当成为促进教育发展的着力点，更需要关注硬件等资源的效力与效益，使设备、设施等真正服务于学生的发展。二是注重循证决策，构建兼顾科学性、灵活性和动态性的评估指标体系。标准化建设监测指标作为评估工具，对学校标准化建设具有引领作用，意义重大，这要求我们不能用一把尺子量的思维去衡量其标准化建设成效；相反，需要进一步加大科研力度，更为科学合理地设置相关评价指标，注重标准的弹性与动态性。三是打造标杆学校，凸显办学特色，进一步缩小学校办学的差距，加强监督问责。在完善硬件建设的同时，需要加强软件建设指导，打造学校特色；在关注学校间、地区间差异的同时，着力解决系统内部差异，关注“合乎最小受惠者的最大利益”。同时，这项系统工程需要各级教育管理部门充分发挥主导作用，通过科学评估和督导，明确相关责任人的职责，确保学校建设需求得到及时的反馈与满足。

其六，从区域典型经验中构建推进义务教育学校标准化建设的“中国方案”。义务教育学校标准化建设在全国各地展开的阶段、问题、挑战等既有现实的共通方面，更有鲜明的地方特色。基于江苏省的区域典型经验，可以管窥我国义务教育学校标准化建设的中国特色与中国方案，具体体现在以下三个方面。

首先，对于义务教育学校标准化建设工作，须置于教育现代化、义务教育发展总体战略目标下考虑。江苏省义务教育学校标准化建设工作分为局部基本条件标准建设、整体性的条件标准建设、办学条件标准建设和建设杠杆创新四个阶段。它们从教育现代化建设的角度，呼应了启动教育现代化建设、提出率先基本实现教育现代化目标、总体达到基本实现教育现代化目标、追求更高水平教育现代化四个阶段，从义务教育发展的角度而言，对应着巩固普及水平、促进基本均衡与推进优质均衡三个政策目标层次。

其次，义务教育学校标准化建设既是一个教育问题，也是一个政策与管理问题。这要求我们应该从“标准本身”与“标准化建设”两个角度，认识与推进义务教育学校标准化建设工作。标准研制是标准化建设的前提，没有指向精准、结构良好、敏感度高、操作性强的标准体系，建设工作难以展开或难得其效。关于标准本身的科学性，则必须基于对教育及学校办学规律的深刻理解进行探讨。同时，有力、高效的建设工作又是标准能够切实落地的保障。江苏省不断丰富、完善的建设标准之所以能化为实践、确见其效，与其管理体制、建设思路、推进方式、杠杆机制与工程策略上的创新探索密不可分。

最后，义务教育学校标准化建设工作需要坚持实事求是的方法论。江苏省的实践探索表明，义务教育学校标准化建设不能采用简单的行政推动的方式，也不能完全遵循科学理性的思路，而应将知识与经验、逻辑与实践、技术与智慧结合起来，坚持实事求是。这表现为如下方面：一是回到实质，理解标准化建设到底是一项什么样的工作；二是立足实际，根据不同阶段的情况与目标，确立合适的目标与路径；三是基于证据，用数据和事实说话，发挥监测工作的推动与指导作用；四是不急于求成，在总体目标的指引下，以积极进取的态度和务实有效的方法，稳步推动义务教育学校标准化建设工作从一个台阶迈上另一个台阶。

第一章　义务教育学校标准化建设的基本原理

义务教育学校标准化建设是当前我国相当长一段时间内中央与地方政府以及基础教育学校持续推进的教育行动。

作为政策与实践的双重行动，对于义务教育学校标准化建设的理解，首先需要在基本理路上精准省思，重新审视义务教育学校标准化建设的内涵与特征；有必要在“系统”意义上，对义务教育学校标准化建设展开一种关系视域下的对话与整合，以及在“方法论”视角下深入思考如何更好地推动义务教育学校标准化建设工作；更有必要在法学、经济学、管理学、教育学等不同学科理论透镜下重新思考义务教育学校标准化建设。

第一节 义务教育学校标准化建设的内涵与特征

一、义务教育学校标准化建设的内涵

这是教育标准化的新时代，也是学校建设与管理的“标准化”时代。《教育部关于完善教育标准化工作的指导意见》明确，“标准是可量化、可监督、可比较的规范，是配置资源、提高效率、推进治理体系现代化的工具，是衡量工作质量、发展水平和竞争力的尺度，是一种具有基础性、通用性的语言”。新时代，我国制定并实施了一系列教育标准，教育标准化进程不断加快。作为“标准”家族谱系成员，从中央到地方出台的各种标准文件，如《义务教育学校管理标准》《义务教育学校校长专业标准》《湖南省义务教育学校办学标准》等，在不同层面上回应了教育标准化问题，但是还没有一个命题直接而系统地回应义务教育学校建设的标准化问题，直至“义务教育学校标准化建设”命题的正式提出。可以说，作为教育标准化时代的核心主题，“义务教育学校标准化建设”具有不可替代的战略性意义。

义务教育学校标准化建设工作并非建立在空中楼阁之上，而是具有一定的政策与现实基础。例如，有研究者认为，以“均衡发展”为反思视角，义务教育学校标准化建设在政治环境、法律规定、政策指导以及工作进展等方面已具有一定的基础和条件，就政治环境而言，各级政府把义务教育均衡发展纳入责任目标大力推进，推进义务教育均衡发展的全国政治环境业已形成；就法律规定而言，各地义务教育实施办法或相关地方法规都对义务教育均衡发展做出了具体规定，从法律法规意义上对学校标准化建设进行监督；就政策指导而言，教育部等出台的相关意见对义务教育学校标准化建设给予了宏观指导；就工作进展而言，多年来持续增加的教育投入、薄弱学校改进、师资均衡配置等工作累积了一定的经验。[①]

---

① 王定华. 关于我国义务教育均衡发展之再审视[J]. 中国教育学刊，2012，（1）：25-28.

义务教育学校建设的“标准”可以从哪些维度展开，值得深入反思。在前期研究中，学者基于学校“办学”标准，提出了“硬件-软件”维度下的学校建设标准。就硬件标准而言，特指建设一所学校必须具备的种种物质基础，如校舍建设、校园建设以及体育设施和实验设备等条件建设；就软件标准而言，指的是各种思想文化制度等方面的“精神”标准，也就是陶行知所说的“生活力”。[①]进一步而言，从学校构成要素的广泛性来看，学校标准化建设是一项系统工程，学校的硬件设施建设、师资条件、课程标准以及管理制度的规范性等均是学校标准化建设的基本要素。[②]当然，这些要素需要达到系统化和分类化，诚如研究者所言，在确定“标准”特别是“学校办学标准”时，尤其要充分考虑人、财、物、事、气等五个维度的多项指标。“人”的指标是指办学治校必不可少的人员条件，这里的“人”包括学校领导与管理人员、教师和其他职工、学生等；“财”的指标是指维持学校正常运转和促进学校进一步发展所需的各项经费条件，涉及经费的来源、支出及其管理效率等；“物”的指标是指学校不可或缺的各项基本物质条件，既涉及整体上的校址选择、学校布局、规模以及教育信息化的程度，也涉及校园内部校舍、场地、仪器设备、图书资料、卫生生活设施设备等不同方面；“事”的指标是指为培养人而对学校各项事务分别设置的工作标准；“气”的指标是指学校必须具备的一种精神气质、整体氛围。“气”涵盖的内容较广，像学校形象、办学理念、组织文化，特别是相应的学风、教风、工作作风以及领导作风等，皆是“气”的重要组成部分。[③]同时，不同类型的指标又处于不同的层面上，有些是条件性的（如学校设置、教育装备），有些是功能性的（如教育教学），还有些是效果性的（如学生成绩）。

从韦伯的理想型（ideal type）意义来看，“学校标准化建设”可以转换为“标准化学校”的构建，即研究在何种意义上学校是一所基于标准、面向标准、在标准中建设的学校。诚如研究者所言，所谓“标准化学校”就是在义务教育领域内根据法律规定，确保全国基础教育大体拥有均衡的物资条件和师资

---

① 张新平. 关于基础教育阶段学校办学标准的若干思考[J]. 教育研究，2010，（6）：37-43.

② 龙承建，周鸿. 论教育标准化与义务教育均衡发展[J]. 河北师范大学学报（教育科学版），2009，（1）：117-121.

③ 张新平. 关于基础教育阶段学校办学标准的若干思考[J]. 教育研究，2010，（6）：37-43.

队伍条件的“规范化”学校。从组成来看，至少离不开四个方面的相对统一标准：一是标准化学校的办学规模标准，主要涵盖学校占地面积、校舍建筑面积、学校的班级数以及班额等；二是标准化学校的基础设施标准，主要包括正常完成教学所需配备的教学及辅助用房、行政办公用房、教学仪器和音体器械；三是标准化学校的师资队伍标准，既包括师资的数量，也包括师资的质量；四是标准化学校的课程标准，这需要充分考虑科学的发展与分类确定，以及社会发展需要和我国现实国情。①

从更广泛的意义来看，义务教育学校标准化建设既是一个有关义务教育学校标准研制、实施及评价其工作成效的动态发展过程，也是办学管校的多个责任主体在协商、参与义务教育学校建设中凝聚共识并共享建设成果的持续努力过程。作为一项国家战略，义务教育学校标准化建设是国家为了促进义务教育优质均衡发展、提升和保障教育效能所实施的针对义务教育的法治化、规范化治理行动。义务教育学校标准化建设成效既体现在“区域”推动义务教育学校标准化建设工作方面，也落实在具体的学校建设效果上。就前者而言，一般涉及规划设计、政策研制、组织保障、报告监测等；就后者而言，可以形成层次性的建设评估参考指标，包括条件性指标（学校设置、教育装备、师资队伍、经费保障等）、过程性指标（教育教学、学校管理等）和结果性指标（主要反映在学生发展层面，如道德品质、学生成绩、体质健康等）。需要指出的是，从结果产出来说，尽管学生发展维度是多元的，但从整体全球教育实践与测量难度来看，评估聚焦点主要是学业成绩。②

二、义务教育学校标准化建设的特征

义务教育学校标准化建设是一个在历史进程中不断演进的公众议题，多年来在国家政策驱动与地方教育行动的双重探索下，逐渐呈现复杂多元的状态，学界相关的讨论从未停止，由此构成了义务教育学校标准化建设的多重“面向”。

---

① 杨兆山，金金.“建设标准化学校”搭建义务教育均衡发展的操作平台[J]. 东北师大学报（哲学社会科学版），2005，（5）：36-41.

② 目前，国际产出导向的评价多指向学业表现（academic performance）或学业成就（academic achievement）。

（一）层次性

教育是一项兼具复杂性和创造性的活动和事业，无法像工厂产品制造或者全国连锁店那样进行绝对严格的标准化建设。在全国范围内建立和执行“完全统一”的学校标准化建设体系面临困难，这种情况下有必要在义务教育学校标准化建设过程中区分标准的“效力层次”。不同的效力层次依赖于义务教育学校标准的性质、适用对象等，具体可以形成义务教育学校“强制性标准”和义务教育学校“推荐性标准”的分类框架。前者侧重于义务教育学校必须达到的合格性标准，后者是学校可以根据自身条件选择实施并寻求权威部门认定其是否达标的标准。

从义务教育学校标准发挥效力的空间范围和效力程度的组合来看，具体可以形成四种层次性标准体系：国家强制标准、国家推荐标准、省域内强制标准、省域内推荐标准。[①]国家强制标准是全国所有义务教育学校必须达到的合格性标准，是底线标准，它规定着义务教育学校发展必须具备的投入水平、设施设备、人力资源和人才培养的合格性标准——无论学校所在地区的经济社会发展水平如何都必须达到的标准。国家推荐标准是在全国范围内学校普遍适用但是学校可以根据本校具体校情进行选择、“菜单式”执行的标准，达到标准与否由学校自主寻求权威机构认定。国家推荐标准的意义在于倡导、引领教育改革和发展潮流的导向。省域内强制标准是指省级政府及其教育行政部门根据本地区的经济社会发展水平和义务教育发展状况而制定的本地区的义务教育学校必须达到的合格性标准。一般而言，省域内强制标准必须高于国家强制标准。省域内推荐标准是指省级政府及教育行政部门根据本地区的经济社会发展水平和义务教育发展状况而制定的，对本地区内义务教育学校适用，但是可以由学校根据校情具体选择、“菜单式”执行并寻求权威机构认定的标准。由此，在空间范围和效力程度的意义上，四种标准体系的纵横分布形成了义务教育学校标准化建设的不同层次与层级。

（二）逻辑性

义务教育学校标准化建设既是国家推进义务教育发展的政策行动，也是多年来地方对学校建设的行动探索。作为复杂性命题，由于不同时空和不同主体的行

---

① 魏峰. 义务教育学校标准的制定：内涵、目标与方法论[J]. 教育发展研究，2017，（18）：15-21.

动参与，形成了义务教育学校标准化建设的多重“逻辑”，即不同领域的推进力量在交叉融合过程中拥有自身的“逻辑性”。[①]从某种意义上而言，义务教育学校标准化建设至少存在三重逻辑，即政策逻辑、实践逻辑和问题逻辑。

义务教育学校标准化建设首先以一定的政策逻辑为依据。作为一项系统工程，义务教育学校标准化建设的政策逻辑强调以均衡发展为战略，以谋求教育质量提升为目标，系统推动学校标准化建设工程。从2010年发布的《国家中长期教育改革和发展规划纲要（2010—2020年）》多次提及学校标准化建设政策，到2018年出台的《教育部关于完善教育标准化工作的指导意见》，更聚焦、更系统的政策话语持续推进学校建设的标准化之路，推动教育均衡战略和质量提升的持续落实，均彰显了学校标准化建设的政策逻辑。

然而，尽管义务教育学校标准化建设的政策主张是解决教育均衡发展问题的一个良策，但政策逻辑的正确性并不能绝对保证所有问题得到有效解决。就此而言，基于实事本身的实践逻辑亦不可缺少。义务教育学校标准化建设的实践逻辑强调探索义务教育学校标准化建设实践的创新路径，强化教育的治理能力，分类分层推进义务教育学校标准化建设。譬如，江苏、浙江、上海等地在国家政策的基础上，基于地方实情，探索符合省情、市情的义务教育学校标准化建设，形成了不同的建设模式或经验，这些经验普遍遵循的是地方实践的典型逻辑。

尽管义务教育学校标准化建设的实践成就斐然，但是实践推进的过程中也是困难重重，毕竟面临的条件、因素和规约等限制太多，这就需要深度把握义务教育学校标准化建设的问题逻辑。[②]对问题逻辑的关注，也就是说，我们需要以“问题”为导向，聚焦关键问题的解决，创建“真善美”统一的学校，走学校标准化建设的创新发展道路。毋庸置疑，义务教育学校标准化建设已经成为学界关注的重大与难点问题、焦点与热点问题。作为国家义务教育发展的新方向及新目标，迫切需要解决义务教育学校标准化建设过程中的难题，聚焦关键问题的解决。换言之，如果确立问题导向的学校标准化建设的逻

---

① 本部分内容受启发于南京师范大学程晋宽教授在2017年6月27日课题研讨会上的观点，特此致谢。

② 从这个意义来说，问题逻辑可能也是有关学校标准化建设问题的“理论逻辑”，但根本上是问题逻辑。

辑，在多样复杂的标准化建设进程中聚焦核心问题和关键问题，将更有利于学校标准化建设的政策落实和实践转化。当前，从问题逻辑着手，迫切需要关注以下问题[①]："薄弱学校改造"的问题是义务教育学校标准化建设的关键难题，需要持续开展薄弱学校改造计划；"撤点并校"作为义务教育学校标准化建设的方式或手段存在双重效应，关涉义务教育权利的保障问题，必须予以关注；义务教育学校标准化建设中教师队伍的编制标准问题（如编制标准不适合当前义务教育优质均衡发展的需要；职称晋升渠道存在严重的"瓶颈"等）必须得到重视。

（三）动态性

义务教育学校标准化建设无疑是一个处于进程中的重要政策议题。[②]所谓处于进程之中，彰显了学校标准化建设的不断衍生、持续生成的动态性特征。这种动态性既是义务教育学校标准化建设的客观现状，也是需要在主观上不断面向未来的"现实建构"。譬如，辩证处理学校建设标准的"保守性"与"发展性"的关系，关注底线标准的基本要求和推荐标准的高位引领。

义务教育学校标准化建设的动态性，意味着我们要尊重建设过程的持续行动这一客观属性。从历史与现实来看，无论是在国家层面抑或地方层面，义务教育学校标准化建设都处于不断推进之中，远远不是一次"运动"就能完结的，更不是简单的阶段性跃进。"义务教育学校的标准化建设是手段而非目的，是一个复杂的综合性改革过程，而不是阶段性的教育跃进方式。无论对于研究者还是管理者、实践者，都需要认识到标准化建设在时间上的持续性和运作上的系统性。"[③]因而，充分考虑学校标准化建设的过程性、动态性和持续性，更有利于落实义务教育学校标准化建设的实效。

义务教育学校标准化建设的动态性，同时也意味着我们要不断建构新的"社会现实"，保持学校标准化建设过程中"适应"与"超越"之间的张力平衡。

---

① "义务教育学校标准化建设研究"课题组."义务教育学校标准化建设研究"政策咨询建议报告[Z]. 内部资料，2017.

② 魏峰. 义务教育学校标准的制定：内涵、目标与方法论[J]. 教育发展研究，2017，（18）：15-21.

③ 张新平，张冉. 义务教育学校标准化建设：现况、问题与理路选择[J]. 教育发展研究，2017，（18）：1-7.

在某种意义上，学校标准化建设是一项在适应中不断超越的持续变革。所谓适应，就是要考虑学校建设标准研制的总体背景，诸如国民经济发展水平、人口变动情况、城市化进程、教育财政状况、学校教育现状、公众对于学校教育的要求等；所谓超越，意味着学校建设标准需要发挥面向未来的牵引作用，树立基于现实、避免理想化的“超越”意识。譬如，以办学标准来看，标准化建设应该具有不断超越的张力[①]：一方面，国家标准虽不是最高要求，但也不是最低要求，确切地说是一种合格标准，对于一些地区和学校来说，需要经过一番努力才能够达到；另一方面，无论从外部还是自身来看，标准的研制者也需要有自我超越的意识，要树立动态更新的观念，不能将标准研制视作一劳永逸的事情。

（四）质量化

义务教育学校标准化建设根本上是国家为了促进义务教育优质均衡发展而实施的“质量”提升工程。通过构建义务教育学校标准，严格规范义务教育学校的办学、治校、施教，有助于义务教育学校硬件、软件等各方面质量的整体提升。早在 1994 年，《普及义务教育评估验收暂行办法》就对小学和初中的师资、办学条件、教育经费、教育质量等提出了一些基本要求，并强调凡是该办法中“已量化的指标，各地不得自行降低要求”。在“标准”的意义上，义务教育学校建设有最为基本的要求，从而保障了学校建设的“底线”，这是走向质量保证、质量优化、质量提升的标准化式路径。正如世界质量宗师菲利浦·克劳士比（P. Crosby）提出的质量管理原则，“质量的定义就是符合要求”“质量的工作标准是零缺陷”“达成质量的系统是预防”。[②]无疑，学校标准化建设就是“符合要求”的质量管理过程，是保障每一所学校不因硬件或软件的某些条件缺陷而无法走向优质发展的风险规避过程，更是通过标准研制、标准实施与效果评估的方式，减少或“预防”有碍于义务教育优质均衡发展的因素发生的过程。

进一步而言，义务教育学校标准化建设与全面提高教育质量在目标上是

---

① 陈学军. 有关中小学办学标准几个基本问题的思考[J]. 教育科学研究，2009，(11)：27-30.

② 转引自：杨钢. 质量无惑[M]. 北京：中国城市出版社，2002：180-181.

相同的，即更好地提供义务教育服务。教育质量提高首先有赖于基础性设施等条件的支撑，学校标准化建设是教育质量提升的基础性步骤及首要环节，为义务教育学校办学提供了基本准则，也为义务教育质量持续改进提供了基础。从这个意义上来说，义务教育学校建设的"标准化"过程就是义务教育学校"质量化"的过程；义务教育学校"质量化"的过程，首先表现在义务教育学校建设"标准化"行动上。

义务教育学校标准化建设也离不开"质量思维"的全新构建。①全球各国教育实践越来越有力地表明，学校标准化建设是教育质量提升的重要内容和重要手段。就义务教育学校标准化建设的投入而言，不能再重蹈"见物不见人"的覆辙，需要在全面提高教育质量的基本框架中运行，超越硬件"达标"或部分"达标"，确立义务教育学校建设的"质量思维"和投入的"精准思维"。例如，优先保障学校内涵建设投入，教师发展和学生发展支持性投入应被纳入监测体系，保障家长及社区参与学校办学，加大对学校规模与班额的投入控制力度，有侧重点地加强投入使用结构的监测，兼顾影响办学质量的各个方面。

（五）多元性

长期以来，义务教育学校标准化建设工作始终存在着统一与个性之间的矛盾，即是否需要在全国范围建立义务教育学校标准化建设的"统一性"，抑或尊重办学标准、校长标准、管理标准等标准的多元存在，尊重区域与学校发展的个性化。从整体来看，研究者大多倾向于在标准化建设中保留学校建设的特色化、多元性存在，尊重甚至极力彰显学校建设的多元化特性。"学校标准化建设的最高境界是实现学校的特色发展和个性发展，它不是一个底线标准或基本达标要求，也不是使学校统一化和同质化。"②

客观而言，学校标准化建设与学校多元化的个性发展并不存在必然的矛盾和冲突。学校标准化建设重在提供学校发展的基础前提，学校可以在

---

① 南京师范大学叶忠教授提出"学校标准化建设投入的方向"应该是更加关注"质量"。参见：叶忠. 围绕提高质量，优化学校标准化建设投入[Z]. 内部资料，2017.

② 程晋宽，缪舒敏. 指向义务教育均衡优质发展的学校标准化建设路径——基于政策目标与政策手段的分析[J]. 教育发展研究，2017，(18)：8-14.

此基础上结合自身办学情况，通过各有侧重的内涵建设形成学校特色。在义务教育学校标准化建设过程中，如果只专注于“统一”，会忽略“统一”是为了学校“个性化”多样发展提供前提和条件。诚如有研究者所言，“义务教育学校的标准化不是统一化，它不排斥也不应该排斥学校发展的特色化和个性化”[①]。

从某种意义上说，越是追求学校的标准化建设，越有可能会以严格标准与精益求精的精神推动学校教育变革，在学校品牌建设与个性化发展方面寻找适合自身的发展路径。因而，在追求高标准的基础上，寻求学校的特色发展和多元化发展十分重要。每一所学校都是以独立的有机组织方式而存在的，在进行学校标准化建设中都拥有其独特的发展道路和治理结构，在长时间积淀后会形成学校自身的特色文化。[②]

学校特色发展的实质在于学校办学品质的提升和教育目标的达成。学校标准化建设要以标准化的建设理念、精准的改革方向、高效细致的管理模式打造学校特色品牌，促进“标准化学校”向“优质学校”转变。[③]从某种意义上而言，义务教育学校标准化建设工作可以被视为新时代学校转型的一个契机，根本上需要回答如何从“流水线”走向“个性化定制”。[④]

（六）系统性

义务教育学校标准化建设是一项系统性工作，具有鲜明的系统性特征。一般来说，义务教育学校标准的制定，既需要自上而下的路径，即政府和教育行政部门尤其是较高层级部门（中央和省级教育行政部门）的担当；也需要自下而上的标准生成路径，即区县等较低层级的教育行政部门和学校可以根据本地区、本校的具体办学情况自发地生成学校标准，经上级教育主管部门认定后，在特定区域内使用甚至是在更大范围内获得推广。[⑤]换句话说，义务教育学校标准化建设需要自上而下和自下而上的双重方向的努力，在建设行动中进

---

① 魏峰. 义务教育学校标准的制定：内涵、目标与方法论[J]. 教育发展研究，2017，(18)：15-21.

② 王伟，李松林. 学校特色发展：内涵、结构、条件与状态[J]. 教育学术月刊，2009，(7)：6-8.

③ 程晋宽，缪舒敏. 指向义务教育均衡优质发展的学校标准化建设路径——基于政策目标与政策手段的分析[J]. 教育发展研究，2017，(18)：8-14.

④ 程晋宽. 学校转型：从“流水线”到“个性化定制”[N]. 中国教育报，2017-06-07（5）.

⑤ 魏峰. 义务教育学校标准的制定：内涵、目标与方法论[J]. 教育发展研究，2017，(18)：15-21.

行系统性的通力合作，构建学校标准化建设的良好生态。

一是要强化学校标准化建设中的“横纵平衡”。义务教育学校标准化建设需要对义务教育学校标准的研制、实施及评价等进行前后衔接、相互补充的动态系统构建，尊重学校标准化建设的动态发展过程。同时，应当对义务教育学校标准化建设中的人、财、物、事、气等多个维度进行横向设计，促进校舍面积、设备设施、生均图书量等硬件方面和师资、管理制度等软件方面的条件保证与资源平衡。

二是要对义务教育学校标准化建设的实施工作进行分类分层。学校标准化建设实践是一项长期的建设任务，在实施上有必要做到分类分层，坚持从时代要求和义务教育学校标准化建设的各地实际情况出发，切忌“用一把尺子量所有的学校”。一般而言，学校标准化建设实践的重点在于农村薄弱学校改造，也涉及城市薄弱学校的生存发展与能力建设。城市优质学校的标准化建设也面临自己的难题，例如，生均教学用地、生均运动场地以及班级规模等方面都存在标准化建设的困难，而且要满足城市化进程中新增人口子女的教育需求。学校标准化建设需要有正确的标准化建设意识，不能盲目追求标准化建设而忽视实际的需求，如“撤点并校”的标准化建设就需要切实考虑学校的“服务半径”和学生就近入学的问题。

三是在具体行动上，要构建义务教育学校标准化建设的支持系统。也就是说，需要充分考虑教育标准化建设的提供方和支持系统的标准。学校的标准化建设实践除了要按照学校教育的标准来进行，还需要依照政府、企业或行业协会的特定标准来进行，包括学校办学标准、学校管理标准、校长专业标准、教师专业标准、课程与教学标准、校舍建筑标准、教学设施标准、通风与采暖标准、学校卫生标准、学校安全标准等。

（七）主体性

义务教育学校标准化建设既是一个有关义务教育学校标准研制、实施及评价其工作成效的动态发展过程，也是办学管校的多个“责任主体”在协商、参与义务教育学校建设中凝聚共识的持续过程，主体性成为学校标准化建设的鲜明特征。作为系统工程、综合工程，义务教育学校标准化建设需要发挥多元主体的力量，需要政府、市场、社区、学校、家长等多方协同参与，共同承担标准化建设的责任与使命，进而共同分享学校标准化建设的成果。[①]

首先，作为一项系统而综合的工程，义务教育学校标准化建设首先是对政府治理能力的一次大测试、大考验。因而，需要确立政府在义务教育学校标准化建设方面的首要责任，提升政府的教育治理能力，优化政府的教育治理体系，构建义务教育学校标准化建设实践的多元参与、社会支持的治理格局，在标准化建设战略层面推进治理能力与治理体系的现代化。客观上而言，这有利于推动政府的职能转变，政府不再包揽教育治理的所有权力和责任，从“既掌舵又划桨”走向“掌舵而不划桨”。

其次，在义务教育学校标准化建设工程的实施过程中，需要发挥中间力量的调节或参与作用。一方面，需要发挥市场的调节作用，通过优化市场机制，改善教育供给结构，促进学校教育服务与产品提供的多元化。另一方面，需要释放社会参与的广泛力量。义务教育学校标准化建设的成果，最终将惠及每一位学生的发展，家长是最密切的教育利益关切者，社区是不能忽视的教育利益相关者，因此有必要构建家长、社区乃至全社会广泛参与学校标准化建设的机制，强化参与过程中的投入保障，使标准化建设成果惠及每一个教育利益相关者。

最后，义务教育学校标准化建设也是新时代的学校走向自主发展的蜕变过程。具体就每一所学校而言，义务教育学校标准化建设的运作逻辑应该遵循学校自我的标准化建设机制，以学校内涵发展、质量提升为基础进行持续的学校改进，强调学校自主发展与社会支持系统的双向建构，关注学校与政府、社会利益相关者之间的对话和协作。在此过程中，学校始终是标准化建设的“自我”治理主体，在面向优质均衡的愿景上，更要坚定走内生发展道路。[②]

（八）典型性

我国是一个地域辽阔、人口众多、地方政府划分为多个层级的大国，由于特殊的历史、地理因素的影响，教育发展在地区、区域、城乡、学校之间处

---

① 魏峰. 义务教育学校标准的制定：内涵、目标与方法论[J]. 教育发展研究，2017，(18)：15-21；余林茂，张新平. 义务教育学校标准化建设的五对关系[J]. 教育学报，2021，(3)：107-116；程晋宽. 探路径、强能力、分层次：义务教育学校标准化建设实践的咨询建议[Z]. 内部资料，2017.

② 舒惠，张新平. 优质均衡愿景下的学校内生发展之路[J]. 中国教育学刊，2017，(6)：52-57.

于不平衡的状态。就目前而言，在国家层面尚未出台完全统一的义务教育学校标准或相关指导文件的情况下，地方在学校标准化建设过程中的实践探索有其价值所在，地方教育行政部门需要因地制宜，积极探索、总结标准化建设中的经验和教训。[①]可以说，因地制宜体现了推进义务教育学校标准化建设中至关重要的行动逻辑，即强调学校标准化建设中典型性经验的生成、积累与分享。

典型性经验首先来自地方的创新行动。《教育部关于完善教育标准化工作的指导意见》指出，要充分考虑区域特点和城乡差距，给基层探索创新的空间。在国家义务教育均衡发展的战略思想的指导下，各地各级政府基于地方实情，相继出台了义务教育学校标准化建设的实施办法或相关地方法规，形成了各具特点的标准化建设的时间表和路线图，在“一校多区制”的探索、薄弱学校的标准化改造、教学点的标准化建设等方面，呈现出多元而典型的建设实践与建设机制。这些实践经验具有一定的创新性，带有鲜明的地方性烙印。

典型性经验在凝练和汇聚的同时，更要走向对话和辐射。在义务教育学校标准化建设过程中，地方教育行政部门以及学校应该充分利用学校标准化建设的契机，谋求学校的创新发展，从而形成学校建设的实践智慧，凝练区域推进学校标准化建设的典型经验。这些经验在凝练、汇聚的同时，更需要获得深度的“文化解释”，反思经验背后的地方性知识，明晰和比较地方在学校标准化建设方面的建设逻辑，推动“义务教育学校标准化建设”这一时代命题的原理解释，从“单打独斗”走向“智慧共享”。

（九）科学性

义务教育学校标准化建设的关键要义是标准，标准的关键要义是科学，主要回答的问题是“如何建设才是最科学的”。一般而言，义务教育学校标准化建设就是以科学的方式推进标准化建设工作，让科学的精神成为各层面、各领域学校建设的基本规范和合理秩序，正所谓“以科学精神与科学方式，通过义务教育学校标准化建设，切实推进义务教育发展的均衡、公平”[②]。

---

① 张新平，张冉. 义务教育学校标准化建设：现况、问题与理路选择[J]. 教育发展研究，2017，(18)：1-7.

② 2016年6月18日，全国教育科学“十三五”规划2016年度课题国家重点项目投标答辩会场，研究团队做答辩总结时正式提出此观点。

一方面，义务教育学校建设的标准化，在本质上是一种科学精神。义务教育学校标准化建设是标准研制、标准实施以及效果评估的连续性过程，是按照科学、规范的价值原则，以理性、系统的设计，致力于真实的学校标准化建设行动。就每一所具体的学校而言，标准化建设的前提是要摆脱对个人主观经验的绝对依赖，以“标准”驱动学校建设与发展。在此意义上，学校标准化建设必然是蕴含科学精神的学校管理与教育决策。

另一方面，义务教育学校的标准化建设，在过程上是一种科学行动。义务教育学校标准化建设的科学性，以持续的证据作为基础，在大数据时代，数据支撑、动态监控等成为国家和地方推进义务教育学校标准化建设的普遍选择。美国等发达国家的经验表明，义务教育学校标准化建设需要完善中小学标准化数据库建设，建立完备的教育数据网络和决策系统，提高科学决策与管理水平。譬如，美国的《不让一个孩子掉队法案》（*No Child Left Behind Act*）明确要求在教育领域应用数据，并作为问责的工具，通过对州、学区、学校教育数据的分析，对比联邦与州的问责标准来判断学校成功与否。①我国同样重视数据监测的科学力量，正如《国家中长期教育改革和发展规划纲要（2010—2020 年）》强调的，要构建国家教育管理信息系统，推进政府教育管理信息化，积累基础资料，掌握总体状况，加强动态监测，提高管理效率，为宏观决策提供科学依据。

当前，面向义务教育学校标准化建设，我们需要关注学校发展的大型数据调查和统计，不断完善相关的数据和信息系统的建设，夯实相关数据挖掘与评价技术的研究，对义务教育学校标准化建设成效进行精确而科学的评价。当然，也需要时刻警惕大数据监测的效果限度，谨防学校标准化建设与管理中的极端“技术化”倾向，避免陷入绝对的科学主义和理性崇拜。在此方面，研究者的另一种“声音”值得关注：在全面反思现代性的潮流下，教育领域充盈着自主、多样、放权、自我裁量等诉求，对于富含科学味道、普适思维与控制倾向的标准，大多数人持有一种敬而远之的态度。②

① 余强. 美国《不让一个孩子掉队法》的实施近况和问题[J]. 世界教育信息，2004，（11）：15-19.
② 陈学军. 有关中小学办学标准几个基本问题的思考[J]. 教育科学研究，2009，（11）：27-30.

（十）元标准性

义务教育学校标准化建设是一项综合工程，由于不同面向或特征的存在，也需要反思该工程特征背后的特征，审视学校标准化建设标准的标准，即反思元标准问题。换句话说，我们在何种意义上言说学校建设标准？我们对相关“标准”（俗称“尺子”）的“标准”是什么？我们在何种意义上认为某种标准是有价值的？在何种程度上认为某种原则的标准是可行的？就目前而言，应该关注学校标准化建设标准的多种特性，包括且不限于以下方面。

其一，标准关涉“愿景”，更关涉“效用”。标准固然是国家与地方对学校建设愿景的表达，带有鲜明的未来理想特征，但是标准也不应走向过分的“完美化”。标准不可能求全，也不可能在实践中全部得到实现①，我们应该在面向未来的发展中，坚持问题导向，把握标准研制中的关键性因素，走向精准关切，确定核心与紧要的标准，充分考虑标准的“效用性”“适用性”。

其二，标准关涉“操作”，更关涉“理据”。标准首先可能是一项操作原则，一旦制定，就是学校建设必须尊重的客观事实，是必须达到的某种标准数值。但是，标准不仅仅是有关“是什么”“如何做”的数值或程序，更是关涉“为何如此设置”的理性决策。诚如研究者所言，不少既有的办学标准通常只是列出了一套标准项及相应的标准值，很少说明为什么这样确定标准项与标准值。不解决为何设置特定标准项及标准值的问题，办学标准的合理性与有效性便难以保证。②

其三，标准关涉“技术”，更关涉“人情”。义务教育学校标准化建设的标准是一项科学导向下的技术规范，是以“研究”“证据”的方式把握教育实际。同时，义务教育学校标准化建设的最大实际是“人的情况”，即“人的永恒的发展”。作为新时代推进义务教育均衡的战略行动，在标准的基本立场上更需要回到“教育”维度，在多元环境与多元价值中，回归学生发展与育人使命，这可能才是所谓标准的“最终标准”。

---

① 陈学军. 义务教育学校标准化建设的问题及其方法论思考——基于×省三个县（市）的调研[J]. 教育学报，2021，(3)：95-106.

② 陈学军. 有关中小学办学标准几个基本问题的思考[J]. 教育科学研究，2009，(11)：27-30.

第二节　义务教育学校标准化建设的关系范畴与方法论

如果说从不同向度或特征来探讨义务教育学校标准化建设主要是依循发散性思维，那么更需要在聚合性思维上形成义务教育学校标准化建设的系统性思考，全面审视义务教育学校标准化建设的内在逻辑与内在张力，寻求一种关系视域下的对话与整合，敞现义务教育学校标准化建设实践和研究的现状。在此基础上，为了更精准地推进义务教育学校标准化建设工作，我们需要超越过于关注具体内容的局限，在把握研究的针对性与实用性的同时，避免陷入细微繁复之中，从更高的思考层次寻找义务教育学校标准化建设的方向与进路①，即探究义务教育学校标准化建设的“方法论”。

一、义务教育学校标准化建设的关系范畴

改革开放以来，政府以多种方式推进义务教育学校标准化建设。由于不同发展阶段工作重心的不同，标准化建设工作本身在称呼及概念上不尽相同。从历史来看，早期尽管没有明确提出“义务教育学校标准化建设”这一命题，但是相关教育工作与政策推进一直循序渐进，可谓“有实无名”阶段。1993年，《中国教育改革和发展纲要》颁布，提出“建立各级各类教育的质量标准和评估指标体系”，较早地明确了标准的规范引领功能。近年来，关于“义务教育学校标准化建设”表述的频次越来越高，实际上是在“逼近”这个概念，越来越走向“有实有名”或“名实相符”。譬如，浙江、湖北、山东等地出台了学校建设的“评定标准”“建设标准”“办学条件标准”等。《国家中长期教育改革和发展规划纲要（2010—2020年）》多次提及“义务教育学校标准化建设”这一命题。在“标准”出台顶峰时期，如2014年国家制定和完善了20多项教育标准。2017年，教育部出台《义务教育学校管理标准》，提出了“依

① 陈学军. 义务教育学校标准化建设的问题及其方法论思考——基于×省三个县（市）的调研[J]. 教育学报，2021，(3)：95-106.

法办学、科学治理”理念。可以说，从中央到地方，越来越多标准的出台，导致有关这一称呼的数量越来越多，看似越来越清晰，却又在实际效果上产生了意外结果，客观上形成了标准的概念丛林，或者简称为“标准丛林”。对义务教育学校标准化建设进行直接而明确的定义，显然是困难的。从广义上来说，义务教育学校标准化建设是基于过去、把握现在、面向未来的不断提升的过程，更是对公平、质量与均衡等价值的持续追求、持续反思并借由反思澄清以达成共识的过程。换言之，义务教育学校标准化建设实质上是多方参与、多方协商、利益共享的系统过程，在此过程中，标准研制、标准实施以及效果评估都应该成为题中之义。当然，义务教育学校标准化建设不是包罗万象的，对于不同区域和不同问题而言，需要有核心关切。

依据不同发展阶段的工作关切，标准工作在称呼上各不相同，这实际上是一种面向工作的适应性思维或者线性思维，在有效行动的同时，也可能陷入亦步亦趋的线性思维泥潭。因而，关于义务教育学校标准化建设，可能还需要一种“否思”（unthinking），即转换思路，寻求一种关系视域下的对话与整合。在此意义上，本书旨在对义务教育学校标准化建设进行关系层面的解构，从学理上重新审视义务教育学校标准化建设的多重关系，明晰和把握义务教育学校标准化建设的多维状态。①

（一）一与多：学校标准化建设的起始点

义务教育学校标准化建设首先面对的困惑是：标准是什么？标准有哪些？这涉及“一”和“多”的关系。这正是当前争论较多的有关标准本身以及标准基础上的理解问题，这种“一”与“多”的关系问题在认识与实践上始终是无法回避的，也是困扰一些学校多年的问题。从解构的视角来看，“一”与“多”表现为：一个标准，多种表述；一个目标，多种特色；一个统筹，多种突破。

其一，从文本存在的视角来看，“一”和“多”意味着“一个标准，多种表述”。就建设标准的“文本逻辑”来看，存在着统一标准与具体标准的关系问题，也就是说是否应该在全国范围建立义务教育学校标准化建设的统

---

① 佘林茂，张新平. 义务教育学校标准化建设的五对关系[J]. 教育学报，2021，(3)：107-116.

一性标准，或者是尊重各种学校标准、办学标准、教育管理标准的多元存在，具体标准具体执行。就前者而言，强调的是对标准统一性、唯一性甚至是神圣性的维护。这显然与我国义务教育的固有性质有关，在普及性原则下，国家有必要为所有适龄儿童提供统一达标的基础教育。全国统一性标准能够回应学校建设标准在各地之间“上不封顶”“下不保底”的现状，有效推进义务教育均衡发展。就后者而言，义务教育学校标准化建设的各种政策文本“客观存在”，造成统合上有一定的难度。“学校标准”“办学标准”“学校管理标准”等标准的出台，是基于不同时空多元交叉的产物，在时间上表现为不同时期、不同阶段的“时代精神”，在空间上体现为不同地区、不同环境下的“因地制宜”。

其二，从实践推进的视角来看，“一”和“多”意味着“一个目标，多种特色”。审视学校标准化建设的实践逻辑，存在着学校建设的标准化与特色化的关系问题。“一”的视角侧重于“标准化”，也就是说无论何时何地，标准都是硬性的、无可置疑的底线，只有严格遵照标准底线，教育发展中的急功近利倾向、非均衡的趋势、教育投入保障力度不足等困境才有可能突破。然而，若将学校建设的标准化引向极端，那么学校发展就有可能走向“同质化”“脸谱化”，学校标准化建设的“标准”就会成为普适性原则或者唯一性原则。这种极端观点有时遭受质疑，相比较而言，“多”的视角意味着强调在尊重学校“标准化”过程的同时，不放弃学校建设的特色化、个性化。也就是说，办学背景、办学传统、办学优势等在每一所学校都是多元而有差异的，即使在最终目标上都走向教育均衡的轨道，每一所学校也会在个体维度上呈现出迥然不同的学校建设风格与办学特色。①进一步而言，后现代主义对于“标准”与“统一”有着更为严厉的批判：教育现代化过程中之所以出现种种弊端，很大程度上是过于重视统一性而忽视多样化导致的，因而多层次的思维品质构建很有必要，需要将在促进事物发展过程中起重要作用的多元性、差异性与模糊性考虑进来，重视事物之间的共存关系。②也有研究者试图调节标准化与特色化之间的矛盾，认为“标准化是个性化的基础，个性化是标准化的存在方式，标准化

---

① 王小柳. 思辨基础教育均衡发展[J]. 上海教育科研，2004，(9)：23-24.

② 王新举. 后现代主义对当代教育的启示——从统一性到多样性教育模式的转变[J]. 高等教育研究学报，2012，(4)：14-17.

与个性化是辩证统一的”[1]。

其三，从政策推进的视角来看，“一”和“多”意味着“一个统筹，多种突破”。一个统筹意味着义务教育学校标准化建设作为长远战略，针对的是包括东、中、西部地区在内不同区域的所有开展义务教育的学校，需要进行全国一盘棋式的战略规划，具备顶层设计或全局性的战略眼光。多种突破意味着需要寻找义务教育学校标准化建设的重点环节和薄弱环节，有时需要有所侧重，达到“精准关切”。当前需要精准关切的是欠发达地区的农村义务教育学校标准化建设问题。全面建设小康社会的重点和难点在农村，而义务教育学校标准化建设的重点也在农村，因为无论是从发展速度、发展均衡度还是整体发展质量而言，农村地区的义务教育发展往往是显著性短板。仅以校舍面积、图书数量、师生比、教学媒体等硬件和软件来看，欠发达的农村地区都与全国平均水平存在着一定差距。在教育均衡整体战略思想下，实施对欠发达地区农村义务教育学校标准化建设的“精准关切”，是对教育公平原则的具体落实，摆脱了过去对教育问题“眉毛胡子一把抓”的局面，有利于变革教育观念，在行动上彰显义务教育的普惠性和公平性。

总之，无论是文本形式、实践行动抑或政策关照，义务教育学校标准化建设本身都存在关于标准化建设的“一”与“多”的理解问题。实际上，对“一”与“多”的追问，如果转化为建设多元主体的维度——谁来建设与推动，就存在着“上”与“下”的关系，即学校标准化建设及学校变革的动机、意愿存在于何种层面。

（二）上与下：学校标准化建设的动力源

义务教育学校标准化建设的“上”意味着自上而下或者说主要侧重于中央控制，“下”意味自下而上或者说基于底层。推动义务教育学校标准化建设，首先需要政府的高位战略，从教育公平出发制定自上而下的教育决策，动力来源于上位的国家与地方政府层面。然而，义务教育学校标准化建设也是学校个体愿景的动力驱动。就具体地区、区域乃至于学校而言，尤其是薄弱学校

① 杨兆山，张海波. 标准化学校：教育均衡发展视角下农村义务教育的发展路径[J]. 东北师大学报（哲学社会科学版），2008，（1）：24-29.

渴望在政策的关照下，建设软件硬件都“标准”的美好学校，这是每一所学校的发展动机。这就意味着从变革的意义上而言，义务教育学校标准化建设不是纯粹的政府指令或上级管控，而是每一所学校自身的自下而上的发展诉求和变革愿景。

从管理序列层面来看，义务教育学校标准化建设实际上处于“中央-地方-学校”的管理连续体中，上下之间的关系是相对的，往往是自上而下与自下而上的结合，或者是在上与下的动态回环中有所侧重。以义务教育学校标准化建设的教育投入保障为例，自 2001 年始，“以县为主”成为教育投入体制，但是鉴于我国不同地区之间各级政府财政负担与支付能力的现实差异，县级政府要想保障义务教育学校标准化建设的经费投入较为困难，义务教育学校标准化建设的投入主体亟须明确，需要在各级政府间确立分担机制。诚如有研究者主张的，学校标准化建设的投入主体应逐步上移，并结合不同地区的实际情况，建议东部地区以县为主，中部地区以省为主，西部地区以中央为主。[①]

实际上，学校标准化建设中的“中央-地方-学校”关系需要在廓清中走向调和，在“上”与“下”之间达成平衡，各层次的变革动机与推力需要在标准化建设问题上形成必要的张力与合力。如研究者关于日本学校标准化建设之路的调研结论所言，日本义务教育得以稳步健康发展固然有多重促进因素，但是最为关键的因素是教育管理连续体中“上”与“下”之间的平衡与力度。也就是说，中央政府与地方政府始终能够依法履行管理责任，落实管理目标，在最大程度上提供经济支持与经费保障。同时，在中央、地方、学校三级管理主体中，各方在招生、教学等学校建设工作中都能够各司其职、强化责任、稳步推进，从而实现了日本义务教育均衡发展[②]，这也为各国学校标准化建设行动提供了经验参照。

无论是自上而下还是自下而上，义务教育学校标准化建设的多维主体都是存在的，并且在互动中形成了一种教育治理生态，这就转换到“内”与“外”的关系上，涉及的是学校建设生态中的内外联动与交互生成。

---

① 肖明胜. 经济欠发达县学校标准化建设路径探析[J]. 人民教育，2010，(Z1)：64-66.

② 严平. 均衡发展视野下的日本义务教育学校标准化研究[J]. 比较教育研究，2013，(4)：66-70.

（三）内与外：学校标准化建设的生态环

从生态视角来看，“内”意味着学校标准化建设是学校内部一项自主治理工作，“外”意味着学校之外的政府管理部门在义务教育学校标准化建设工作上的权力边界，学校内部与外部实际上存在一定的冲突与交融。推进义务教育学校标准化建设行动，一方面需要学校内部的权力自主，一般这种界限存在于教育教学工作领域，具体涉及师生奖惩、教学方式、教学内容等；另一方面，也需要学校外部的政府权力保障，尤其是关涉学校制度、学校硬件、场地设施、教育经费等方面，但政府的权力应该限定在物质保障的范畴，不适合承担无限责任。值得指出的是，学校标准化建设中的内外管理权力边界并不是永恒不变的，二者往往存在着边缘与交叉地带。在极端意义上，如果以某一种方法或者理论绝对地分离所谓的政府权力和学校权力，既无可能，也无必要。[①]

这实际上是一种“小生态”视角，若将参照系放大，相对而言还有一种“大生态”，即作为内部域的我国义务教育学校标准化建设工作的经验和研究与作为外部域的全球经验之间的关系。我国义务教育学校标准化建设是世界义务教育发展的一部分，其他国家的学校标准化建设为我国教育提供了外部参照与经验支持。譬如，20 世纪 50 年代，日本制定和颁布了标准法，严格规定班级人数、师资等质量标准，推动学校标准化和均衡发展。[②]美国则在 20 世纪 80 年代掀起一场规模浩大的教育标准化运动，从学业期望、学生评估、权力关系及其协同等多个方面走向“标准化”，深刻影响了美国教育质量与公平的走向。[③]这种大规模的学校质量标准监测还体现在经济合作与发展组织的指标行动中，30 多个成员国的学校教育状况得到及时评估和比较。[④]由此可见，通过标准化指标体系与监测体系建设提升教育质量、促进教育公平，是西方国家和国际组织教育事业发展的重要趋势。

毋庸置疑，国际教育标准化行动对我国义务教育构成了某种意义上的

---

① 罗朝猛. 论公立中小学校权利的边界与限制[J]. 教育理论与实践，2011，(25)：38-40.

② 高益民.《义务教育标准法》与日本义务教育的均衡发展[J]. 比较教育研究，2011，(10)：77-81.

③ 辛涛，李珍，姜宇，等. 美国教育标准化改革现状及其启示[J]. 清华大学教育研究，2011，(6)：69-75.

④ Education at a Glance 2016：OECD Indicators[EB/OL]. http://www.oecd-ilibrary.org/education/education- at-a-glance-2016_eag-2016-en (2016-09-15).

“生态外力”，然而并不意味着这种影响是无限的，相反，我国义务教育学校标准化建设的独特性需要彰显出来，正确处理“在中国”与“在世界”的内外关系。在教育全球化浪潮中，学者表现出对我国教育标准缺乏独特性与个性化的隐忧，甚至认为如果没有国家的教育标准，整个国民教育体系将遭遇巨大挑战。从某种典型意义上来说，一个国家的教育标准意味着一个国家的教育主权、民族文化和国家利益，其形成是教育制度成熟的重要表现之一，更是关切到国家教育事业的深度发展。①

如果说义务教育学校标准化建设的“内”“外”关系是一种生态关系，那么如何看待这种生态，如何审视生态中学校标准化建设的效果和状态，则涉及“静”“动”关系。

（四）静与动：学校标准化建设的复杂态

无论是对义务教育学校标准化建设的“标准”理解，还是实际意义上的建设过程本身，都存在变与不变的关系，即静与动的关系。“静”意味着对义务教育学校标准化建设过程与结果持一种相对稳定而保守的看法，“动”则意味着注意到学校标准化建设过程本身的复杂性与结果的发展性。就目前来看，义务教育学校标准化建设的“静态观”强，“动态观”弱，这是需要极力反思的地方。

首先，学校标准化建设是一种动态性存在。在社会经济、政治、文化、教育等现实中，作为子系统的教育并不是孤立存在的，前者的发展变化必然会导致后者的更新与变革。譬如，在学校规模、师资队伍、生源数量等方面，设置的标准可能需要不断修订，特别是社会发展与时代精神强力推进着标准的动态调整。另外，学校标准化建设作为一种动态过程，可能存在着不确定的风险，这也是一种客观存在。然而，面对这样的客观现实，不能消极规避，而是应该积极应对，即建立健全义务教育学校标准化建设的风险预警系统，针对标准“不足”和“超多”及时做出风险预警，从而及时发现和解决问题。这个过程是对“不确定性”过程的动态监控，是对学校标准化建设工作的动态化本质的回归。②

---

① 谢维和. 我国应该建立自己的教育标准[J]. 教育研究，2001，（11）：21-23.

② 杨舒涵，李玲，韩玉梅. 县（区）域内城乡义务教育学校标准化建设风险预警机制研究——基于西部A省Y县的调研[J]. 教育发展研究，2012，（7）：7-12.

其次，学校标准化建设的过程需要动态化。这意味着要处理好标准的保守性与教育发展的动态性之间的关系。学校标准化建设发生在义务教育体系，从某种意义上讲，义务教育公共服务标准主要在于“托底”。在教育的基本面和最低要求上，义务教育标准做出了基本规定，有力保障了公共服务质量，但标准自身固有的“惯性”常常无法契合义务教育的动态发展。因而，需要在建设与管理过程中，强化对标准的持续更新、持续追踪和持续优化，并做好不同阶段对教育标准化指标的动态转移。[①]也就是说，只有构建动态调控机制，正视标准体系的差异，才能有效把握标准化建设的命脉。

最后，学校标准化建设需要超越“静态”维度，走向实际标准达成的教育动态效果，特别是明晰对学生的“教育力”有多大。目前，学校标准化建设工作与研究较多聚焦于建设指标的静态响应方面，而较少考虑指标本身对学生成长与学校发展的持续性的实际效果。其研究思路仍然是达标思维，虽然简单直接，却在某种意义上混淆了学校标准化建设的手段与目标。指标内容主要涵盖硬件设施、师资队伍等方面，学生发展作为直接指标内容相对较弱；而将学生发展作为学校建设核心，在评估建设效果时，较易止步于标准的达成，将对实现目标手段的考查等同于对效果的考查。实际上，在标准化建设评价思路上，考查建设效果，在重视指标达成与否的同时，还应当“再往前走一步”，评估指标达成对学生与学校发展产生的实际效果，使评价从静态结果层次转向发展性层次，以“评价”驱动“发展”，在评价中推动学校标准化建设的进一步深化。

然而，除了在实践上把握学校标准化建设的“动”“静”现状，更需要在研究层面深化对标准化建设实践的理解，这涉及研究逻辑的“横”“纵”关系。

（五）横与纵：学校标准化建设的时空维

学校标准化建设既是现实的行动，又是历史的建构，在研究与建构思路上形成了“横”“纵”逻辑。横向逻辑往往侧重于义务教育学校标准化建设工

---

① 毛寿龙，王猛. 地方义务教育公共服务标准化指标体系构建——基于多中心的视角[J]. 教育发展研究，2015，(22)：1-8.

作及其研究的结构或内容，在视角上可涵盖人、财、物、事、气等领域，在具体内容上涉及经费、教学、师资、文化、课程等维度。从当前来看，学校标准化建设的教学维度广受关注，譬如，通过西部地区城乡学校的数据采集对比可以发现，农村学校标准化建设中的教学质量与城市学校有显著差异，甚至农村有些年级的教学质量还达不到基本标准要求。①师资也是学校标准化建设始终关切的维度，在研究者看来，尽管学校设施、场馆等静态因素也很关键，但师资是指向教育均衡的动态因素，师资的合理配置是学校标准化建设的重要力量。②当然，最为典型的是从综合视角关照学校标准化建设，在此过程中，科学与合理是精髓，是国家在办学条件、规模、师资、经费、教学质量、课程设置等方面对义务教育学校最起码的要求。③

纵向逻辑，即基于义务教育学校标准化建设整体意义上的“现状调查—问题发现—问题解决—改进落实”的时间逻辑展开。一所学校的建设与发展，绝不是彻底抛弃原有的历史传统与现实经验，特别是当把办学标准、教育标准等相关标准等作为长期的政策背景参照时，区域与学校往往在标准研制、标准建设和标准评估等方面拥有一定的经验积淀，这就需要在时间维上妥善处理义务教育学校标准化建设的过去、现在与未来的关系，处理好学校建设固有传统与超越的关系，推动义务教育学校的长程性建设与可持续发展。

这两种逻辑正是义务教育学校标准化建设及研究中需要处理的横纵关系。毋庸置疑，任何学校建设及其研究都需要从横、纵两个维度考虑，很多学校标准化建设的问题和难题不仅仅是“管理”问题，更是时空凝固下的“历史”问题。正如萨米尔（E. Samier）所言，从严格意义上而言，教育管理的诸多现象与其说是“管理问题”，不如说是“历史问题”。④这就需要我们重建义务教育学校标准化建设及研究的“历史观”，在研究和推动学校标准化建设中的经费、师资、课程、教学等工作时，反身向后，追问学校标准化建设政策与实践的“前世今生”。这也就意味着对于义务教育学校标准化建设及其研究，

① 王嘉毅，李颖. 西部地区农村学校义务教育教学质量研究[J]. 教育研究，2008，（2）：21-32.

② 刘艳芳，温晓东. 农村义务教育教师均衡配置困境及优化策略[J]. 教育学术月刊，2014，（12）：25-31.

③ 龙承建，周鸿. 论教育标准化与义务教育均衡发展[J]. 河北师范大学学报（教育科学版），2009，（1）：117-121.

④ Samier E. Educational administration as a historical discipline：An apologia pro vita historia[J]. Journal of Educational Administration and History，2006，（2）：125-139.

需要从“管理现实”转向“历史现实”，从“历史视域”反观“建设当下”。

（六）关系之后的“超越”

以上从关系范畴重新审视了义务教育学校标准化建设。事实上，将义务教育学校标准化建设引入“关系”的思考乃是一种冷静的“返回”。多年来，推进义务教育学校标准化建设工作逐步进入深水区，无论是政策文本还是实践状态都较为丰富，对标准化的称呼也较为多样，从而出现了看似越来越具体却越来越模糊的状态。因而，转换思路，将义务教育学校标准化建设从“关系”的视角抽离出来，推动标准化建设从“雾里看花”的局面中突围，探索义务教育学校标准化建设的起始点、动力源、生态环、复杂态、时空维等，实现一种学理和行动的“转身”与“返回”是必要的。这一“返回”蕴含着三种超越。

一是从有限到无限。从关系范畴来说，义务教育学校标准化建设存在多种关系，即对学校标准化建设的认识起点上存在着“一”与“多”的关系，在动力来源上存在“上”与“下”的关系，在生态意义上存在“内”与“外”的关系，在复杂性思维上存在“静”与“动”的关系，在学校标准化建设的研究思路与空间上存在“横”与“纵”的关系。然而，值得注意的是，义务教育学校标准化建设的关系讨论并不是确定性的、唯一的或整全的，也并不意味着仅仅就是这五种关系，实际上还存在其他的关系或视角，事实上我们也无法穷尽一切可能。换句话说，义务教育学校标准化建设的关系讨论只能列举，而不能详尽。讨论的意义不在于从根本上提炼义务教育学校标准化建设的“唯一”“正确”的定义，而是为了从更多的“可能性”角度把握这一命题，在“关系视界”中审视学校标准化建设，避免认识上的“盲人摸象”。在表面的统一、一致和完整的掩盖之下存在的则是另一种世界，其中既充实着各种资源，又隐含多种冲突。它们在关系中产生，而且在不断增加新的维度。[①]就此意义而言，义务教育学校标准化建设的关系讨论是有限的，但是借助关系范畴这一透镜，可以发现学校标准化建设中被遮蔽、被忽视的丰富意涵，敞现更多的意义世界，实现从有限到无限的跃迁。

---

① 肯尼思·J. 格根. 关系性存在：超越自我与共同体[M]. 杨莉萍，译. 上海：上海教育出版社，2017：147.

二是从多元到整体。审视义务教育学校标准化建设的多重关系，并非要走向多元分裂，从而人为制造标准化建设的关系“区隔”。事实上，义务教育学校标准化建设的多重关系背后蕴含着标准化建设中的多重矛盾，反映了义务教育学校标准化建设的多维状态和多元视界，而这是无法割裂的整体。就关系本身而言，义务教育学校标准化建设的关系是不断转化、互联互依的，在实际的建设行动中也是层层递进的，更是学校建设品质与学校发展境界不断提升的过程。这种过程性存在是一个复杂的综合性改革过程，无论对于研究者还是管理者、实践者而言，都需要明晰学校标准化建设在时间上的持续性和运作上的系统性。之所以说它是一项系统性工程，根本原因在于学校标准的研制与执行，既需要教育系统内部的标准化建设共识，也需要充分考虑地方经济社会的现实基础，在整体系统中构建支持性的建设环境。[①]总之，义务教育学校标准化建设的多元关系是一个复杂整体，它并非诉求只关照某一维度或某一层面，事实上“多元关系”的各个方面本就固有，引入关系性思考就是要让其还原为原初的系统性整体存在。

三是从解构到建构。审视义务教育学校标准化建设的多重关系，从某种意义上来说，是对学校标准化建设的解构，从内在机理上梳理、解剖学校标准化建设的多重面向，然而这并非关系讨论的终点。解构的过程已经蕴含未来建构的因素，特别是需要明晰在厘清义务教育学校标准化建设关系之后能做什么。引入关系思考，对实践的最大启发意义在于，义务教育学校标准化建设作为系统综合工程，需要发挥多元主体的力量，需要多方主体（政府、市场、社区、学校）共同参与推进过程，共同承担推进建设的责任，从而共同分享学校标准化建设成果。任何单一主体的孤独支撑，都不足以保障标准化建设的可持续性。譬如，政府固然是推进学校标准化建设的宏观因素、上位力量，但是如果不引入学校、家庭、社区的力量，仅仅发布自上而下的行政指令，很可能做得越多，错得越多，效果越差，误入“塔西佗陷阱”[②]。就教育现代化治理的意义而言，辨识和重构义务教育学校标准化建设的关系，在实践上就是要建立

---

① 张新平，张冉. 义务教育学校标准化建设：现况、问题与理路选择[J]. 教育发展研究，2017，（18）：1-7.

② “塔西佗陷阱”得名于古罗马时代的历史学家塔西佗。通俗地讲，就是指当政府部门或某一组织失去公信力时，无论说真话还是假话，做好事还是坏事，都会被认为是在说假话、做坏事。

健全义务教育学校标准化建设一体化联动机制，将学校、政府、社区、市场的力量都纳入学校标准化建设中来，充分重视和整合学校发展的主动意愿、政府投入的责任担当、社会参与的支持力量，各司其职，各尽其责，让各方都能为义务教育学校标准化建设贡献力量，形成共建、共治、共享的现代化治理格局。

二、义务教育学校标准化建设的方法论

尽管义务教育学校标准化建设取得了不错的成效，但是随着实践的不断深化，也遇到了一些挑战与问题。这要求我们深入思考如何在“最佳实践”的意义上更好地推动义务教育学校标准化建设。结合调研的情况，我们提出了当前义务教育学校标准化建设需要明确并坚持的方法论。[①]

（一）坚持实事求是精神

“实事求是”强调从实际出发，开展调查研究。它是我们长期以来一直倡导的工作方法论，也是层次最高的工作方法论。如果工作的各个方面都能力求实事求是，大多数问题都可以避免或化解。在此，笔者主要从两个具体的方面来分析义务教育学校标准化建设工作进一步坚持实事求是方法论的重要性。

一方面是标准研制部门能否进一步坚持实事求是。义务教育学校办学标准研制是一项重要且极具难度的工作，尺子不对，怎么量都是错的。近年来，我们形成了一系列具有引导性、针对性和实效性的办学标准，但也有一些标准存在与办学实际不符、稍显主观的情况。譬如，目前，对于中小学专职卫生技术人员，仍要求按照《学校卫生工作条例》规定的学生数 600∶1 的标准配备。按此标准，农村小规模学校达不到配备的标准，大规模学校则需要配备很多人员。其实大规模学校基本都在城市，去医院方便，农村小规模学校更需要配备专职卫生技术人员。同样，城镇中小学校服务半径也存在一定的问题。城镇化进程的加快、生活与交通方式的改变、以房入学政策的普遍实施等，使得 1000 米与 500 米服务半径的落实变得非常困难。

① 陈学军，张新平. 义务教育学校标准化建设方法论[J]. 江苏教育，2017，(82)：7-9.

另一方面是标准落实主体能否始终坚持实事求是。义务教育学校办学标准落实的主要责任主体是县区政府及教育行政部门与学校。为使各地切实推进义务教育学校标准化建设工作，一些省级教育行政部门组织开展了相关督促与验收工作。出于各种考虑，个别县区教育行政部门和相关学校会做数字文章，出现假报、瞒报的行为，而督导部门或其他部门也不可能对所有学校的所有信息与数据进行查验，以致义务教育学校标准化建设出现失真情况。

当前义务教育学校标准化建设之所以不能深入贯彻实事求是的方法论，有教育实践本就复杂多样的原因，有主管部门多少还倚重行政命令开展工作的原因，也有地方政府及教育行政部门怠政和学校敷衍的问题。

（二）明确“抓两头、带中间”思想

义务教育学校标准化建设工作是面向所有学校的，但每个地区、每所学校的基础与条件不同，所以最初的建设工作总体上呈现出面向“中间”的特征，主要解决大多数学校的问题。在前期工作已经取得阶段性成果，大多数学校的办学条件得到改善的背景下，从进一步体现以标准化建设促进义务教育均衡发展目的的角度看，当前工作的方法论应该从“重多数、看中间”转为“抓两头、带中间”。

一头是农村学校、农民工子弟学校等薄弱学校的标准化建设。我们通过调研发现，城乡学校之间以及城市农民工子弟学校与其他学校之间的建设，存在较为明显的不平衡现象。首先，在基本办学条件方面，农村学校、农民工子弟学校等薄弱学校的教学仪器设备、音体美器材等配备水平相对较低，音乐教室、美术教室、舞蹈教室等专用教室配备不足或水平较低。一些农村寄宿学校的宿舍、食堂、浴室、厕所等设施也存在配备不足的情况。其次，在师资条件上，在学历层次、队伍结构、骨干教师比例等方面，农村学校、农民工子弟学校等薄弱学校教师队伍的整体水平也普遍更低。农村学校教师队伍老龄化问题突出，音体美教师与卫生保健教师配备不足也是普遍现象。最后，在管理水平与学生素质发展方面，农村学校、农民工子弟学校管理的规范化与活力水平，学生活动开展情况，学生学业和综合素质发展水平也与城区大多数学校存在一定的差距。

另一头是少数公办义务教育学校超标、豪华建设的问题。近年来，中央和一些地方都明确禁止建设豪华学校。2015年，《教育部关于进一步做好全面改善贫困地区义务教育薄弱学校基本办学条件有关工作的通知》强调，要积极统筹中央已经安排的义务教育校舍建设、设备购置相关项目和资金，避免重复交叉或支持缺位，不得将资金、资源向少数优质学校集中，打造“豪华校”“重点校”。

从绝对面看，加强农村学校、农民工子弟学校等薄弱学校的标准化建设是“托底”，使所有学校都达到基线；从相对面看，禁止豪华学校建设是“限顶”，是防止在新的层面拉大学校差距。只有夯实这两项工作，才能切实实现以标准化建设促进义务教育均衡发展。

（三）牵住建设工作的“牛鼻子”

义务教育学校发展的每一个方面都与标准化建设工作相关，但实际工作既不可能也不应该全面铺开。义务教育学校标准化建设应当是一个过程，一方面需要有全局观并落实基础性标准；另一方面又要牵住“牛鼻子”，找到关键，抓住重点。就我们调研了解的情况来看，师资均衡配置是义务教育学校标准化建设的“牛鼻子”。

城区和镇中心学校的大规模与大班额是当前义务教育学校标准化建设中的突出问题之一。镇中心学校的大规模与大班额与农村学校布局调整有关。城区的大规模、大班额学校则与校际差距有很大关系，它们大多是热点学校，优势主要在师资队伍上。农村小规模学校、教学点办学条件差或资源利用率不高，是义务教育学校标准化建设中的另一个突出问题。它与大规模、大班额情况相反，很大程度上受到了生源流失的影响。生源流失的原因，除了农村人口外出打工、城镇化进程加快等因素外，与农村学校教师队伍整体水平不高不无关系。义务教育学校标准化建设工作必须面对教学质量问题，而教学质量提高的根本在于提高教师素质。其他诸如生均占地面积、生均图书数量、教学设施设备等学校标准化建设的弱项不能说不重要，但从目前来看不是最关键的。

师资配备上的问题，具体表现为薄弱学校特别是农村学校教师学科与年龄结构不合理、整体业务水平偏低、工作热情与发展动力不高、成长机遇与学习机会不多等。为此，各级政府采取了专项教师计划、定向培养、教师流动、校际联盟、县管校用等政策措施。然而，就现实来看，这些政策措施未能从根本上解决薄弱学校、农村学校师资配备不达标的问题，更不用说实现师资的整体均衡。这与城乡社会的结构性差距导致的教师生活与工作的城市化取向有关，也与一些部门执行相关政策的决心与力度有关。执行政策的人有时因教师三番五次地闹情绪，有碍学校的稳定和谐，而放弃关于某个教师的流动方案；有时还担心更多地派出优质学校的教师，会影响该校的质量与声誉，丧失本地区的教育招牌或优势；有时又可能受人托请或为打造名校，将本就稀少的薄弱学校、农村学校的骨干教师调到优质学校或城区学校等。凡此种种，造成师资标准化建设的很多工作都停留于形式与表面。

（四）运用好工作中的“辩证法”

义务教育学校标准化建设是一个矛盾的综合体，稍有不慎就容易走向一端而忽略另一端。为合理把握建设中的“度”，就要运用好工作中的辩证法。具体来讲，对于当前的义务教育学校标准化建设工作，需要辩证地看待与处理以下几对关系。

一是“标准”与“建设”的统一。没有科学合理的标准，怎么建设都不可能取得理想的效果。没有切实有效的建设，再好的标准也只能是一纸空文。标准本身有其一般性的要求，如引领性、针对性、切实性、可行性、清晰性等。如果作为前提的义务教育学校的办学标准不能满足这些要求标准，标准化建设工作的持续有效推进就很难。如前所述，目前义务教育学校办学标准本身也存在不尽科学合理的地方，需要加以完善。同时，在标准合理的情况下，建设层面又存在不扎实、不规范、不细致等问题，需要进一步加强建设工作的观念、投入、方式和机制的转变。只有标准与建设两方面协同并进，义务教育学校标准化建设才可能不断有效推进。

二是“配备”与“使用”的兼顾。义务教育学校标准化建设不只是资源配置的问题，更重要的是所配置资源要能够充分发挥作用。在调研中，有受访者提到，“学校信息化设施设备配置到位了，但缺乏管理这些设施设备的专业人才”，“设施设备只是一部分投入，软件装配、保养、更新需要的花费还不小，乃至电费也是一种压力，但这些却不在标准化建设的范畴内”。也有受访者提到，“一些学校的生均图书量虽然达到了标准，但说实话，购买的是什么书，图书的使用效率怎么样，这些都难以保证，很多时候就是数字和摆设”。还有受访者指出，“一些农村学校的办学条件改善了，但生源流失后，却出现资源浪费的现象”。这些都是“配用不合”的问题。在义务教育学校标准化建设过程中，政府与教育行政部门要避免“重配轻用”的倾向，要倾听学校声音，学校也要承担自身的责任，积极主动地筹划与落实资源的有效使用。

三是“手段”与“目的”的一致。义务教育学校标准化建设的目标虽是明确的，即促进学校的均衡发展，但在具体工作过程中，这一似乎不言自明的目标也容易在各项工程与分化指标中被忽视。我们调研时，受访者很少从均衡发展的角度反映与讨论义务教育学校标准建设的相关情况。他们多是从自身工作或单个学校的角度，将标准化建设理解为上级要求完成的一项工程。一位受访者说道：“义务教育学校标准化建设与教育质量不能说没有关系，但不能完全匹配，总体上关系不大。”如果不能在实际工作中进一步明确作为手段的标准化建设的目的，很容易失去焦点与准星，这位受访者的话可能成为更大范围内的现实。

四是“分力”与“统筹”的协同。标准化建设需要大量的经费投入，其主要责任在县区政府，但也需要不同层级政府的协力共建。我们调研的两个县区，在投入和管理上采用县镇共管的体制，带来了双重影响。一方面，政府和教育部门可以调动更多资源，并以各镇相互竞争的方式，快速、高质量地推进标准化建设；另一方面，因为主要由镇里负责投入，各镇的情况又有所区别，这就造成了各地标准化建设的进度、质量不一致的问题，与标准化建设本身指向的均衡理念不合。省级层面也存在类似的情况。省级政府可以通过明确要求，加强验收督导工作，推动各地积极投入义务教育学校标准化建设工作，但县区的经济情况不一，建设工作与效果便可能产生差距。我们认为，在县区内部差异大的地区，县区要加强统筹；在县区之间差异大的省份，省级政府要加强统筹。

第三节 义务教育学校标准化建设的视角与理路

义务教育学校标准化建设是一个持续推进的过程，在这一过程中，不同视角有着不同的审视理路。其中，法学视角下的规范、秩序意识，经济学和管理学视角下的资源配置、效能理性观念，教育学视角下的育人目标、公平均衡立场等，都在不同程度上丰富了义务教育学校标准化建设的相关讨论。

一、法学视角下的义务教育学校标准化建设

义务教育学校标准化建设是一个有关义务教育学校标准研制、实施及评价其工作成效的动态发展过程，其中第一步就是学校标准的研制，这需要以大量国家与地方政策法律法规为依据。[①]义务教育学校标准化建设越走向广泛的社会公共生活，来自公共领域法律法规的规约与支持就越大。换言之，制定学校标准，必须符合国家颁发实施的有关中小学改革发展的系列政策法规。制定和实施学校标准，本质上是一种政府行为，只有由政府和教育主管部门制定、实施学校标准，其合法性才能得以维护和体现。就合法性而言，义务教育学校标准化建设需要回应“依法办学”“依法施教”“依法治校”等固有命题的新时代内涵。同时，近年来，在法学界蓬勃发展的软法理论研究[②]为我们理解义务教育学校标准化建设提供了一种新的视角。

（一）独特呈现方式

在软法框架下，以专业性、技术性与规范性的体现方式和程度为依据，可以将我国义务教育学校办学标准划分为两个层次，即“作为技术工序的办学标准”和“作为行为规范的办学标准”。前者是指针对义务教育学校办学事项而制定的定量数据、规则与指标，一般体现为办学标准中可量化、可程序化的物理常数、模型或标样，是学校标准化建设过程中确保监测工作科学、有效运行的专业性、技术性依据；后者是指采纳义务教育学校办学专业

① “法学视角下的义务教育学校标准化建设”具体内容详见：张新平，何晨玥. 软法治理视角下的义务教育学校标准化建设[J]. 教育研究，2017，（11）：41-49.

② 罗豪才等指出，软法是一个概括性的词语，被用于指称许多法现象，这些法现象有一个共同特征，就是作为一种事实上存在的可以有效约束人们行动的行为规则，而这种行为规则的实施总体上不直接依赖于国家强制力的保障。详见：罗豪才，宋功德. 认真对待软法——公域软法的一般理论及其中国实践[J]. 中国法学，2006，（2）：3-24.

性、技术性数据及规则与指标的定性规范，直接体现为一些行为模式用语，在确保技术工序安全实施的基础上，通过价值取向的指引来进一步实现更高层次的学校标准化建设目标。从我国义务教育学校办学标准的现实情况来看，当前各省办学标准的专业性、技术性和规范性呈现程度不一，体现了教育治理的省域特色。例如，浙江省义务教育学校办学标准主要包括规模和建设标准、师资队伍、教育技术装备、校园环境和安全四个部分，相对而言倾向于以专业性、技术性的定量指标呈现；江苏省义务教育学校办学标准在学校硬件建设外更多关注学校管理、教育教学、质量评价等方面，主要以行为规范的定性要求来呈现。

一般来说，软法具有协商性、弹性、灵活性等特征。在软法视角关照下，我国义务教育学校标准化建设同样呈现出相应的独特性。

首先，从主体关系来看，学校办学标准的运行是一个涉及多元主体协商合意的开放性过程。学校办学标准的运行建立在多元主体通过意见表达形成合意的基础上，主要反映在标准制定、实施与评价三个阶段。一是从标准制定阶段来看，省域办学标准依据国家法律、法规、政策以及省域文件，由各省教育厅在广泛征求意见的基础上组织专家讨论、修订并印发公布。在制定过程中，反映国家与省级政府的行政意志又不限于政府的行政意志，在与国家和地方行政意志不抵触的前提下，吸收教育行业内社会群体的意见，强调教育行业内的社会公众认同。二是从标准实施阶段来看，各省为加强区域统筹，将学校标准化建设纳入城乡教育总体规划，强调工作合力机制落实与推进。这种合力机制不仅涉及各级教育行政部门之间，教育行政部门与财政、人力社保等相关行政归口部门之间的统筹规划，还依赖于政府与学校之间的沟通联系。此外，社会公众也是标准实施阶段的间接参与力量，他们可以充分表达与反馈自己的意见。三是从标准评价阶段来看，省域文件一般要求标准化学校评定工作由市或县教育局负责统一实施，但在具体运行过程中，市、县的评价权力下移至城区和乡镇的现象十分普遍，即以市、县为上级组织单位，由城区和乡镇具体组织社会专家力量开展评价，分散式、多网点的评价结构是单维度政府控制向多元化社会治理转变的体现。

其次，从制度安排来看，学校办学标准运行中的公共权威需要以外在机制补充和维护。法律普适性要求的实质在于维护公平对待、平等适用的法律价值，以维护法律的至上权威。[①]义务教育具有强迫性、基础性和普及性等特性，因此学校标准化建设在硬法不及的情况下也需要彰显教育公平、教育均衡发展的公共权威。然而，从办学标准的制度安排来看，弹性规范对应的公共权威是一种有限权威，需要在运行过程中以外在机制予以补充。主要存在以下两种情况：一方面，办学标准的规范性主要指向其中的专业性与技术性要求，行为导向上需要以外在权威机制来补充。具体而言，技术工序通常只对办学标准是什么做出规定，行为规范标准虽然设定了一些类似于硬法条款的行为模式，但这种行为规范条款并不在于权力配置以及权利和义务安排，而在于为公共主体的办学行为选择提供专业性、技术性与科学性的导向。因此，对于如何遵行办学标准，须从具体的办学标准运行机制中寻找答案；对于违反办学标准应当承担的法律责任，则要从赋予办学标准执行力、适用力的《中华人民共和国义务教育法》《中华人民共和国标准化法》等法律中寻找依据。这些弹性规定在为主体的办学行为提供多种合理性解释的同时，也表明标准本身具有的公共权威十分有限，标准化建设的秩序维系在很大程度上需要依托外在权威机制。另一方面，省域办学标准特别是推荐性标准，在执行效力上需要以外在权威机制来补充。2017 年修订的《中华人民共和国标准化法》规定："国家标准分为强制性标准、推荐性标准，行业标准、地方标准是推荐性标准。"据此，我国义务教育学校办学标准在省域范围内制定和实施，并非强制性标准，只能归属为具有弹性执行效力的推荐性标准。与此同时，各省标准强弱不等、松紧不一的现状也表明，推荐性标准在彰显公共权威时受到的限制较大，标准化建设的持续深入亟须补充外在权威机制。

最后，从效力层级来看，学校办学标准运行过程中的位阶排列方式灵活呈现。罗豪才在论及公域之治中的软硬法问题时指出，硬法的位阶性很明显，以宪法为基准形成了一个效力递减的位阶体系，每一层级的规范都不得与上位阶的规范相抵触；软法的位阶性则不明显，除了所有的行为规范都要合乎宪法以及在一般的情况下不能与硬法相冲突之外，软法自身并不界定效力层级。[②]义务教育学校标准化建设归属地方推荐性安排，又体现了国家的普及性要求，因此办学标准

① 罗豪才，宋功德. 认真对待软法——公域软法的一般理论及其中国实践[J]. 中国法学，2006，(2)：3-24.

② 罗豪才. 公域之治中的软法[J]. 中国检察官，2006，(2)：56.

在运行中的位阶排列方式亦时隐时现、灵活呈现。这可从三个层面来分析：一是从国家标准与地方标准的排列来看，尽管义务教育是国家教育事业体系中的基础性公共产品，但我国现阶段全国统一的义务教育学校办学标准一时难以形成，各地标准化建设都以省域标准为依据层层推进，各省标准在运行中平行排列。二是从公办标准与民办标准的排列来看，鉴于公办与民办义务教育学校在办学体制上存在实质性区别，公办和民办学校的标准化建设应当按公办标准和民办标准分别规制为宜。然而，目前的情况是，《中华人民共和国民办教育促进法》对民办学校的办学标准没有明确的制度安排，各省对其办学标准的规定也不一样，因此位阶排列方式亦模棱两可。三是从办学标准与其他相关标准的排列来看，办学标准是各地义务教育学校标准化建设依赖的核心依据。除此以外，依据地方教育治理阶段性需求，学校建设标准、管理标准等其他相关标准对标准化建设共同施加着规范性、技术性影响。这些标准不仅在源头上分别出自不同类型或层级的制定主体，在内容上也存在着历时差异，因此位阶排列也不相上下。

（二）寻求软约束力

以软法框架解析办学标准的内涵层次及其运行特征后，可以形成这样一种共识：我国义务教育学校标准化建设涉及省域内各级政府和学校的协商共治，既要遵循技术要求又要维护制度权威，既要归属地方推荐性安排又要体现国家普及性要求。因此，作为教育治理体系输出的软法资源，我国当前的办学标准不依赖国家强制力，却能够在教育治理中产生影响、发挥作用，关键在于其“软”性和“法”性。依据软法理论，“软”性指向协商性、弹性、灵活性等，“法”性则指向普遍遵行、反复适用的规范性。循此思路，可以将这种具有“软”性和“法”性的影响力、作用力解释为软约束力。从我国当前的现实情况来看，义务教育学校办学标准在运行过程中的软约束力主要指向对政府行政裁量的规制和对义务教育学校办学行为的规范。

其一，对政府行政裁量的规制。我国当前义务教育学校标准化建设在教育行政部门和其他归口部门的支持、指导与监督下进行，办学标准对政府行政裁量的规制是实现标准化学校资源最优配置、保障标准化学校建设顺利进行的关键。有学者指出，如果说硬法的初次规制是一种外在规制，旨在禁止裁量的逾界，那么由软法实施的二次规制则是一种内在规制，直接影响着裁量决定的做出。[①]与其他软法机制一样，办学标准以维护和保障政府行政裁量的理性化为目标，是一种影响政府情势判断与行为选择的内在规制。办学标准对政府行政裁量的规制主要体现为直接干预与矫正地方政府的行政决策，以及推动政府创造性地表达地方行政偏好。同时，办学标准对政府行政裁量呈现积极规制的同时也存在一些问题，如办学标准对政府行政裁量的干预有限，办学标准对政府行政裁量的矫正受阻，办学标准在政府高位均衡战略中易被忽视等。

其二，对义务教育学校办学行为的规范。义务教育学校标准化建设不仅仅意味着学校办学的底线达标，还意味着标准化学校建成后的规范发展。因此，对义务教育学校而言，办学标准对学校办学行为的规范贯穿于标准化学校建设的全过程，其软约束力的责任形式主要体现为学校面临失资源、丢面子、受谴责等"出局"压力。从表面上看，这种"出局"是学校预期利益的降低、受损或丧失，实质上学校还将面临变更或丧失地方教育共同体预期利益的后果。从某种意义上而言，办学标准对学校办学行为的规范主要体现在激励学校因势利导、赋予学校社会压力和引导学校良善履职三个方面。同时，办学标准在规范学校办学过程中也面临一些现实困境，如办学标准降低学校标准化建设的目标要求，办学标准难以应对学校标准化建设的阶段性、过程性状态，办学标准难以检验学校标准化建设中的"两张皮"现象。

其三，软约束力负面效应的归因。在软法视角下，教育治理中的办学标准软约束力具化现象表明，我国义务教育学校办学标准在很大程度上是一种指向省域内各级政府、义务教育学校等多元主体的社会约束和义务体系，主要通过国家权威、组织激励、社会舆论、内部监督、同行监督、道德自律等机制得以运行并产生实效。一方面，办学标准通过对政府行政裁量的规制和对学校办学行为的规范，推动标准化建设目标全面实现；另一方面，办学标准在规制政府裁量和规范学校办学时，又不时遇到一些现实困境，呈现一些负面效应，这些负面效应经常会受到"非理性"的批评与指责。究其原因，一是办学标准本身的"先天理性不足"。与硬法相比，标准所涉主体关系、规范内容、法律位阶等方面要宽松很多，容易产生随意性和偶然性。二是办学标准实施过程中存在的

---

① 宋功德. 行政裁量法律规制的模式转换——从单一的硬法或软法模式转向软硬并举的混合法模式[J]. 法学论坛，2009，(5):31-37.

"外在非理性因素"，主要发生在具体的教育治理体制和方法运用过程中，如学校标准化建设依赖的社会公开环境尚未建立，多元主体从知悉到认可办学标准的内化过程还没有完成，学校标准化建设仰赖的法治权威还没有完全形成。

（三）指向最佳秩序

在软法视角下，从标准的具体运行到形成实效，义务教育学校标准化建设最终指向最佳秩序的建构。标准是技术规范，其价值取向主要是科学性和合理性，通过对人们行为的引导，回答"如何做才是科学的、合理的"问题。人们依此行为，获得科学的、合理的结果，这也就是标准追求的"最佳秩序"。[①]为此，有学者将基于标准理论框架而建立的秩序称为标准秩序，认为这种秩序弥补了自然秩序与法治秩序的不足，能够在两者都治理不到的领域实现社会成员认同的一致性秩序。[②]总而言之，基于软法治理视角，建构最佳秩序须注重反思标准运行及其运行实效，处理好阶段性、地域性与规范性三个问题。

第一，直面基于教育治理推进过程中的阶段特性。最佳秩序不仅仅在于器物和制度层面的标准化，还在于标准化建设推进过程中对社会现实问题的不断回应，即直面这样的社会现实：我国作为后发型现代化国家，义务教育学校标准化建设正在同时面临三个不同历史阶段的教育治理问题，即建构现代教育治理体制（现代性）、体现全球化教育治理（后现代性）以及妥善处理地方传统教育治理关系（前现代性）。因此，学校标准化建设的最佳秩序在反映底线性或基础性办学的基础上，须高度重视我国本土文化中自发生长的教育现代性、全球化和地方性特征。基于当前全国多省份学校标准化建设的质态，强化区县级政府的主体责任、同步区域内学校常态化监测信息、开展对学校整体建设的优先规范、严格按标准建设新学校、积极扶持农村薄弱学校和民办学校等，都不失为回应教育治理阶段性问题的合理举措。

第二，构建着力于地方教育共治的观念格局。建构最佳秩序除了强调学校办学是否达标、怎样达标等问题，更需强调标准化推进过程中形成的教育治理格局。教育治理是一种由政府、学校及社会共同纳入的特殊"教育共识"的

---

① 柳经纬. 标准与法律的融合[J]. 政法论坛：中国政法大学学报，2016，(6)：18-29.

② 程虹，刘芸. 利益一致性的标准理论框架与体制创新——"联盟标准"的案例研究[J]. 宏观质量研究，2013，(2)：92-106.

表现，其现代化的实现需要政府、学校、社会边界清晰，沟通协商，相互支持，分而不离，全面提升，形成一种多元主体共治的格局。[①]为此，可以这样来解析：学校标准化建设最佳秩序的建构需要着力于教育共治的观念格局建设，即多元主体对办学标准形成标准化建设共识，并基于这种共识来推动形成多元主体遵行办学标准、地方办学资源中心辐射的教育治理格局。

第三，构建依托于软硬法并进的标准化建设规范体系。与硬法相比，学校办学标准并不是一个退而求其次的解决方案或者通向硬法之路的中间站，而是一种对教育治理产生建设性功能的社会法治资源。在依靠硬法监督、控制的同时，只有强调学校办学标准的软约束力，才能实现硬法力不能及的法治目标。进而言之，义务教育学校办学标准毕竟是一种指向专业性、技术性的准入门槛，软法与硬法之间的相互融合还在扩张。软硬法兼施并进的义务教育学校标准化建设体系以追求和谐有序的秩序为目标，但这并不排除“硬法软化”和“软法硬化”两种趋势。当然，软法的存在空间在于与硬法兼施并进，一些由统计数据构成的办学标准虽看似与主体利益无关，其实质却与硬法一样指向教育资源配置，也须在硬法的框架下符合法治原则与要求，只有如此才能与《中华人民共和国标准化法》《中华人民共和国义务教育法》等硬法交相辉映。

二、经济学和管理学视角下的义务教育学校标准化建设

法学视角下的义务教育学校标准化建设，关键在于形成“最佳秩序”和“最佳规范”，然而为何需要追求这些秩序和规范，还有经济学、管理学意义上多种动因。[②]以标准化推进义务教育学校建设，从某种意义上而言，就是要重

---

① 任友群. 实现教育治理现代化的必由之路[N]. 中国教育报，2016-06-10（8）.

② 在研究初期，我们尝试分别从经济学和管理学的独立视角来审视义务教育学校标准化建设，但是发现以两个视角独立观察的时候，敞现出更多的交叉。譬如，经济学是研究稀缺资源的配置问题，就本书而言，也就是反思义务教育学校标准化建设的资源配置问题；管理学涉及人、组织、财和物，研究资源利用、优化、效率提升，也涉及义务教育的资源配置、经费投入等。因此，从二者的相通性，以及相关文献现状来看，关于义务教育学校标准化建设研究的经济学、管理学讨论，对话的成分多于独立的方面，其关心的议题、问题与关键词呈现出“你中我你，我中有你”的境况。我们尊重这种混融多元的状况，将经济学、管理学视角放在同一层面反思，是尊重实践（义务教育学校标准化建设均涉及经费投入、资源配置）和尊重理论（有关问题的讨论并不带有经济学或管理学的绝对分野）。当然，这并不代表我们认为经济学和管理学就是同一的，也不表明分别以经济学和管理学独立视角审视义务教育学校标准化建设没有必要，这可以留待未来进行更深入的研究。

新配置教育资源，重新优化教育产品与服务在社会中的供求情况。其中，基于指标构建、数据监测的大数据时代的教育管理是重要方式，这背后有效能最优化的追求，而从根本上来说与我们对科学理性的价值认同有关。

（一）资源配置是核心内容

教育经费投入是义务教育学校标准化建设的先行保障，教育资源合理配置是义务教育学校标准化建设的重要内容。教育经费投入不足或资源配置出现问题，将会制约义务教育学校标准化建设的效果。教育资源配置是义务教育学校标准化建设的题中应有之义，从根本上而言，是要走向教育均衡发展这一道路。经济学一般认为，人类资源是稀缺的，而人的需要是无限的、多种多样的，二者之间存在着内在冲突。若要化解这种矛盾，必须使有限的资源按照一定的客观比例分配到各个组成部分，使资源得到最充分、最有效的使用。教育资源配置实质上就是教育资源在教育系统内部各组成部分或不同子系统之间的分配，既包括社会总资源在教育领域的分配，也包括教育资源在各级各类教育间、各级各类学校间、各地区教育间的分配。教育资源配置在行动上需要走向均衡，具体而言是形成教育需求与教育供给的相对均衡。可以说教育资源配置的均衡是教育均衡发展的基础和前提。①

义务教育学校标准化建设中的资源配置，政府应该发挥关键作用，这与义务教育的根本性质有着密切关系。义务教育学校标准化建设从根本上而言关涉义务教育事业的深入发展，义务教育是大教育系统中的一部分，具有较强的外在利益性，可让全社会共同享有。②也可以说，义务教育具有很强的正外部性③，即义务教育为个人带来利益时也为社会带来好处，对提高全国人民的文化素质具有重要意义，进而对稳定社会秩序、促进社会经济发展、改善社会成员的生活方式具有基础性作用。因此，在现行体制下，义务教育因其公益性被

---

① 翟博. 教育均衡发展：现代教育发展的新境界[J]. 教育研究，2002，(2)：8-10.

② 杜复平，张谦. 区域内义务教育均衡发展：问题与对策[M]. 郑州：大象出版社，2015：37-38.

③ “正外部性”是一个经济学概念，外部性是一个人的行为对旁观者的福利的影响。美国经济学家曼昆认为，当一个人从事一种影响旁观者福利而对这种影响既不付报酬又得不到报酬的活动时就产生了外部性（externality）。如果对旁观者的影响是不利的就称为“负外部性”，如果这种影响是有利的就称为“正外部性”。参见：格里高里·曼昆. 经济学原理（上册）[M]. 梁小民，译. 北京：机械工业出版社，2003：172.

定位为“准公共产品”，是地方性的公共产品。尽管这种地方性的公共产品在全国范围乃至世界范围内具有溢出效应，但是义务教育要成为全国性的公共产品，需要有更大的集体来承担它的办学成本。[①]从国家层面来看，这个更大的集体首要的当然是政府。因此，义务教育学校标准化建设根本上是关于“准公共产品”的提供和资源配置。鉴于这种鲜明的公共性质，政府在学校办学、经费投入、资源调配等方面具有不可替代的责任和力量，需要坚持政府在义务教育经费投入与资源配置中的责任主体地位。从各国的情况来看，义务教育学校标准化建设的推进很大程度上依赖于政府的公共政策、法律引领、经济支持。譬如，1958 年，日本颁布了《公立义务教育诸学校班级编成及教职员定额数标准法》(简称《义务教育标准法》)，对学校的班额标准和教师的编制标准做出了严格规定。1965 年，美国出台了《中小学教育法案》，规定了联邦政府、州政府和地方政府对中小学建设经费进行分担的标准，使学校标准化建设获得必要的资金支撑。1975 年，法国颁布了《初等和中等教育改革法案》，制定了明确的班级人数标准和学校管理标准。1998 年，英国颁布的《学校标准与框架法案》强调，要通过中央专项资金资助和地方当局拨款等方式来确保学校标准化建设。2009 年，印度出台了《孩童免费义务教育法》，对学校办学应具备的硬件设施标准做出明确规定。总之，明确政府的责任主体地位，有助于落实义务教育学校标准化建设的投入保障。在研究者看来，义务教育经费的筹措，需要继续坚持多元化、多渠道的方式，尤其要加强政府在教育投入保障方面的基础性作用。[②]

义务教育学校标准化建设的资源配置不仅涉及政府，从教育供给与消费的视角看来，还需要理顺政府、市场、社会与学校的多元关系。义务教育属于准公共产品，政府在资源配置中发挥关键作用的同时，市场化背景下民办力量也参与义务教育学校标准化建设。市场化机制的引入，政府、市场和社会组织之间的相互合作，有助于减轻政府负担，多渠道筹措教育经费，为全体教育消费者（学生和家长）提供更多高效、优质的教育公共服务。市场化下的“经营”理念推动学校个体在义务教育发展中的战略转型，为实现“育人”和“经济收益”双重目的，

---

① 岳伟，黄道主. 彰显教育的公平与公益——城市免费义务教育问题研究[M]. 武汉：华中师范大学出版社，2014：82-83.

② 范先佐. 教育资源配置：政府应起基础性作用[J]. 河北师范大学学报（教育科学版），2006，(2)：5-11.

采用“经营”的方式达到教育资源的有效配置，从而促使学校效益最大化，这种“经营”理念促使学校教育从思维模式、行为范式、制度变迁、理论创新和实践改革等方面发生了一系列变革——在新的视角下构建出学校经营的理论、模式与策略框架。[①]但是，在一个健全的市场体系中，不存在绝对不受政府及其制度约束的市场“真空”。正如经济学家萨缪尔森（P. A. Samuelson）所言，当今没有什么东西可以取代市场来组织一个复杂的大型经济。问题是，市场既无心脏，也无头脑，它没有良心，也不会思考，没有什么顾忌。所以，要通过政府制度政策，纠正某些市场带来的缺陷。[②]因此，需要完善市场背景下民办教育力量参与义务教育学校建设的规范体系，明晰各方的责任和义务。

义务教育学校标准化建设的资源配置难点在于投入机制的优化。投入机制改革是推进义务教育阶段学校标准化建设研究的重要内容和重要组成部分。尽管我国在义务教育学校建设方面已经探索多年，并取得了一定的成果，但投入机制相关讨论仍有较大空间。譬如，如何构建弥合学校差距的投入机制。学校标准化建设被认为是实现校际、地区间均衡化发展的一个重要举措，缩小义务教育学校城乡差距和地区差距、加强城市薄弱学校建设是学校标准化建设的重要内容与指向，这就需要合理倾斜教育经费投入、统筹城乡生均经费标准、优先保障农村学校投入、加大中西部教育财政转移支付力度。[③]再如，如何建立明确的政府间分担责任的投入机制。在广阔的地理与行政区域中，我国不同地区之间各级政府的财政负担与支付能力有差异，相对而言，县级政府学校标准化建设的经费投入保障较难，因此必须明晰义务教育学校标准化建设的投入主体，在各级政府间确立分担机制。学校标准化建设的投入主体应逐步上移，结合各地实情，建议东部地区以县为主，中部地区以省为主，西部地区以中央为主。[④]

---

① 周游. 试论学校经营的理论、模式与策略——一种教育经济学视角[J]. 贵州教育学院学报（社会科学），2006，(3)：1-4，9.

② 保罗·A. 萨缪尔森，威廉·D. 诺德豪斯. 经济学（上）[M]. 高鸿业，等，译. 北京：中国发展出版社，1992：78.

③ 杨兆山，张海波. 标准化学校：教育均衡发展视角下农村义务教育的发展路径[J]. 东北师大学报（哲学社会科学版），2008，(1)：24-29；李玲，杨舒涵，韩玉梅，等. 城乡义务教育学校标准化建设优化研究——基于学龄人口变化趋势预测[J]. 教育研究与实验，2012，(4)：20-24.

④ 肖明胜. 经济欠发达县学校标准化建设路径探析[J]. 人民教育，2010，(Z1)：64-66；杨兆山，张海波. 标准化学校：教育均衡发展视角下农村义务教育的发展路径[J]. 东北师大学报（哲学社会科学版），2008，(1)：24-29.

（二）数据管理是重要方式

义务教育学校标准化建设的资源配置，很大程度上构成了以数据应用为核心的“数据管理”，基于数据和证据的技术监测、指标构建、风险预警等正成为义务教育学校标准化建设的推进方式。特别是进入大数据时代以来，数据技术已经渗透到当今每一个行业领域。随着云计算、物联网、移动技术和大数据等技术的发展，建立在学生及其学习环境、学习过程数据收集和挖掘基础上的学习分析技术的应用逐渐得到应用和普及，义务教育学校标准化建设无时无刻不处于这样的环境。需要指出的是，数据管理绝不是有关“教育数字”的简单游戏，也不仅仅是对“数据”的挖掘、收集、整理和分析，而是更广泛意义上基于证据与事实的实证范式。整体来看，义务教育学校标准化建设中的数据管理呈现出系统性、预警性、可持续性等特征。

首先，从开放系统来看，义务教育学校标准化建设的数据管理表征为指标体系构建。义务教育学校标准化建设的数据管理并不是针对某一方面的数据，在横向上是全面系统的管理，在行动上往往指向系统框架的形成。譬如，从公共服务供给的视角出发，以多中心理论为基础，研究者围绕政府、学校、教师、学生、家长和社会六个维度，构建义务教育公共服务标准化“指标体系框架”，从而为地方义务教育发展提供新的思路和工具。①进一步而言，义务教育学校标准化建设的经费投入应该建立全新的框架体系。②在义务教育学校标准化建设的经费投入方面，生均公用经费、人员经费和专项经费是中小学财政性经费投入的主要内容，但是当前在地方财政压力不断加大的情况下，学校财政性教育经费主要用在维持学校日常运营方面，对提高学生综合素养方面的投入较少，有些学校甚至多年来是零投入。在研究者看来，需要在学校标准化建设过程中，加大经费投入力度，重点围绕学校办学质量有侧重点地加强投入使用结构的监测，突破经费投入使用的“原有指标框架”。

其次，从时空特性来看，义务教育学校标准化建设的数据管理体现在监测与风险预警的优势上，旨在以未来观当下，以当下变未来。根据《国家中长

① 毛寿龙，王猛．地方义务教育公共服务标准化指标体系构建——基于多中心的视角[J]．教育发展研究，2015，(22)：1-8.

② 叶忠．围绕提高质量，优化学校标准化建设投入[Z]．内部资料，2017.

期教育改革和发展规划纲要（2010—2020年）》的精神，义务教育学校标准化建设作为一项国家重大项目，旨在均衡配置教师、设备、图书、校舍等资源，涉及办学规模标准、基础设施标准、师资队伍标准和课程标准等，如果要改变过去单纯加大改善学校基础设施投入的不足，在教师培训、教师收入水平、课程实施质量等方面加大投入[①]，特别是避免在新一轮教育资源分配的过程中进一步拉大教育差距，有必要构建起相应的"风险预警机制"，发挥动态监控、科学管理的优势，以促进投入效率提高。基于风险预警的数据管理在义务教育整体资源配置方面大有可为，能有效做到预先监测、适时应对。有研究者采用中国人口预测软件（CPSS）建立了人口预测模型，基于2009年全国人口统计数据，预测出全国城乡义务教育阶段学龄人口2012—2020年的变化趋势。[②]在数据管理中，我们可以发现，农村义务教育阶段学龄人口的原始数量比城市义务教育阶段学龄人口数量多，2013 年、2015 年分别成为城乡初中阶段和小学阶段学龄人口变化的"拐点"。这样一类风险预警系统为我国义务教育学校标准化建设避免因不合理投入而引起教育资源浪费提供了重要的决策依据。义务教育学校标准化建设的风险预警机制往往与监测制度相生相伴。近年来，地方通过撰写义务教育学校标准化建设监测报告，构建旨在研判义务教育学校标准化建设形势的监测制度。譬如，江苏省于2017年撰写了国内首份义务教育学校标准化建设监测报告，并以每年一报告的形式，通过义务教育学校建设的数据挖掘、整合与分析，形成基于证据的信息分享，有效把握义务教育学校标准化建设的薄弱环节。

最后，从行动效果来看，义务教育学校标准化建设的数据管理侧重于持续改进。新时代的数据管理并不在于满足一时需求，而是从根本上与日常生活形成联结，成为生活中的连续性存在。如前所述，义务教育学校标准化建设监测报告的根本目的在于发展的连续性，"依托大数据和现代信息技术准确把握标准化建设的质态和进程，精准研判建设成效与薄弱环节，积极推动持续改

---

① 杨舒涵，李玲，韩玉梅. 县（区）域内城乡义务教育学校标准化建设风险预警机制研究——基于西部 A 省 Y 县的调研[J]. 教育发展研究，2012，（7）：7-12；杨兆山，张海波. 标准化学校：教育均衡发展视角下农村义务教育的发展路径[J]. 东北师大学报（哲学社会科学版），2008，（1）：24-29.

② 李玲，杨舒涵，韩玉梅，等. 城乡义务教育学校标准化建设优化研究——基于学龄人口变化趋势预测[J]. 教育研究与实验，2012，（4）：20-24.

进”[①]。持续改进的效果之所以能够保障，是因为有两个问题得到了改变或改善：一方面，数据管理特别是第三方评价的参与，推动形成了管办评相对分离的教育治理格局。以江苏省为例，在义务教育学校标准化建设的数据监测中，组织实施者为具有独立法人资格的江苏省教育评估院，在确保工作专业性的同时，在一定程度上保持了监测工作的相对独立性，有力推动了管办评相对分离治理体系的建立，进而推动标准化建设的持续改进。另一方面，基于数据管理的评价范式越来越走向多元化和“增值性”。学校标准化建设的效果评估经历了学校指标系统、报告卡策略、学校问责制三个阶段。其中，增值评价技术由于更好地评价了被评价对象的绩效变化越来越受到广泛关注。2020 年 6 月 30 日，中央全面深化改革委员会第十四次会议审议通过了《深化新时代教育评价改革总体方案》，首次正式提出“探索增值评价”。增值性评价以输入、输出变化作为增值评价的依据，不是对不同被评价者发展结果的横向比较，而是对同一被评价者的发展状态的纵向比较，既可以看出不同被评价者的进步水平与努力程度，也可以看出不同被评价者的投入、成本以及投入产出比，使不同的被评价者都能看到“进步”“发展”的希望，实现评价的激励与促进作用。[②]

（三）效能理性是价值追求

以标准化推进义务教育学校建设，其实蕴含着一种潜在假设，即学校建设需要某种方向性原则——标准化——来促进学校建设效能的提升。标准化的核心是“标准”，标准是一种技术规范，是对“什么是最为合理的”“资源配置如何最优化”等问题的回答，根本上是对“如何做才是科学”的追问。在经济学视域下，资源是有限的，甚至是稀缺的，必须合理配置，这涉及科学理性；在管理学视域下，管理活动中的人、财、物、事等要素必须合理组合，以计划、组织、协调、指挥等手段，取得最优化效果，亦指向科学立场。义务教育学校标准化建设本身也建立在一种科学思维之上，强调了基于科学知识对办学治校活动进行理性的规定。在指标构建、数据监测、风险预警等理性行动下，义务教育学校标准化建设有可能获得效能的最大化。

---

① 周明，杨权海. 江苏省义务教育学校标准化建设监测手册[M]. 南京：江苏凤凰教育出版社，2017：141.

② 范国睿. 教育评价改革需要新路向[N]. 中国教育报，2020-07-20（2）.

何谓效能？从组织学理论出发，组织观念不同，学校效能的内涵也不同。有机系统的组织观认为，学校效能就是学校适应外部环境变化，保持学校健康发展的能力；人际关系的组织观认为，学校效能就是学校内部人员的满足感与人际关系和谐的状况；科层体制的组织观认为，学校效能就是学校维持结构稳定与持续发展的能力；政治冲突的组织观认为，学校效能就是学校内部满足外部重要群体需要的程度。[①]尽管各组织理论强调的角度不同，但从“适应”“和谐”“稳定”“持续”“满足”等关键词可以看到，均有指向资源配置的“平衡”之义，也是“效能”这个词本身的含义，一般是指取得显著的或合意的效果的能力或力量。效能的实现是基于投入-过程-产出的整体脉络，更加注重组织与生存环境的互动关系。[②]从这个意义来说，义务教育学校标准化建设的效能，既存在于国家与区域的整体环境之中，也体现在学校个体的校本管理的具体行动之中，只有教育生态中的多个责任主体共同协商、凝聚共识、共享建设成果，才有可能出现让教育利益相关者均满意的“教育效能”。

如前所述，效能追求的背后以科学精神为支撑，遵从科学理性的价值规范。标准化即规范化或者说实践的系统化。作为一项系统工作，义务教育学校标准化建设行动涉及学校标准研制、标准实施、标准评价等，在此过程中，需要建立系统的、科学的和规范的方法、原则和组织制度，实现教育资源的合理配置。从义务教育学校现代化转型来说，这是一次从“经验管理”转向“科学管理”的契机。长久以来，学校建设行动较容易陷入行政管理或经验管理的窠臼。强化义务教育学校“标准化”建设，即强化科学理性的态度与精神，让理据力量渗透到具体的操作行动中，有助于从“零散经验”走向“科学规范”，从人的主观随意性转向制度的规范性，科学方法与科学精神至关重要。进一步反思义务教育学校标准化建设的理论根据和历史动因，可以发现义务教育学校标准化建设尽管是一项时代命题，但已然在学校教育历史中暗隐线索。早在现代学校创建之初，我们对学校就有一种“标准化”的想象与期待。夸美纽斯（J. A. Comenius）以时钟作为比喻，认为学校“每一个部件的大小必须小心地加以调节，使它合乎其他部件的大小”[③]。20 世纪 50 年代开始的西方教育管

---

① 汤林春. 学校效能研究略论[J]. 中小学管理，2004，(2)：5-7.

② 王全，陈太忠，何芳. 校本管理[M]. 北京：教育科学出版社，2009：205.

③ 夸美纽斯. 大教学论[M]. 傅任敢，译. 北京：人民教育出版社，1984：77-78.

理"理论运动"，在很大意义上也是肇始于"科学精神"在学校管理领域的渗透与蔓延。美国教育管理学者卡伯莱（E. P. Cubberley）认为，学校有自己的职责所在，即根据"规格的规定"来塑造学生，这需要有良好的工具和专门的机器，对产品进行不断的度量，以便看看是否按"规格"行事，是否消除了制造中的浪费以及是否带来产品的多样化。[①]卡伯莱提到的规格当然是一种标准，但更多的是一种秩序。在一定意义上，可以说义务教育学校标准化建设是我们构建的一种"想象的秩序"，是科学精神在建设过程中的"理性发声"，具有独特的价值与意义。

三、教育学视角下的义务教育学校标准化建设

如果说前面的视角是对义务教育学校标准化建设进行"向外看"的透视，那么以"教育学"视角审视义务教育学校标准化建设，则是反思视角的内在转向与自我回归。教育学是关涉人的发展、生命成长的学问和知识体系，诚如研究者指出的，教育除了鲜明的社会性之外，还有鲜明的生命性，在一定意义上，教育是直面人的生命、通过人的生命、为了人的生命质量的提高而进行的社会活动，是以人为本的社会中最能体现生命关怀的一种事业。[②]"直面人的生命"，需要彰显义务教育学校标准化建设中的生命价值与人文关怀，特别是公平与均衡立场的坚守，学校标准化建设应该致力于促进每一个"具体个人"的发展，而不是片面的、非均衡的发展；"通过人的生命"，乃是义务教育学校标准化建设要回答"谁来建设""谁来组织""谁是育人者"等问题，抑或说需要回应新时代育人者的角色建构、教育家办学等问题；"为了人的生命质量的提高"是所有教育活动、教育事业的根本落脚点，也是评估义务教育学校标准化建设成效的最根本的评价尺度，是不应遗忘初心的育人目的。

（一）更加凸显育人之目的

义务教育学校标准化建设的终极目的是促进"人的永恒的发展"，具体来

---

① 马克·汉森. 教育管理与组织行为[M]. 冯大鸣，等，译. 上海：上海教育出版社，2005：30.

② 叶澜，郑金洲，卜玉华. 教育理论与学校实践[M]. 北京：高等教育出版社，2000：136；叶澜，李政涛. 为"生命·实践教育学派"的创建而努力——叶澜教授访谈录[J]. 教育研究，2004，(2)：33-37.

说是促进学生的身心健康。如何看待“人”在义务教育学校标准化建设中的地位，至少存在三种境界，生成三种思维。第一种是“见物不见人”的建设境界，即充分考虑设备、资源等诸要素在管理活动中的匹配与协调，而“人”仅仅是被视为“物”的层面的一个要素之一，人仅仅是可以被测量的工具或被复制、被生产的产品。这是典型的“工程思维”。第二种是“见物且见人”的建设境界，在学校建设与管理活动中，人相对独立，人、财、物、事、气等构成了多元、复杂的整体，人是重要的一部分，人既可以被视为“人力资源”“教育资本”存在，同时也是建设的主体，是不同于其他要素的存在。人被视为学校有机系统的重要组成部分，这可以被称为“系统思维”。第三种是“见物先见人”的建设境界，即承认人力资本、人力资源的力量，同时更关注学校建设与管理活动中的“人的永恒的发展”。学校标准化建设的最终成效，要回归到学生身心健康、道德发展、学业成就等多维结果，需要不断追问：所有的建设活动是否以“育人使命”为依托？所有的建设资源是否以“育人价值”进行整合、协调？所有的建设方式是否有悖于“育人目的”的实现？诚如古希腊哲学家普罗泰戈拉所言，人是万物的尺度，是存在者存在的尺度，也是不存在者不存在的尺度。“人”是所有学校标准化建设活动的起点和落脚点，是判断义务教育学校标准化建设成效的最终尺度。在此语境下，可将其称为“育人思维”或“教育思维”。

尽管前两种思维在义务教育学校标准化建设中发挥着不可替代的关键作用，但是面对生命在场的学校教育，“育人思维”的树立有利于消解义务教育学校标准化建设的一些偏误。作为一项发端于国家政策、植根于地方行政、落实于学校文化的千秋工程，义务教育学校标准化建设是一种指向“建设”的“管理活动”，这项活动或工作本身并不是“目的”，而是为了造就学校场域中师生的生命成长，促进教育利益相关者拥有幸福感、获得感。也就是说，义务教育学校标准化建设是实现教育目的与育人使命的手段。同时，学校标准化建设及其管理活动发生在教育组织之中，而教育组织不等同于其他社会组织。如果说管理学视角下的义务教育学校标准化建设需要回答“效能如何提升”的问题，那么育人思维模式下更应该平衡学校建设效能与生命成长之间可能的张力，特别是要纠正学校标准化建设过程中可能出现的“过激”现象，谨防“学校建设”与“人的发展”的本末倒置。学校标准化建设的一切规章制度、工作条例、各种活动都需要具有教育意涵，最终有利于学生身心健康发展；参与学校标准化建设及其管理活动的主体，即每一个管理者，同时也是教育者，在承担建设与管理的同时，自身的品德与模范行为会时时处处对教育产生微妙的影响。诚如学者所言，在学校管理中，无论是用人、处事，还是理财、管物，都应考虑到管理行为可能起到什么样的教育作用，产生什么样的教育影响。①在"育人"语境下，需要始终坚守义务教育学校标准化建设的育人使命或育人初心。这倒不是说学校标准化建设直接促进了学生的成长与发展，而是说一切衡量学校建设的工具、方法、策略与手段都要回到是否有利于促进学生身心健康发展的轨道上来。从这个意义来说，学校发展不简单是对硬件设备的管理式的淘汰更新，而是将整个学校作为生命体的隐喻存在，即使每一所学校在标准化道路上走向内涵提升与价值生成。其中一个价值是如何促进每一个学生的健康成长，即促进教育公平，落实教育均衡发展。

（二）更加关注公平与均衡

实现每一个人的发展，涉及均衡发展问题，进一步直指教育公平的立场。均衡与公平是多年来义务教育工程实施的价值调控方向。如何实现义务教育均衡发展，如何在最大范围内扩大优质教育资源的覆盖面，一直是一个难题。直至《国家中长期教育改革和发展规划纲要（2010—2020年）》明确提出"义务教育学校标准化建设"任务，才找到均衡与公平的突破口，即把"学校标准化建设"作为落实义务教育均衡、推进教育公平的有力路径，通过标准化促进全国各地区的教育发展不均衡、不充分问题的解决或改善。

首先，从空间阶次来看，义务教育学校标准化建设工作至少应该推动改善宏观、中观和微观等三个层面的不均衡发展状况。一是宏观层面，鉴于地理气候、历史传统、政治经济等复杂因素的交互影响，国家整体教育发展呈现出区域不均衡状况，东、中、西部地区之间的发展状态各异。②从国家战略来看，需要在教育公平立场上缩小我国东西部在义务教育经费投入水平、生均教育经费等方面的差距，以及进一步在教育资源配置和教育质量提升方面承担高

---

① 阎德明. 现代学校管理学[M]. 北京：人民教育出版社，1999：6.

② 观点受到以下研究的启发，特此致谢。程晋宽，缪舒敏. 指向义务教育均衡优质发展的学校标准化建设路径——基于政策目标与政策手段的分析[J]. 教育发展研究，2017，(18)：8-14.

位的国家教育使命。二是微观层面，学校标准化建设如何消除区域内学校的差异，改善校际不均衡、不充分的发展状况，这从根本上指向了义务教育学校标准化建设的具体成效。长久以来，学校标准化建设的诸多要素得到关注，学校软硬件的配置，在有关“校舍”“学校办学”“学校管理”“校长专业发展”等不同维度所汇集的“标准丛林”下得到政策关照，有利于缩小校际差距，实现学校资源的均衡配置。三是中观层面，反思和应对城乡二元结构影响下的教育发展不平衡问题。它在宏观与微观之间，具有流动的空间属性，或者说超越了地区与区域的概念，甚至客观上推进了社会心理、社会文化的阶层形成。近年来的城乡一体化浪潮推动了我国人口城镇化率不断攀升，但是城乡之间的学校办学条件与教育发展差异也随之突出，农村地区有的薄弱学校还无法达到标准化的办学条件。在教育均衡与公平视野下，义务教育学校标准化建设需要破解学校教育的城乡二元结构困局，解决城乡教育经费投入、办学条件等方面的不均衡难题。

其次，从存在形式来看，义务教育学校标准化建设应该关注多维均衡。从均衡与公平的视角来反思义务教育学校标准化建设，需要洞察均衡背后的意涵，即关注义务教育均衡维度的多元逻辑。换句话说，均衡从来不是固定的或单一的概念，而是复数的“存在”。进一步而言，我们应该关注义务教育学校标准化建设工作中的全面均衡、动态均衡和特色均衡等。一是广度意义上的全面均衡，即关注人、财、物等的全面均衡。不关注全面均衡，教育均衡就容易陷入片面的物质主义，以为只要投入到位，硬件设施配齐达标，就万事大吉，从而忽视了以师生为主体的人的真正发展。二是深度意义上的动态均衡，即关注学校标准化建设的动态性、历史性、未来性。不关注动态均衡，教育均衡就会落入保守主义的窠臼，以为只要维持现状，充其量修修补补，造成“等、靠、要”思想滋生，缺乏办学的创新动力。三是厚度意义上的特色均衡，即关注学校标准化建设在物质发展基础上的个性化、特色化等因素。[①]学校的特色化、个性化发展并不与标准化建设绝对矛盾，应该摈弃经验教条主义，尊重和引导学校的高位优质均衡，推进学校的持续特色发展。

最后，从有限理性来看，我们对于义务教育学校标准化建设的均衡思考

---

① 骆增翼. 教育公平视角下的义务教育均衡审视[N]. 中国社会科学报，2017-11-23（4）.

应该是更为审慎的。当前，积极推进义务教育学校标准化建设，不仅有利于各地区、各区域办学水平的提升，也是推进教育公平的一大利器。从公平与均衡视角审视义务教育学校标准化建设，既需要立足现实国情，又要着眼未来需要，也要观照过去；既要避免“毕其功于一役而迅速实现”的盲目乐观，也要摒弃“永远不能实现”或“没有实现必要”的消极思维，而是以理性、积极的心态以及更加务实的行动去认知、评估和落实。同时，从极端意义来说，教育公平和教育均衡可能是我们构建的一种“价值的想象”[①]，现实中可能并不存在完全符合公平理论或公平理念的教育实践，我们要避免出现“为公平而公平”的教育改革，而是肯定公平作为一种机制和秩序的价值所在，注意检讨公平本身作为一种价值或秩序原则的局限性。进一步言之，义务教育学校标准化建设的教育均衡与教育公平，需要从教育出发，实现“为了教育的教育公平”，而不是“为了公平的教育公平”。

（三）更加强调教育家办学

实现“为了教育的教育公平”，主要由义务教育学校标准化建设的主体力量推动。但是诸多主体在学校标准化建设工作上的远近关系不同，归根到底是以校长为代表的管理者或者教育领导者所推动。义务教育学校标准化建设的具体行动发生在“一个称作学校的地方”，应该由当代教育家担当使命，走向“教育家办学”。

倡导教育家办学既是一种契合社会需求的时代精神，也逐渐上升为国家战略。就教育家主体而言，教师、家长、管理人员、校长等都可以是教育家，但是对于一个学校的领导者而言，校长作为教育家对于学校标准化建设的推进或革新，无疑具有无可比拟的作用，正所谓“一个好校长成就一所好学校”。家长、社会等对学校的期待最后往往会落实在校长这一领导者身上，校长的视界很大程度上决定了学校的境界。拥有教育家精神的校长领导者往往更容易在义务教育学校标准化建设变革之路上达成夙愿。“期待”教育家办学这一社会需求，同时逐渐涌现并上升为“要求”教育家办学的国家战略。2013 年，《义务教育学校校长专业标准》规定校长要担负规划学校发

---

① 王建华. 教育公平或许是无用的：一种不合时宜的沉思[J]. 教育发展研究，2017，（19）：20-24.

展、营造育人文化、领导课程教学、引领教师成长、优化内部管理、调适外部环境等六大专业职责，同时特别强调了“育人为本”理念，指出要坚持育人为本的办学宗旨，把促进每个学生健康成长作为学校一切工作的出发点和落脚点，扶持困难群体，推动平等接受教育，为每个学生提供适合的教育，促进学生生动活泼地发展。2017 年初，国家施行《中小学校领导人员管理暂行办法》，提出“注意体现中小学教育的基础性、办学的公益性、育人的长效性、岗位的专业性等特点，不简单套用党政领导干部管理模式”，这特别强调了中小学校领导人员尤其是校长要超越纯粹管理者角色，以构建“教育家”角色为最高标准。

义务教育学校标准化建设呼唤“教育家”办学，不仅是国家政策、社会期待等外部力量的推动，更植根于“学校组织”本身的独特性。学校标准化建设是一项发生在“学校”这一独特组织场域的工程或活动。学校不同于工厂、公司以及任何其他非教育组织，正如霍伊（W. K. Hoy）等提出的，学校拥有科层与专业并存的二元结构[①]，前者体现了韦伯意义上的科层制，需要的是理性、效率，后者需要彰显的是教育教学及其文化的专业性与独特性，二者客观上存在冲突与交织。校长领导者无疑是平衡这一冲突力量的不二人选，只有自觉构建自身作为“教育家”的身份形象与专业内涵，才能在理性与感性、科层与专业、科学与人文等之间保持适当的张力，促进学生主动健康发展，提升教育质量，办人民满意的教育。

倡导教育家办学的道路并不是一帆风顺的。就义务教育学校标准化建设而言，既需要建立健全促进教育家办学的激励和约束机制，创建教育家办学的空间支持，也需要以校长为代表的教育家群体尽快建立身份意识和角色意识，为教育质量的真正提升贡献力量。[②]就后者而言，集中反映在教育家应有的态度、信念、理性、情感等多个维度。有研究者从标准研制出发，提出超越理性之外的其他要素，如“态度”“关怀”。正所谓没有好的态度，也不大可能会制订出好的标准，耐心、严谨、合作可能是最重要的三种态度。[③]然而，在何

① 韦恩 • K. 霍伊，塞西尔 • G. 米斯克尔. 管理学：理论 • 研究 • 实践[M]. 范国睿，主译. 北京：教育科学出版社，2011：114-115.

② 叶忠. 教育质量提高呼唤新型教育家[N]. 中国教育报，2017-08-30（5）.

③ 陈学军. 有关中小学办学标准几个基本问题的思考[J]. 教育科学研究，2009，（11）：27-30.

种程度上真正实现教育家办学，可能最终有赖于校长领导者的教育情怀与管理视域。教育组织管理学者格林菲德（T. Greenfield）提醒我们，在学校中，“人不是生活在组织当中，而是组织生活在个体当中并通过个体而存在”[①]。在此意义上，作为教育家的校长一定明白这样的道理：义务教育学校标准化建设最终发生在每一个具体个人身上，义务教育学校标准化建设根本上是关涉人的建设，更是关涉校长自身的建设。

① 张新平. 格林菲德教育组织管理理论研究[J]. 教育理论与实践，2000，(9)：15-21.

第二章　义务教育学校标准化建设的比较视野

义务教育学校标准化建设需要具有比较视野，密切关注学校标准化建设的国际发展态势。全球教育发展表明，世界各国对学校标准化建设的重视程度在不断加强，并将其纳入国家教育发展战略任务，学校标准化建设的广度和深度都将有明显的推进，注重针对不同教育事项，诸如校长专业标准、教师专业标准、课程标准、办学条件标准等，分类开展学校标准化建设，同时针对不同学校教育类型进行标准化的课程设置、教材开发和教学方式的探索，政府、产业、教育界进行广泛合作，致力于推进学校的标准化建设，交流学校标准化建设的经验。[①]本章将深入考察全球义务教育学校标准化建设的现代化进程及其线索，梳理国际义务教育学校标准化建设的共同议题与价值选择，总结全球义务教育学校标准化建设的共同经验。

---

① 余晓，吴伟，周立军. 标准化教育发展的国际经验及中国的策略选择[J]. 现代教育管理，2011，(9)：117-120.

第一节 全球义务教育学校标准化建设的现代化进程

义务教育学校标准化建设是一项教育现代化工程，全球义务教育学校的建设是随着教育现代化进程而不断发展的过程，遵循着学校办学基本标准的确立、学校办学规范与制度的形成，以及现代教育系统的完善与新时代转向的路径。研究发达国家教育现代化进程中学校标准化建设的特色、基础和条件，有助于思考全球义务教育学校标准化建设的共同经验与一般趋势。

一、班级授课制为学校办学的基本标准

全球教育现代化进程的开端可以追溯至 17 世纪的欧洲，以标准化的班级授课制为基础的现代学校教育的产生和发展可以看作教育现代化进程的起始标志。“班级”一词最早出现于 15—16 世纪法国的居耶纳中学、德国斯特拉斯堡的文科中学等学校。克伯莱在《教育史读本》中评价夸美纽斯倡导和实践的以班级授课制为基础的新型学校教育是“现代化学校的典范”，其“在初等和中等教育领域中引入和支配着整个现代化运动”的学校标准。①夸美纽斯创立的班级授课制给人类社会的教育带来了世俗化、民主化和科学化的可能，“班级”逐渐成为现代化学校的标准配置，成为衡量学校是否符合办学规范的标准。直到 19 世纪末，以现代学校班级制度为核心的现代义务教育模式在欧洲及世界各国才基本确立，各国对义务教育现代化的道路进行了积极的探索。

就现代化的先行者英国而言，其重商主义的传统为英国教育的现代化奠定了坚实的基础，也使其教育现代化发展进程表现出务实的精神。英国的学校较早地引入了科学知识内容，表现出实用的课程标准取向。与美国等新兴移民工业化国家相比，欧洲国家在教育现代化过程中有更多的传统教育因素被保留下来。美国作为一个新兴的移民国家，在教育现代化进程中较少受到传统因素的制约，在移植英国古典学校模式的基础上，又借鉴德国、法国等欧洲其他一

① 转引自：项贤明. 比较视野中的教育现代化进程[J]. 比较教育研究，2007（12）：1-7.

些国家“义务、免费、世俗、普及”的现代学校标准化建设经验，在继承与创新中逐步形成了具有美国特色的现代学校教育体系。作为教育现代化的后发国家，日本以及其他新兴国家的教育现代化都经历了一个外源与内化的转变过程。日本的教育现代化走了一条“引进—创新”的发展道路，通过仿照欧美建立的现代学校制度和模式，其制度架构和教育内容无不充满欧美色彩，并逐渐通过改造日本社会既存教育资源来推进其教育现代化，以便有效地加速教育的现代化进程。[①]

二、义务教育学校标准化建设的“工厂化”“车间化”

20 世纪的现代学校是“现代工厂制度”的翻版，现代义务教育学校标准化建设的基本样态是学校的“工厂化”与班级的“车间化”。对标准化教育的需求最早出现于作为近代工业革命先驱的英国。19 世纪中期，随着资本主义工业化的形成，铁路制造企业逐渐意识到“标准化”对于保障产品质量的重要性。1841 年，英国工程师惠特沃思（J. B. Whitworth）建议国家采用统一的螺纹制度，其编制的惠氏螺纹标准很快被英国采用，推动了英国及欧洲其他国家的行业标准建设。[②]尽管标准化起源于英国，但学校标准化建设的快速发展是在 20 世纪的美国。

1911 年，美国学者泰罗（F. W. Taylor）发表了《科学管理原理》（*Principles of Scientific Management*）一书，将标准化方法应用于制定“标准化作业方法”和“标准化时间流程”上，开创了科学管理的新时代。泰罗的标准化思想建立在观察和实验的基础上，强调方法的有效性、最优化、可操作性和标准化，对于促进学校建立严格、合理的学校教育质量标准、教师教学质量标准、学生发展质量标准以及建立完善的教育管理机制和教育财政预算与决算的控制方法[③]，起到了巨大的推动作用。追求效率至上的学校“工厂化”、班级“车间化”的学

① 项贤明. 比较视野中的教育现代化进程[J]. 比较教育研究，2007，(12)：1-7.

② 黄崴. 西方古典组织理论及其模式在教育管理中的运用与发展[J]. 华南师范大学学报（社会科学版），2000，(6)：73-81，89.

③ 黄崴. 西方古典组织理论及其模式在教育管理中的运用与发展[J]. 华南师范大学学报（社会科学版），2000，(6)：73-81，89.

校办学模式，为学校标准化建设的基本现代学校模型的形成奠定了基础。

受到泰罗提出的通过标准化、规范化和制度化的管理来提高劳动生产率的科学管理思想的启发，教育管理学者卡伯莱明确提出学校教育应当实行自上而下的科层制集权化的“工厂”管理体制。他认为，在某种意义上，我们的学校就是工厂，在工厂里，儿童作为原材料被制成产品来满足不同的生活需求，制造的详细流程来自20世纪文明的需求，也就是说，学校的事务就是按照详细的流程来塑造学生。①在20世纪工业革命的影响下，卡伯莱认为学校教育的任务就是要将儿童制造成社会要求的“标准化产品”，学校的教学管理工作就是生产产品的专业流水线。②

三、现代学校的制度标准和体系标准之确立与完善

效率至上的现代学校注重以现代学校的制度标准与体系标准来规范学校的办学行为，将公共教育系统的建立与完善作为义务教育学校标准化建设的公共性与民主性的体现，也成了义务教育学校办学的基本规范标准与体系标准。

公共教育系统的形成是英国现代学校标准化建设的重要体现，到19世纪末，英国还没有建立起对学校教育进行有效统一管理的体制。1902年，英国政府颁布的《巴尔福教育法》（*Balfour Education Act*）是英国进入20世纪后制定和颁布的第一个重要的义务教育学校标准化建设法案，它的颁布促成了英国现代义务教育制度的形成，把地方教育当局（Local Education Authorities，LEA）作为英国教育行政管理的基本机构，影响了英国现代学校标准化的进程。英国《1944年教育法》（*Education Act，1944*）则提出，加强国家对义务教育的控制和领导，开始设定“教育部”统一领导全国的初等与中等教育，同时加强地方教育行政管理权限，设立由初等教育、中等教育和继续教育组成的公共教育系统，形成了中央教育行政管理和地方教育行政管理相结合、以地方

① Lloyd P J. Review：The cult of efficiency in school administration[J]. The School Review，1964，(72)：230-235.

② 转引自：孙益，武美红. 如何用科学的手段来管理学校？——19世纪末20世纪初管理进步主义影响下的美国学校教育变革[J]. 教育科学研究，2017，(6)：85-90.

为主的教育管理体制，建立了初等、中等和继续教育相互衔接的现代学校制度，促进了义务教育学校标准化建设，为英国现代教育的发展奠定了制度基础。

美国进步主义教育运动对学校标准化建设起到了巨大的推动作用，主要体现在学校教育条件的现代化和管理的专业化等方面，确立了现代教育体系，改进了学校教学制度。进步主义教育运动强调，学校标准化建设要增加学生的入学机会；学制由原来的“八四”学制改为以“六三三”学制为主；扩大课程标准涵盖的范围，并对课程进行重新组织；根据学生成绩重新编班，提高学校教育的成绩；注重教学法的创新，注重参照学生心理发展特征，来编制教材和选用其他教学材料；注重校园建筑的改善、学校管理制度的完善、师资水平的提高。[①]在这种现代公立学校的体制标准与管理标准下，美国的现代城市公立学校曾被标榜为一种“最佳体系”，被看成是美国教育制度的重大成就和教育现代化的重要标志。

20 世纪 80 年代起，美国、英国、日本等国就开始注重对现代学校的标准化建设，注重规范办学，陆续将标准化作为中小学办学的依据。为了促进本国学校的标准化建设，美国、英国、日本等发达国家明确了标准化的办学理念，制定了标准化的教育发展战略规划和具体政策，配套实施了很多标准化建设项目。例如，1983 年，美国联邦政府发布了报告《国家处在危机中：教育改革势在必行》（*A Nation at Risk：The Imperative for Educational Reform*），旨在通过高要求的学业成绩标准与评价标准、专业化的师资培训等提高义务教育质量。[②]英国则在《1988 年教育改革法》（*Education Reform Act，1988*）中提出了“国家统一课程”，对公立学校的科目设置、教学大纲和成绩评定做出了具体的标准化规定，主要包括：所有公立学校必须开设 10 门基础课程，其中英语、数学和科学为核心课程，为各科目起草法定的教学大纲；对处在义务教育阶段 5—16 岁的学生进行 4 次全国统一考试，根据全国统一考试成绩制定并公布学校成绩排行榜等。[③]

日本早在 1958 年就制定并颁布了《义务教育标准法》，明确了 50 人班

---

① 赵章靖. 美国基础教育[M]. 上海：同济大学出版社，2015：7.

② 徐士强. 《国家处在危机之中》诞生 20 周年后的多角度反思[J]. 基础教育参考，2004，（Z1）：55-56.

③ 潘燕. 为学生提供宽广而平衡的课程——英国《1988 年教育改革法》简析[J]. 现代教育科学，2010，（2）：97-98.

额的基本标准，要求在5年内实现《义务教育标准法》规定的50人班额的目标。[①]经过数次修改，2011年，日本已将公立中小学各年级的班级编成标准定为每班40人。《义务教育标准法》规定了班级编成的框架，各都道府县教育委员会依据此框架制定班级编成的“基准”。[②]通过制定最低办学标准，日本对学校用地面积的最低标准做出了规定，各级学校的设置基准规定了学校校舍的面积和操场的面积，如规定学生数在40人以下的，应有校舍500平方米，学生数在240人以下的，应有操场2400平方米。国家也规定了学校内应有的基本设施，如教室、图书室、保健室和职员室等，规定小学除了操场以外，原则上应有体育馆、游泳池。各地可在此最低标准之上，根据自己的财力增添其他设施，如现在几乎所有的学校都配有标准的游泳池，这些设施并非由全国性的法规所要求，而是由地方自治体自主增设的。[③]

四、义务教育学校标准化建设的新时代转向

如果说20世纪各国现代学校的标准化建设是对应“工业化”需要的，目的是提高学校办学的效率与效益，那么21世纪各国推行学校标准化建设则是为了提升教育质量，在更高水平上激活现代学校的创新活力。21世纪以来，全球范围内的学校标准化建设已进入一个全面革新的新阶段，学校标准化建设的发展采取的不再是连续性的现代性思维，而是随着全球教育标准化战略重点的转移而转移，并且随着互联网、云计算、大数据、人工智能等高新技术的突破，可能会呈现出跳跃式的发展，以新技术标准和全球共同利益的视角重新定义和思考义务教育学校的标准化建设。

21世纪以来，全球学校标准化建设有两个突出的特点：一是国际组织开始在全球范围推动标准化教育，实现利益和资源的共享。进入21世纪，随着教育全球化和经济一体化的发展，学校标准化建设已经从国家层面发展到国际

① 高益民.《义务教育标准法》与日本义务教育的均衡发展[J]. 比较教育研究，2011，(10)：77-81.

② 王路曦，朱家存. 日本义务教育学校班级编成标准及教师定额政策的内容与特点[J]. 比较教育研究，2017，(12)：30-36.

③ 田祖荫，杨宇，胡成，等. 韩国、日本义务教育学校标准化建设情况调研报告[J]. 教育研究，2015，(10)：136-141.

层面，强调教育标准化建设应关注“全球共同利益”。国际教育标准化合作组织（International Cooperation for Education about Standardization，ICES）、国际标准化组织（International Organization for Standardization，ISO）、亚洲-太平洋经济合作组织（Asia-Pacific Economic Cooperation，APEC）等国际组织不断推动标准化教育在全球范围内的发展，努力实现资源共享，谋求共同发展。二是培养标准化的国际人才成为竞争的焦点。新一轮学校标准化建设的竞争主要聚焦在标准化知识和人才的竞争上，对学校培养模式新标准的新探索，成为各国教育革新的重点。

在全球化背景下，世界各国学校标准化建设面对的问题和情景是不同的，因此各国学校标准化建设所走的是不同的现代化道路，但共同的选择是走公平而有质量的学校标准化建设道路。以美国教育标准化运动为例，美国义务教育学校标准化建设强调各州在学校标准化建设中的作用，注重发挥州以及地方学区在学校标准化建设中的作用。美国州政府掌管着教育决策和行政的主要权力，州教育部门负责制定所有的课程规划和全州的教育发展标准，地方部门遵照州法令行事，并将课程事务方面的自主权赋予学校，由学校和教师决策、编制课程。①

20 世纪 90 年代以来，美国就开启了“基于标准”的教育改革运动，形成了“国家标准”“州立标准”“地方标准”三级架构。各学科的国家课程标准是由联邦政府提供资助和领导，由全国具有权威性的学科专业团体或研究机构主持，在社会的广泛参与下制定的。各州以国家课程标准为参考制定本州的课程标准和框架。地方学区根据实际需要和具体条件进行评估之后，在具体课程设置、教材选择、师资培训和教学等方面做出相应的改进。学校标准的内容主要包括学校质量、管理、服务是否符合外部对学校办学规格的要求，学校标准由各方面专家、各界人士共同参与制定，具有相当的客观性和广泛的适用性，是学校设立必须达到的最低限度要求。②

美国教育标准化改革主要关注以下六个方面：一是学生的学业期望，即学生应该和能够学习什么；二是教育系统各关键成分的统一化，主要包括课

① 孙益，余娜. 影响美国基础教育地方课程标准实施的因素分析[J]. 外国教育研究，2013，(3)：115-121.

② 赵章靖. 美国基础教育[M]. 上海：同济大学出版社，2015：280.

程、资料、教学和考试等与标准相统一；三是使用学生成就测验来监控其学业表现；四是把与课程和教学相关的决策责任下放到学校；五是增强对教育服务改进的支持和技术援助；六是执行基于问责的年度进步评估标准，在测量学校学生成绩表现的基础上对学校或学生进行奖惩。

美国在学校标准化建设的过程中，还特别重视教师队伍的标准化建设。为了确保有一支高质量的教师队伍，先后有很多机构制定了一系列教师评价标准。从教师评价标准的认同度及其在实践中的影响程度来看，全国教师教育认证委员会、国家专业教学标准委员会和美国优质教师证书委员会三个机构制定的教师认证和评价标准较具代表性和权威性。①

美国在制定和实施各级课程质量标准方面做出了积极的行动，清晰规定了学生“应知”和“能做”的学校办学质量标准，这是一种结果导向的“问责标准”，主要涉及课程的“内容标准”和“表现标准”两大方面。“内容标准”重在说明在核心课程领域内，学生应知、能做的内容。“表现标准”主要是对学生掌握内容标准的熟练程度和表现水平的规定，用以区别学生对课程内容的掌握程度。基于此，美国建立了基于责任标准的学业成就监测系统，要求监测系统与课程标准要达到四个一致性，即内容一致性、深度一致性、广度一致性、知识样本平衡一致性，强调培养学生对课程内容的理解、概念的掌握及运用知识解决问题的能力，即基于责任标准的评价必须与课程相匹配，与表现性评价密切联系。②

经过基于标准的改革运动，美国各州于 2000 年前后逐步建立了本州的教育标准。从全国层面来看，各州关于中小学生学业成绩及格、良好、优秀等的标准评价不一，统一的学业成绩标准有待制定。因此，奥巴马政府提议，各州议员、教育行政官员以及来自各州学校的教师代表应该联合起来，通过全美州长协会（National Governors Association，NGA）、全美州教育首长理事会（Council of Chief State School Officers，CCSSO）、各州教育协会等多方的努力，共同致力于新的教育标准的研发。奥巴马政府教育改革的精神是：学生要为将来的高等教育的学习或职业生涯做好准备，设立相应的“未来准备度”标

① 肖毅，高军. 当代美国教师评价标准探微[J]. 教育探索，2008，(2)：142-143.
② 王晓燕. 美国基础教育质量问责的制度创新及借鉴[J]. 外国教育研究，2013，(2)：3-9.

准，即学生在毕业时应该具备什么样的资质；制定 K-12 基础教育阶段的标准，为从学前班到高中各个年级的学科学习设定相应的标准。[①]21 世纪以来，推动以标准为导向的学校改革是美国联邦政府强化其作用的主要表现。所谓以标准为导向的教育改革，即联邦政府提供资源，协助各州为所有学童拟订并实施有挑战性的教育标准，同时利用这些标准及连贯一致的课程与评价改善学生的学习。其采取的措施主要包括以下几个方面。

1）制定严格的课程标准。制定全国性的课程标准是标准化改革的起点。奥巴马政府的教育改革注重学生为未来做好学业的准备，各个教育阶段都达到毕业的质量标准。为此，美国制定了 K-12 各教育阶段的课程标准。

2）运用统一的评估体系。传统上，由于美国教育是由地方控制的，各州甚至各个学区之间的差别都比较大，缺乏统一的评价标准，而基于统一教育标准的评价应该是一致的、清晰的、确定的，客观上要求各种教育计划要一致，联邦、州和地方的各级管理要一致，政策的组成部分（课程、评估、专业发展和绩效责任）要一致，所有学生可获得的教育课程要一致。所有这些一致性目标遵循的原则是必须保证所有学生都有机会接受学校教育课程标准，进入一定规模的班级学习；保证授课教师具有丰富的教学经验，且在他们的工作领域内能获得合理的培训。

3）实施绩效责任制。2009 年，奥巴马政府斥资 43.5 亿美元启动了“力争上游基金”计划，主要包括四方面内容：采用国际学业评价标准、招募和维持高质量的教师队伍、建立跟踪学生学业情况的数据库系统、改造表现不佳的学校。[②]各州需要围绕这四方面内容制订改革计划，然后向联邦政府提交申请，通过评选的方式来竞争这笔基金。各州如要增加获得拨款的机会，必须符合上述一系列筛选标准，赢得积分点。为了完成这样的计划，联邦政府还倡导各州对教师实行绩效工资；为确保优质教师和校长的均衡分配，各州需要确定切实可行的年度目标，以增加薄弱学校优秀教师与校长的数量并提高其比例，增加优秀教师教授数学、科学、特殊教育、英语等学科的数量并提高其比例。各州需要制订计划，将学生的学业成绩

① 赵章靖. 美国基础教育[M]. 上海：同济大学出版社，2015：34.

② 赵章靖. 美国基础教育[M]. 上海：同济大学出版社，2015：30.

与教师、校长的评估挂钩，并及时公布评估结果。

4）促进教师专业发展和加强学校能力建设。以标准为导向的教育改革者认为，应把联邦和州教育预算的主要部分用于教师的薪酬及教师教育上，只有促进了教师专业发展，才能够为学校标准化建设提供重要的人力资源保障。他们认识到，教师质量的提高往往受到财政预算危机的影响，于是在分配州的教育预算时，要确保在教师队伍质量提高方面有一个稳定的投资比例。比如，他们提倡在教师之间建立非正式的网络合作，打破传统的学校组织方式，使这些专业教师能及时交流新课程实施的经验。他们还建议各地区的专家对学校进行定期检查，为学校提供技术方面的援助。一些倡导者还提出建立地方培训和技术辅助中心，由特殊的政府基金来支持该中心的正常运行，该中心可以为学校制订员工培训计划，提供技术上的帮助，学校也可以向该中心求助。①

我们通过全球义务教育学校标准化建设的演进过程可以发现，学校标准化建设的发展遵循着人类标准化实践的轨迹，学校标准化建设的范围在不断扩大，类型与内容也在发生变化。可以说，义务教育学校标准化建设是随着人类标准化实践而产生的，也是随着标准化实践的发展而发展的。学校标准化建设必须要适应标准化实践的动态发展，才能推动义务教育发展，落实学校标准化建设效果。在一定意义上，国家对义务教育学校标准化建设的功能定位与重视程度，直接决定了义务教育学校标准化建设的发展。

第二节　全球义务教育学校标准化建设的共同议题与价值选择

义务教育具有普及、免费、全民、世俗等特性，这就要求义务教育学校标准化建设要有一个相对统一和一致的标准，遵循义务教育学校标准化建设的共同议题与价值选择。在全球义务教育学校标准化建设过程中，虽然各国面临

① 段素菊. 美国基础教育改革的路径与特征[J]. 教育发展研究，2010，(9)：58-62.

的具体问题和挑战各不相同，解决学校均衡发展与优质发展、个性化发展与特色发展、薄弱学校改造与学校效能改进等问题采取的具体措施各有不同，但共同的选择是走学校标准化建设的道路。

一、从“学会生存”到走向“全球共同利益”：反思义务教育的目的

义务教育学校标准化建设与义务教育的根本目的关系密切，需要对义务教育的目的进行反思，标准化建设需要服务于义务教育目的，而不能违反这一目的。随着教育目的的转变，义务教育学校的办学标准也需要转变，在“互联网+”时代和全球化推进过程中，朝向“全球共同利益”已经成为世界各国义务教育学校建设的共同理念。2015 年，联合国教科文组织在《反思教育：向“全球共同利益”的理念转变？》中指出，当今世界的错综复杂和矛盾冲突达到了前所未有的程度，探寻全球共同利益、构建人类命运发展共同体是走出各种纷繁复杂的矛盾和冲突的重要前提和根本出路。作为人类发展的融合剂与助推器，教育需要转变理念，向全球共同利益迈进。[①]由此可见，义务教育的目的需要从“学会生存”走向“全球共同利益”，义务教育学校标准化建设也要致力于这种教育目的的实现。

（一）学会生存：教育先行，优先投资教育，着眼于未来

20 世纪 70 年代，联合国教科文组织以其标志性研究报告《学会生存——教育世界的今天和明天》（又称《富尔报告》），积极倡导终身教育和学习化社会的理念，把终身教育和终身学习的理念推向世界，极大地推动了世界教育革命的浪潮。《学会生存——教育世界的今天和明天》提出，唯有全面的终身教育才能够培养完善的人，人们再也不能刻苦地、一劳永逸地获取知识了，而需要终身学习如何去建立一个不断演进的知识体系；教育的使命是使人学会生存，这就要优先发展教育，走“教育先行”的学校标准化建设道路；世界的教

① 转引自：苏丹兰.“全球共同利益理念下基础教育课程与教学改革”国际学术会议综述[J]. 课程·教材·教法，2017，（7）：125-127.

育发展倾向于先于经济的发展，要优先投资教育，教育发展要走在经济发展的前面，为一个尚未存在的社会培养新人。

义务教育是国民教育的基础，是可持续发展的核心议程。教育不仅是一项重要的投资，而且是人类通过终身学习获得利益的重要方式。义务教育学校的功能伴随着经济社会发展而不断拓展，但义务教育最本质的职能仍是培养人，所以义务教育学校的办学质量，特别是落实义务教育学校的办学标准，就成了学生学习质量的根本保障，既包含了对学生学习资源的存量和品质的保障，也涉及教育过程中优质资源的投入和办学管理水平的提升。2015 年，联合国教科文组织颁布《2015 年后发展议程》(*Post-2015 Development Agenda*)，将义务教育的发展放在优先地位，对义务教育的发展远景目标、指导原则、战略计划等方面都提出了系统的建议，目的是实现全民义务教育。重视义务教育学校标准化建设、促进义务教育的优先发展，逐渐成为世界各国的共识。

联合国教科文组织重申，义务教育作为一项基本人权，是促进个人发展和社会经济发展的重要因素，联合国教科文组织从终身学习的角度对义务教育的目的进行深度思考，把教育的目的定位于“学会生存”，旨在通过教育让人们意识到自己的权利，履行个人对获得体面的生活和工作的期望，并对实现社会经济发展目标做出贡献。除了获得基础知识和认知能力外，义务教育的学习内容必须致力于培养学生解决问题的能力和创造性思考、理解和尊重人权，具有包容和公平的特点，关注文化的多样性，并培养学生具有终身学习的愿望和能力，以及形成学习生活共同体。因此，在义务教育学校标准化建设的进程中，既需要强调公平、公正的原则，也需要追求质量、高效的原则。①

教育目的是社会对教育所要造就的人才的总的设想和规定，是开展教育活动的出发点和归宿。教育目的具有特殊性，不同社会发展阶段，不同国家对教育目的的要求是不同的。同时，教育目的又具有普遍性，尤其是在我们这个时代，教育是一项涉及全球共同利益的世界范围内的事业，任重而道远，它的内在目的适用于全世界。“教育处于社会的核心位置”，应当加强各

① 范岚. 联合国基础教育优先发展的推进战略与实施建议[J]. 现代中小学教育，2015，(11)：126-128.

种教育与环境之间的互补关系，“教育已成为所有人的事情”，终身学习关乎每一个人的生存和发展。[①]

（二）教育四大支柱：学会认知、学会做事、学会共同生活、学会生存

1996 年，联合国教科文组织推出研究报告《教育——财富蕴藏其中》，从全球范围对科学技术的发展进行了客观、全面的审视，提出了教育的新使命，将终身学习与社会各个方面的发展、个人生命的共同外延紧密联系起来，再次确认了学习化社会中的全民终身学习的主张，以及社会以教育为中心的基本思想。该报告指出，世界正处于世纪之交，一个以喧嚣、狂热及分布不均的经济和科学进步为标志的世纪即将结束，一个忧虑和希望参半的新世纪即将开始。随着富国失业率的增加、发达国家与发展中国家差距的进一步拉大、自然环境的恶化，人们已经认识到，“‘一切为了经济增长’已不再被看作是可以使物质进步与公正、尊重人的地位、尊重我们应完好地传给后代的自然财富和谐一致的理想途径”[②]。

《教育——财富蕴藏其中》从全球范围科学技术的新发展和正发生着的社会转型的角度，明确提出了面向 21 世纪教育发展的“四大支柱”，认为教育的新使命在于“学会认知、学会做事、学会共同生活、学会生存”。这是对“学会生存”教育目的观的进一步深化，体现了教育的人文主义目的导向日益突出，国际社会越来越重视对人的价值观念的培养，致力于“使教育成为受教育者个人和社会成员在认识和实践方面的一种全面的、终生持续不断的经历”[③]。义务教育学校标准化建设也应围绕四种“学会”加以安排，这四种“学会”是每个人一生的支柱。

“四大支柱”的教育目的观是对“学会生存”教育目的观的深化，即通过受教育权的民主化实施终身教育，以使每个人有机会终身学习如何建立一个不断演进的知识体系以获得生存技能，从而使人日臻完善，使其人格丰富多彩，

① 张蓉. 从学会生存到学会共存：世界教育目的的变革[J]. 外国中小学教育，2009，(6)：126-128.

② 教育——财富蕴藏其中[M]. 联合国教科文组织总部中文科，译. 北京：教育科学出版社，1996：3.

③ 教育——财富蕴藏其中[M]. 联合国教科文组织总部中文科，译. 北京：教育科学出版社，1996：76.

表达方式复杂多样；使其作为一个人，作为一个家庭和社会的成员，作为一个公民和生产者、技术发明者和有创造性的理想家，承担不同的责任。[①]“四大支柱”作为教育的新使命，表明国际社会对教育目的的认识更全面了。

2001 年 9 月，在日内瓦召开的联合国教科文组织第 46 届国际教育大会又提出了“全民教育和学会共同生存”的会议主题。这次会议提出的“学会共存”的口号进一步突出了“教育四大支柱”中的“学会共同生活”和“学会生存”的目的，“学会共存”正是反映时代特征的教育新目的。正如保罗·朗格朗（P. Lengrand）所言：“生存对所有的人来说总是意味着一系列的挑战。”[②]随着教育的普及，它成为人们不可或缺的生存方式和应对挑战的重要途径，它打破了少数杰出人才的特权或特定年龄阶段的规定活动的束缚，向着包括整个社会和个人终身学习的方向发展。[③]人们逐渐意识到教育与学习是一种应当被赋予的基本权利或人权，终身学习是“学会共存”的前提与保障。

教育作为推进人类社会发展的重要手段，本身蕴藏着巨大的财富和能量。它不仅能够持续推进社会生产力的发展，也能够引领人类社会不断朝和平与正义的方向迈进；不仅能够促进不同文化背景和意识形态的交流与包容，也能够不断激励人们追求自由和完善。然而，这种巨大的能量和财富，需要社会和个人不断挖掘，每一个人身上都有潜能有待开发。“学会共存”是打开 21 世纪光明之门的钥匙，这是国际社会对教育目的达成的新共识[④]，义务教育学校标准化建设要着眼于“学会共存”教育目的的实现。

（三）全球共同利益：义务教育的可持续发展

2015 年，联合国教科文组织发布的报告《反思教育：向“全球共同利益”的理念转变？》指出，21 世纪的教育应着眼于“全球共同利益”，要用整体观重新审视教育目的，强调把人文主义教育目的观与可持续发展的人和社会、经济、环境等有机统一起来，认为教育的目的不仅仅是知识、技能的学习，还应充满浓厚

---

① 张蓉. 从学会生存到学会共存：世界教育目的的变革[J]. 外国中小学教育，2009，（6）：26-29.

② 保罗·朗格让. 终身教育导论[M]. 滕星，等，译. 北京：华夏出版社，1988：45. 因音译不同，本书对“保罗·朗格让”“保罗·朗格朗”不做统一。

③ 陈晓文. 和谐社会与教育公平[M]. 长沙：中南大学出版社，2008：245.

④ 李兴洲，耿悦. 从生存到可持续发展：终身学习理念嬗变研究——基于联合国教科文组织的报告[J]. 清华大学教育研究，2017，（1）：94-100.

的人文主义气息，教育的目的不仅要关注对能产生经济效益的技能的学习，更要关注教育中尊重生命和人格尊严的价值观，重申了人文主义教育目的观，把社会的可持续发展与“全球共同利益”作为教育的目的和共同价值追求。

《反思教育：向“全球共同利益”的理念转变？》是继 1972 年《学会生存——教育世界的今天和明天》和 1996 年《教育——财富蕴藏其中》之后的又一份重量级教育发展报告。20 世纪 70 年代初以来，国际社会对教育目的的理解不断深入，从“学会生存”到教育“四大支柱”，再到“全球共同利益”，联合国教科文组织通过不断阐发教育的价值导向和目的，表明义务教育的目的已经经历了从在不断变化的学习化社会中如何“学会生存”，到为了蕴藏财富的教育“四大支柱”，再到为了可持续发展的“全球共同利益”的转变。这就要求全球义务教育学校标准化建设必须重新审视和反思教育的目的和方式，以促进社会正义、公平和全球团结。这就要求全球义务教育学校标准化建设必须立足于“尊重、尊严和平等”的教育目的，树立可持续的社会、经济和环境发展观，为所有人建设更美好的未来。

《反思教育：向“全球共同利益”的理念转变？》报告再一次提出以人文主义教育目的观作为行动原则，在当前发生了深刻变化的全球学习格局下重新思考教育：“维护和增强个人在其他人和自然面前的尊严、能力和福祉，应是 21 世纪教育的根本宗旨。”[①]教育的经济功能长期以来被视为最重要的教育功能，但当我们使用人文主义的伦理和道德综合分析教育的目的时，不仅要关注会产生经济效益的技能的学习，更要关注教育中尊重生命和人格尊严的价值观，这是在多样化的世界中实现社会和谐的必要条件。

长期以来，人们对教育目的的理解，往往重视教育的社会需要，特别是经济和科技发展的需要，以及教育适应社会飞速发展和人的自身发展的需要等相关因素，对教育自身发展规律的关注有所缺失。就教育而言，教育不仅是服务于社会和人的需要的一种附庸，而且其本身也是有规律地运行的社会力量。忽视这一点，就容易出现只把教育作为服务工具来认识的情况。[②]教育不应成

---

① 联合国教科文组织. 反思教育：向“全球共同利益”的理念转变？[M]. 联合国教科文组织总部中文科，译. 北京：教育科学出版社，2017：28.

② 李兴洲，耿悦. 从生存到可持续发展：终身学习理念嬗变研究——基于联合国教科文组织的报告[J]. 清华大学教育研究，2017，(1)：94-100.

为夸大不平等、拉开差距的工具，而应当是提升人类共同福祉的手段。

走向“全球共同利益”是联合国教科文组织推进教育发展新阶段的新理念，超越了个体和国家层面的教育目的观，将教育上升到人类的共同利益和未来可持续发展的层面。从这一教育发展新理念出发，个人的终身教育和学习将扩大到人人的终身教育和学习；国家和地区内的人人终身教育和学习将扩大到全球的人人终身教育和学习。[①]“全球共同利益”被定义为：“人类在本质上共享并且互相交流的各种善意，例如价值观、公民美德和正义感。”[②]“全球共同利益”的教育目的观超越了个人主义的社会经济理论考量，是在教育的个人收益基础上，把全球共同利益当作一项社会集体努力的事业，最后要造福全人类。因此，义务教育已经不是单纯的个人持续学习以适应社会的变化，而是每个人的学习过程都是人与社会、自然可持续发展的组成部分，摒弃将个人与社会、自然割裂的片面教育观念，超越个人经济主义和功利主义的教育目的。[③]义务教育学校标准化建设也需要始终秉持这种“全球共同利益”的教育目的观。“全球共同利益”的教育目的观是对原有教育“公益性”和“公共产品”性质的超越，其引发的全球教育治理格局的变化是颠覆性的。义务教育作为一项公共事业，不能局限于对教育“公共品”性质和个人收益的思考，义务教育正在成为全球的共同利益和责任。“全球共同利益”的本质是共享的，是集体主义的和人文主义的，也就必然主张教育的完整性和包容性。

《反思教育：向“全球共同利益”的理念转变？》提出以人文主义教育目的观来求得共同利益，可谓是审时度势的教育目的新观点。该报告重申人文主义教育观即重建以人为中心的发展价值体系，进而为人与社会、自然的可持续发展奠定基础，并以人与社会、自然的可持续发展作为衡量“全球共同利益”的价值尺度。[④]向“全球共同利益”转变的教育目的观对义务教育学校标准化建设提出了更高的要求。

---

① 郭伟，张力玮. 借镜《教育2030行动框架》打造“中国教育现代化2035”——访中国教育学会副会长、中国教育发展战略学会副会长、长江教育研究院院长周洪宇教授[J]. 世界教育信息，2018，(4)：3-7.

② 联合国教科文组织. 反思教育：向“全球共同利益”的理念转变？[M]. 联合国教科文组织总部中文科，译. 北京：教育科学出版社，2017：69.

③ 李兴洲，耿悦. 从生存到可持续发展：终身学习理念嬗变研究——基于联合国教科文组织的报告[J]. 清华大学教育研究，2017，(1)：94-100.

④ 王坤庆. 新世纪人文主义教育价值观思考[J]. 教育研究，2000，(8)：19-22.

总之，联合国教科文组织关于教育发展的系列报告，从最初提倡“学会生存”的教育目的观到提出“可持续发展”的教育理念，凸显了其对教育目的的内涵不断深化的逻辑思考。这一过程展现了义务教育的目的已经从一种普及、免费、世俗的教育思想，逐渐发展到关注人的生存与发展，进而演化为人的一种权利与生活方式，这种教育目的观从人类自身求得生存扩展到人与社会、自然的可持续发展，为引领世界各国义务教育学校标准化建设提供了明确的指导思想。可持续发展的教育直接面向义务教育学校标准化建设，要求人们对义务教育学校标准化建设进行重新思考，反思义务教育学校标准化建设的目的，走义务教育学校可持续发展的标准化建设道路。义务教育学校标准化建设更是社会改革的催化剂，可持续发展的观念在客观上要求我们要理性审视社会、教育与人的关系①，把学校标准化建设作为寻求社会可持续发展的重要途径。这是一个全新的、整体的、平等的、可持续发展的义务教育学校建设新模式，是重新审视义务教育学校标准化建设新目标的思想基础。

二、公平、效率、质量：义务教育学校标准化建设的价值选择

义务教育学校标准化建设是建立在一定的教育价值选择基础上的，只有从公平、效率、质量三个价值维度齐推并进才能奏效。公平而无效率支撑的义务教育学校标准化建设，公平只能局限于低水平的范围；公平而无质量引领的义务教育学校标准化建设，教育公平会陷入平均主义的窠臼；效率而无公平导向的义务教育学校标准化建设，会使义务教育失去方向与变质，失去义务教育的本质规定性；效率而无质量依存的义务教育学校标准化建设，只能使义务教育学校大而不强、强而无用。只有把公平、效率、质量有机结合起来，并以义务教育的均衡且充分的发展为导向，义务教育学校标准化建设才能从局部均衡走向全局均衡，从低水平均衡走向高水平均衡，实现义务教育学校的充分发展和高质量发展，真正满足社会大众对义务教育的需求，真正在人力资源强国建

---

① 陆素菊. 实现可持续发展：终身学习时代的教育重构——访东京大学牧野笃教授[J]. 开放教育研究，2015，(2)：4-15.

设中发挥基础性作用。早在20世纪末，联合国教科文组织就曾指出，综观全球的教育政策，有两个重要趋势：一是多数国家加强了对教育民主化的承诺，包括“人人受教育”和“终身受教育”的承诺；二是对于教育质量和目的，更强调“学以致用”。[①]因此，将公平、效率、质量作为义务教育学校标准化建设的价值选择，已经成为全球的共同议题。

（一）义务教育学校标准化建设重在学校的均衡发展与充分发展

在义务教育学校标准化建设中，当代西方国家已经把“教育公平”作为一个核心议题。义务教育学校标准化建设涉及学校的均衡发展，必然要关注教育公平问题。随着社会的进步和教育事业的发展，义务教育公平理念的内涵不断丰富，形成了教育公平的新观点，譬如，教育公平包含着受教育权利的平等与教育机会均等；教育公平是指所有的儿童都享有受教育权利且接受质量大体相同的教育；教育公平意味着适合个性差异的教育。[②]

美国在义务教育公平问题上强调教育机会的平等和免费普及的公立学校。21世纪初以来，美国大力推出义务教育学校标准化建设的公平政策，主要体现在2000年的国家教育技术计划《数字化学习》、2002年的《不让一个孩子掉队法案》、2002年的《美国教育部2002—2007年战略规划》、2007年的《美国教育部2007—2012年战略规划》、2009年的《美国复苏与再投资法案》及2010年的《改革蓝图——对〈初等与中等教育法〉的重新授权》中。《美国2000年：教育战略》（*America 2000: An Education Strategy*）强调教育结果公平，使所有的学校办得更好，使所有的学生都取得优异的教育成就，以达到更高的全国教育目标。《不让一个孩子掉队法案》确立的教育公平与均衡发展政策，为实现义务教育公平政策做了全面的规划，要求使每一个学生都能得到一种国际水平的教育、一种全面的教育，以保证他们获得成功。《美国复苏与再投资法案》规定，联邦教育部负责管理的教育投资大部分分配给各州，包括130亿美元中小学生教育补助金和122亿美元特殊教育资

---

① 联合国教科文组织. 世界教育报告1998[M]. 罗进德，等，译. 北京：中国对外翻译出版公司，1998：29.

② 范国睿. 教育公平与和谐社会[J]. 教育研究，2005，（5）：21-25；程红艳. 教育公平与教育质量关系之辩[J]. 南京社会科学，2014，（11）：116-123.

金，不仅要为因经济衰退而面临困难的学校提供稳定资金，也力图通过拨款引导美国基础教育的充分发展，包括建立更为严格的学业标准和评估体系，建立监控学生学习质量的数据库系统，提高教师教学效能并公平配置教师资源，改造和提升那些学业失败的学校。[①]

英国要求建设一种 21 世纪的学校制度，它将确保每一个学生能够进入一所有良好行为、纪律严格、有秩序和安全的学校；每一个学生能够进入一所设有广泛的、均衡的和灵活的课程（包括学习技能和生活技能）的学校；每一个学生能够进入一所采用适应他们需要的方式进行教学，并使他们不断得到进步的学校；每一个学生能够进入一所他们可以参与体育和文化活动的学校；每一个学生能够进入一所增进他们健康和幸福以及有机会表达自己观点的学校。[②]英国推进义务教育公平的政策主要体现在《2002 年教育法》、2002 年的教育白皮书《传递结果：一个面向 2006 年的战略》、2004 年的《为儿童和学习者的五年战略》、2007 年的《儿童计划：建设更加美好的未来》、2009 年的教育白皮书《你的孩子，你的学校，我们的未来：建设 21 世纪的学校制度》中。[③]英国颁布的《学校课程》《把学校办得更好》《选择与多样化——学校的新框架》《追求卓越的学校教育》等提出，每个学生的课程计划应该是平衡的、基础的、广泛的和高质量的，强调把学校办得更好，提高学校的教学水平，追求学校教育的卓越，同时也为家长提供大量的择校机会，给学生提供相同的教育机会。

为了确保义务教育学校标准化建设的政策不断调整和细化，各国不仅仅停留在制定与教育公平相关的教育法令制度上，而且已经采取促进教育公平发展与均衡发展的实践行动，希望以义务教育学校标准化建设致力于教育的均衡发展与充分发展。义务教育学校标准化建设不仅体现在入学机会的公平上，而且体现在学校教育质量的公平上；不仅强调“有学上”的教育机会和权利的平等追求，而且注重“上好学”的教育过程和质量的公平诉求，促使义务教育学校标准化建设的步伐进一步加快；不仅要求义务教育学校标准化建设行动将资

---

① 转引自：江云凤，洪明. 美国基础教育改革的政策走向——对 2009 年《美国复苏与再投资法》教育拨款的解读[J]. 基础教育，2010，(11)：47-51.

② 夏杨燕，程晋宽. 国家教育治理职能重心的转变——英国国家中央教育行政机构变革评析[J]. 外国教育研究，2019，(8)：3-14.

③ 王凤玉，单中惠. 当代美国和英国基础教育公平政策及启示[J]. 教育研究与试验，2015，(4)：55-60.

源的优化配置和学校教育质量的提升作为重心，而且要求促进义务教育学校的均衡发展、充分发展、高质量发展和特色发展。[①]

（二）义务教育学校标准化建设强调提高学校效率与促进学校内涵发展

西方发达国家积极推行义务教育学校标准化建设以及学校重构运动，目的在于提高学校的效率与效能，促进学校的内涵发展。雷诺兹（Reynolds）在《有效学校》（*Effective Schools*）一书中对有效学校的组织结构特征进行了描述，发现以下 9 个方面是学校内涵发展的主要体现：①学校层面的管理；②教学层面的领导；③教学专业稳定；④课程开发与组织；⑤学校层面的发展；⑥父母参与和支持；⑦学校层面学术成就的认知；⑧学习时间的最大化；⑨社区的支持。[②]义务教育学校标准化建设需要集中探索学校效能的提升，通过实行学校校本管理标准，制订学校发展计划，确保义务教育学校的效率与质量，并积极实行各种学校重构、学校改进或优质学校建设计划，使学校具有办学活力，建设具有活力的学校。义务教育学校标准化建设更加强调教育的内涵发展，实现从义务教育学校数量的发展转到义务教育学校教育质量、教育效能的提高上。

提高义务教育学校的效率，更加直接地体现在学校教育的产出上，其中最重要的教育结果之一就是学生的学业成绩。这种教育结果是学校内涵发展的核心，学校内涵发展重在提升学校教育发展的内在动力，是促进义务教育优质均衡发展的方式之一。随着义务教育学校资源均衡的逐步实现，义务教育均衡发展步入了质量提升的优质均衡阶段。学校内涵发展是推进义务教育优质均衡的必然选择，实现学校的内涵发展，就是要通过学校教育教学的变革性实践，提升学校组织的内在动能，推动学校整体的转型升级，建设现代化、标准化的优质学校。

义务教育学校内涵发展的关键在于提高义务教育阶段薄弱学校的教育质量，包括师资队伍的优化、教学效率的提高与学生素质的增强。[③]学校内涵发展强调将注意力转向学校能力建设上，核心是学校内在的标准化建设和教育教

① 郭清扬，卢同庆. 办学体制改革与义务教育均衡发展[J]. 华中师范大学学报（人文社会科学版），2017，（3）：161-169.

② 转引自：谌启标. 国外基础教育改革新行政[J]. 教学与管理，2004，（8）：20-24.

③ 熊川武，江玲. 论义务教育内涵性均衡发展的三大战略[J]. 教育研究，2010，（8）：20-24.

学的创新性改革，场域是学校的内在环境，主体是教师和学生，主阵地是课堂教学。只有注重学校的内涵建设，学校才能实现自主发展、持续发展。

提高学校效率、实现内涵发展是义务教育学校标准化建设的内在要求。发达国家以及我国上海、江苏、浙江等地区已经提出并走进了以“提高质量、内涵发展”为核心的义务教育学校标准化建设的新阶段。《中国教育现代化2035》也为全国范围内义务教育学校标准化建设的质量提升制定了时间表，要求到2035年总体实现教育现代化，提升义务教育均等化水平，建立学校标准化建设长效机制，推进城乡义务教育均衡发展。提高教育效率、走内涵发展之路，既是全球义务教育学校标准化建设又好又快发展的体现，又是对人们追求“公平而有质量的教育”的回应，也是我国义务教育学校标准化建设的战略调整和发展方式的重大转换。

（三）义务教育学校标准化建设的根本目的在于提高教育质量与学习质量

提高教育质量和学习质量是义务教育学校标准化建设的根本目的。教育的均衡发展既是经济社会发展到一定阶段的客观要求，也是教育不断向更高水平迈进的内在需要。国民从追求入学机会均等到追求享受较高质量教育的机会均等，对义务教育学校标准化建设提出了更高的要求。高质量教育是国家义务教育学校标准化建设高标准的价值追求，许多发达国家不仅把义务教育学校建设视作一种社会责任和服务方式，而且将其看作国家可持续发展的催化剂。追求卓越的教育质量，是世界义务教育发展的共同主题。

美国促进优异教育委员会在《国家处在危机中：教育改革势在必行》（*A Nation at Risk：The Imperative for Educational Reform*）的研究报告中指出：要尽一切努力来拯救义务教育，提高教育质量。为改变美国“平庸教育”状况，保持美国“世界第一”和国家竞争力的需要，1989年，美国出台了教育改革方案《2061计划——为了全体美国人的科学》，提出了美国中小学教育体系全面改革和课程改革的设想、步骤、目标及依据等。[①]《不让一个孩子掉队法案》《让每个学生成功法案》的核心也是提高教育质量，并让所有学生达到一

---

① 程晋宽. 全球化背景下义务教育优质学校办学标准的新思维[J]. 中国人民大学教育学刊，2014，（3）：45-53.

个较高的教育标准，“不让一个孩子掉队”，使每个学生都取得成功。

英国为提升教育质量与学习质量，主要采取了提倡自由择校、增加学校的办学自主权、鼓励学校间的竞争等方式，取得了一定的行动成效，同时有效改善了城市和农村中小学教育薄弱状况。例如，“追求卓越的城市”（Excellence in Cities）计划是英国工党政府推出的一项重大教育改革计划。该计划主要是针对城市地区中小学教育标准不高、教育质量低下、学生学业成绩低劣的状况提出的，旨在通过一系列改革措施来提高学校的办学水平，整合各种教育资源，提高城市学校的教育质量，实现教育的优质均衡发展。

日本也将保障和提高义务教育质量作为国家战略，强调“必须以形成世界上最高水平的教育为目标，将提高为培养人才奠定基础的义务教育质量，作为国家发展战略的重要组成部分”[①]。由此，学习质量居于义务教育学校标准化建设的中心地位。提升义务教育的质量，根本上就是要充分保障学生的学习质量，具体来说涉及两种保障：一种是对学生学习资源的品质和存量的保障；另一种是对教育过程中优质资源的投入和办学管理水平的保障。因此，提高学生成绩是义务教育的根本出发点和最终落脚点，义务教育学校标准化建设的关键点和精准关切也是以提高学生的学习成绩为核心。

总之，越来越多的证据表明，质量较差的学校，学生的学习成绩较差。在义务教育学校标准化建设的征途上，决策者和国际社会应致力于有助于提高教育质量和学习质量的几个关键方面[②]：①招聘并留住受过良好培训的教师和激励教师使用包容、社会性别平等的积极和参与式教学方法，以确保学生的学习成绩得到提高；②为所有的学习者提供相关的内容，优化他们生活的环境；③建立安全的学习环境，积极促进社会性别平等、包容，促进有利于多语言教育（包括母语在内）的学习；④确保学习者达到一定的水平，根据国家的课程标准，在知识和能力的每个水平标准上达到要求；⑤加强培养具有创新意识和创意能力的学习者；⑥优化教育方法，培养负责任的公民，加强可持续发展和跨文化对话。

---

① 王国辉，杨红. 日本中小学一贯制教育的实施及其特征——以东京都品川区为例[J]. 比较教育研究，2014，(4)：31-36.

② 范岚. 联合国基础教育优先发展的推进战略与实施建议[J]. 现代中小学教育，2015，(11)：126-128.

三、硬件、软件、人件：义务教育学校标准化建设的三维向度

义务教育学校标准化建设在办学条件上涉及多类内容，包括办学规模、基础设施、师资、课程等。一般而言，一所学校的发展需要满足两大办学条件：一方面，学校应具备满足教学需要的校舍、基础设施、仪器设备等“硬环境”；另一方面，学校应该具备满足教学需要的师资力量、管理人员以及与教学相适应的课程安排等“软环境”。从学校管理与建设要素来看，人、财、物、事、气等是基本的建设要素，在推进义务教育学校标准化建设过程中，确定学校办学的条件标准，需要相应地将人、财、物、事、气转化为义务教育学校标准化建设的条件标准指标。[①]在学校建设的五要素中，财和物决定了义务教育学校标准化建设的“硬件”条件。事和气是义务教育学校标准化建设的“软件”的体现，集中反映在学校治理体系与治理能力现代化建设的状况上。人，用新技术术语来类比就是“人件”（peopleware）[②]，是义务教育学校标准化建设的人员队伍建设的维度，可以说是义务教育学校标准化建设的根本动力。可以说，硬件、软件和人件是义务教育学校标准化建设中三个主要的条件指标与衡量维度。

（一）学校标准化建设需要建设安全的高品质设备设施：硬件建设

《中国教育现代化2035》明确指出，要实现基本公共教育服务均等化，在实现县域内义务教育基本均衡基础上，进一步推进优质均衡。推进义务教育学校标准化建设，首先需要均衡配置物质、设备、图书、校舍等各项资源。可见，物质、设备、图书、校舍等硬件条件与资源在义务教育学校标准化建设中至关重要，同时还需要关注学校的办学规模标准。办学规模是教育事业发展的必要条件，学校生均校舍面积与房屋的质量在一定程度上反映了一个区域硬件方面办学条件的优劣。这一标准主要包括学校占地面积、校舍建筑面积、学校的班级数以及班额等几方面。其次需要加强标准化学校的基础设施建设，主要

---

① 张新平. 关于基础教育阶段学校办学标准的若干思考[J]. 教育研究，2010，（6）：37-43.

② DeMarco T，Lister T. 人件[M]. 肖然，张逸，滕云，译. 北京：机械工业出版社，2014：1.

包括正常完成教学所需配备的教学及辅助用房、行政办公用房、教学仪器和音体器械等。

美国、英国等发达国家普遍重视义务教育学校硬件的标准化建设。美国的义务教育学校硬件条件具有较高的标准，特别是校园建设与教室建设具有统一的标准，各学校办学条件较为均衡。据美国全国教育统计中心（National Center for Education Statistic，NCES）统计，2008年，美国所有公立学校建立了连接互联网的计算机功能室，学生与计算机数量比为3∶1，超过90%的学校有投影仪和数字摄像机，超过70%的教室有电子互动白板。[①]美国义务教育学校的办学条件标准化建设集中体现在以下几个方面：①严格控制办学规模，义务教育学校的学生数平均在500人；②班级规模不大，班均20人左右；③教育教学设备、设施齐全；④有标准化的校车负责接送学生。[②]

英国政府对学校的建筑设计十分重视，制定的中小学校舍、场地方面的标准比较多，更新也比较快。英国义务教育学校具有务实的办学条件，设备设施不强求奢华，利用率很高。英国中小学校舍、场地建筑设计的依据主要有3个种类的标准：国家颁布的《建筑设计规范》（*Building Regulations*）、教育部颁布的《学校建筑设计规范》（*School Premises Regulations*）以及《建筑公告》（*Building Bulletin*）。《学校建筑设计规范》是中小学建筑设计的主要依据，由英国教育部正式颁布。其中，1999年2月1日开始施行的《教育（学校建筑）设计规范》（*The Education School Premises Regulations*），以及2015年3月开始施行的《学校建筑设计标准的建议》（*Advice on Standards for School Premises*），是具有强制执行力的重要法定文件，对学校的学生宿舍、卫生间、校医院的条件，房屋的结构与承重，教室的声学照明、采暖、通风要求，学校的给排水、垃圾处理、货物储存等做了详细的规定。[③]

中国也重视义务教育学校硬件设施的标准化建设，将学校建设的硬件条件标准作为普及义务教育、保证教育稳步发展的基本条件。义务教育学校设备条件标准主要包括正常完成教学必须配备的教学及辅助用房、行政办公用房、

---

① 转引自：王正青，徐辉. 当前美国基础教育质量现状与改进趋势——“追求卓越”理念引领下的实践[J]. 教育研究，2014，(9)：121-126.

② 张新平等. 义务教育优质学校办学标准研究[M]. 北京：科学出版社，2015：43.

③ 艾伦. 中英中小学校舍与场地标准研究[J]. 中国现代教育装备，2017，(14)：1-7.

教学仪器和音体器械。教学及辅助用房包括体育运动场、普通教室、实验室、图书室、微机室、语音室等。行政办公室主要是指教师办公室。教学仪器包括多媒体、计算机、专业实验设备、专业实习设备等。音体器械主要包括体育、音乐、美术、自然实验等器械配备。《2003年全国教育事业发展统计公报》显示，小学体育运动场（馆）面积达标率为50.2%，音乐器械配备达标率为38.66%，美术器械配备达标率为36.69%，数学自然实验仪器达标率为49.8%；普通初中体育运动场（馆）面积达标率为65.68%，音乐器械配备达标率为53.95%，美术器械配备达标率为52.43%，理科实验仪器达标率为70.17%。①

（二）学校标准化建设需要加强学校治理体系与能力现代化建设：软件建设

义务教育学校标准化建设不仅要加强硬件条件的建设，还要加强学校办学软件的建设，特别是要着力建立现代学校治理体系，正确处理政府与学校、学校与社会、学校与个人的关系，推进管办评分离，不断提升教育治理体系与治理能力的现代化。2017年，教育部颁布了《义务教育学校管理标准》，强调对学校管理标准体系的顶层设计，把义务教育学校管理的内容聚焦为保障学生平等权益、促进学生全面发展、引领教师专业进步、提升教育教学水平、营造和谐美丽环境、建设现代学校制度六大主题②，形成了富有中国特色的义务教育学校管理标准体系，特别强调从学校管理标准的角度来促进学校内部治理体系与治理能力的建立，进而促进义务教育学校的内涵发展。学校治理体系的改进就是要重新梳理和构建学校与政府、学校与教师、学校与学生、教师与学生、学校与家长等五对关系，进一步优化教育秩序，努力落实“立德树人”的根本教育任务，以育人为中心，强调教育管理秩序的优化，确保义务教育阶段各项任务的全面落实。③

美国义务教育治理体系的形成历史也是一部美国社会发展史。美国义务教育的治理体系采取了立法、执法、司法三权分立的体制，美国义务教育治理

---

① 教育部. 2003年全国教育事业发展统计公报[EB/OL]. http://www.moe.gov.cn/jyb_sjzl/sjzl_fztjgb/tnull_3570. html（2004-05-27）.

② 教育部. 教育部关于印发《义务教育学校管理标准》的通知[EB/OL]. http://www.moe.gov.cn/srcsite/A06/s3321/201712/t20171211_321026. html（2017-12-11）.

③ 吴颖惠. 致力于优化义务教育学校秩序[J]. 基础教育参考，2014，（19）：12-15.

体系的运行过程中形成了以法律法规为前提的统筹规划协调机制、以分层治理为基石的责任划分落实机制、以教育公平为底线的价值导向引领机制、以课程标准改革为核心的质量提升突破机制、以经费投入为根本的教育发展保障机制、以学业测评为载体的质量监测考核机制。

21 世纪以来，美国三级教育治理体系开始在动态调整中追求均衡。2001 年，《不让一个孩子掉队法案》通过，强化了联邦政府对州和地方教育的干预，在不改变州和地方政府的政策和预算的情况下，直接将相关教育经费拨付到州教育行政部门，从而强化了地方教育部门在地方行政系统中的自治权。2009 年，奥巴马政府启动实施了“力争上游计划”，将学生学业成绩明确为每一位教师的责任，这属于标准化、问责制等政策的延续。为适应联邦层面的教育改革，全美州长协会和全美州教育首长理事会于 2009 年联合发起了“共同核心州立标准计划”（common core state standards initiative，CCSSI），目前已有多个州采纳了此标准。由于美国没有国家层面的课程纲要，这一举措相当于朝着建立全国统一的课程标准迈出了重要一步。

美国实行联邦、州、地方三级政府分层治理义务教育的治理机制，这是由各级治理机构设置和职能定位决定的。其中，联邦政府主要负责全国教育信息的调查、统计、反馈以及向各州分配资源。州政府是教育事业发展的中心，承担州教育规划和经费投入的主体责任。学区是州对教育进行管理的行政单位，同时负责辖区内学校的日常事务。这种分层治理体现了规范性与灵活性的统一、全局性与区域性的结合。①美国义务教育三级治理体系的实质在于分配不同层级间的教育管理权力，在统筹规划的基础上，建立多元主体共同参与教育治理的格局。

（三）学校标准化建设需要师资队伍的专业化发展：师资建设

义务教育学校标准化建设不仅需要硬件、软件建设，更离不开“人件”建设，特别是需要高质量的师资队伍建设。教师是课程与教学改革的最终执行者，其执行力决定了课程与教学改革的效果和质量。教师队伍的整体水平在一

---

① 王正青，陈琴. 美国联邦、州、地方三级基础教育治理体系与运行机制[J]. 教育科学研究，2017，（8）：72-77.

定程度上决定了教育发展的动力与质量。因此，在教育改革方案中，教师队伍的专业化成为学校标准化建设的中心与焦点。

发达国家中小学教师队伍建设注重中小学教师培训制度法制化，凸显了教师专业发展的强制性，注重培训目标的多样化，追求整体性的教师队伍专业发展；教师培训内容丰富多彩，体现综合性；培训课程关注整体设计，强调实用性；培训途径多种多样，彰显灵活性等特征。[①]20 世纪 90 年代起，美国中小学教师教育改革兴起，政府、教育行政部门、学术机构纷纷提出相应的改革建议方案，出台了一系列教育改革新法案。成立于 1983 年的霍尔姆斯组织出版了《明日的教师》(*Tomorrow's Teachers*)(1986 年)、《明日的学校：专业发展学校设计之原则》(*Tomorrow's Schools: Principles for the Design of Professional Development Schools*)(1990 年)、《明日的教育学院》(*Tomorrow's Schools of Education*)(1995 年)三份报告，注重教师教育质量，促进教师队伍建设，引起了社会各界和各级政府对教师教育、教师职业发展的广泛关注，促进了教师队伍的专业化建设。奥巴马政府执政以来，美国不断增加联邦教育经费，招募教师和吸引人才，进一步提高学生学业标准并奖励优秀教师，出台了一系列对美国的教师教育发展产生深刻影响的教育革新计划。美国大学在通识教育、培养模式、教学实习、教师资格等方面进行了多项改革，包括在教师教育课程方面更加注重多学科知识基础；培养模式更加多元化；延长教育实习期，完善实习专业标准；严格制定教师资格认定标准，建立考试体系。[②]

为了适应本国教师教育发展的要求，英国分别从不同方面对教师教育进行了改革。英国教育部在 2012 年 9 月实施了新修订的《英国教师标准》(*Teachers' Standards in England*)，要求教师以最高的标准严格要求自己，目的是追求教师质量卓越，强化教师专业主义，彰显课程改革理念。[③]首先，使原有的教育模式多元化，逐步形成了由大学教育学院、高等教育学院、校本教师培训机构组成的教师教育系统；其次，逐渐丰富和细化教师专业化课程，包

① 关松林. 发达国家中小学教师培训的经验与启示——以美国、英国、日本为例[J]. 教育研究，2015，(12)：124-128.

② 方增泉，李进忠. 美国教师教育改革新趋势对中国的启示[J]. 北京师范大学学报（社会科学版），2010，(5)：28-37.

③ 张新平等. 义务教育优质学校办学标准研究[M]. 北京：科学出版社，2015：51.

括学士学位、硕士学位和博士学位课程，涵盖了职前和在职培训的整个过程，以适应不同层次教师的需求；最后，从立法层面加以规范和引导，强调只有教师培训专业化、教师队伍专业化，才能保障教育水平，保证教师素质的不断提高。①大学与中小学之间建立协作关系，已成为英国促进教师发展的重要手段和措施。目前，英国在推进院校教师专业发展协作关系的进程中，形成了通过契约形式达成的合作关系。这种契约关系使得在校本培训中院校双方的关系更为制度化、规范化。②

日本历来重视教师队伍建设，从明治维新以来，教师教育制度经历了三次重大的变革：第一次是明治维新以后，开办的现代师范学堂使日本的师资队伍走向了专业化和现代化；第二次是第二次世界大战以后，依据美国的教育模式，开放师资培养机构，设立教师资格认证考试，多渠道地吸收各类大学的毕业生从教，使日本的教师教育趋向多元化和自由化，由闭锁式走向开放式；第三次是 20 世纪 90 年代至今，由新自由主义精神衍生的绩效责任观，特别重视教师的教学现场实务能力。第三次改革突出了教师教育制度对教学实践能力的强化和激励，对教师培养进修的建议、教师的录用和评估机制、教师研修和试用规定等都做了具体的改善与修正。③日本教师专业发展有严格的专业标准，具体表现为：立足于全球化视野的教学资质能力；作为社会人在多变时代生存所需的资质能力；教师教学必需的资质能力。值得指出的是，日本教师专业标准的新定位不仅强调教师的专业性，还提出 21 世纪教师应具有国际性。另外，“问题解决与课题研究的能力”“处理人际关系的能力”也被引入了教师管理职能的标准。④

总之，从世界各国努力促进义务教育学校标准化建设的经验来看，建立一支数量足够、质量合格的教师队伍，无疑是实现义务教育学校标准化建设的关键。为了解决这一问题，英国、美国、日本等国对教师尤其是对农村地区、

---

① 王晓宇，刘亮. 基于多元模式与课程的英国教师专业化发展探析[J]. 河北师范大学学报（教育科学版），2011，(8)：41-46.

② 段晓明，黄文键. 从“伙伴关系”到“契约关系”——英国校本培训中院校协作的发展[J]. 外国中小学教育，2006，(2)：38-41.

③ 盛迪韵. 教学实践能力的涌现——从日本教师教育课程模式谈起[J]. 上海师范大学学报（哲学社会科学版），2012，(1)：59-66.

④ 张新平等. 义务教育优质学校办学标准研究[M]. 北京：科学出版社，2015：65.

欠发达地区的教师实施优惠政策，制定不同学校之间的教师流动制度，提高教师的地位和待遇，从而保证教师资源的相对均衡配置。

第三节　全球义务教育学校标准化建设的共同经验

义务教育学校标准化建设是以对学校布局进行科学、合理的规划为基础，在学校办学规模与办学条件、经费投入、师资配备、课程设置、教育教学质量等方面达到国家最起码的标准要求的过程。①作为一项综合的系统工程，义务教育学校标准化建设是在义务教育领域内根据法律规定，确保国家基础教育大体拥有均衡的物资和师资条件的规范化学校建设过程。借鉴全球义务教育学校标准化建设的他者经验，对于促进我国义务教育学校标准化建设具有重要启发意义。

一、完善义务教育学校标准化建设的法规与政策

在义务教育学校标准化建设方面，国内外都进行了一些积极的探索与研究，制定并颁布了学校标准化建设的法规与政策。义务教育学校标准化建设相关法规与政策的完善，为学校标准化建设提供了有效的政策保障和环境支持。美国在 20 世纪 80 年代发起的教育标准化运动，提出在“学生的学业期望、统一的系统成分（主要包括课程、资料、教学和考试等与标准相统一）、对学生进行评估、权力下放、州和地方协同支持、问责制”六个方面实现标准化，对于促进教育公平、完善教育标准、推进测验发展发挥了重要作用。②同时，美国义务教育的教育标准政策的制定和形成，具有强大的研究基础。例如，《美国国家科学教育标准》的制定，就是大批科学家、教育专家和教师共同研究的产物。各州以此为参照制定了本州的科学教育标准，后续的科学教育教材的编写、科学教育教学的实施、科学教育的评价等皆以

---

① 龙承建，周鸿. 论教育标准化与义务教育均衡发展[J]. 河北师范大学学报（教育科学版），2009，(1)：117-121.

② 辛涛，李珍，姜宇等. 美国教育标准化改革现状及其启示[J]. 清华大学教育研究，2011，(6)：69-75.

科学教育标准为依据进行具体的落实，并进行相应的检查。美国义务教育学校标准化建设的政策形成，也非常注重循证的科学决策，强调实证性和针对性。①《不让一个孩子掉队法案》通过建立高标准和问责制，以教育标准化推进落实教育公平。②

英国在义务教育学校标准化建设方面颁布的法规与政策也是层出不穷。早在 1985 年，英国政府就发表了教育白皮书《把学校办得更好》，标志着 20 世纪 80 年代英国教育改革的开始，其重点是改革课程设置、考试制度和成绩评定、教师和师资管理、学校体制等方面。1988 年颁布的《教育改革法》被认为是英国教育改革的里程碑，在很大程度上改变了英国政府的办学思想及管理模式。2010 年，英国教育部颁布了白皮书《教学重要性》，主张将学校从政府集中式的管理中解放出来，强调教师在学校发展中的核心地位；提倡降低政府对学校管理的参与度；改革学校课程，更加严格地执行教师评价体系和教师资格要求；建立公平的教育经费制度，资助更多因家庭有困难而辍学的学生；以“学校带领学校”的发展方式取代“自上而下”的教育改革。③

新加坡通过采取相关政策和措施，形成了独特的学校标准化建设方式。一方面是学校产品的标准化。学校的产品质量标准是指学生在学校里学到的知识、获得的技能以及发展的能力等方面的标准。新加坡政府认为，这种产品的质量在很大程度上可以通过普通全国考试结果来衡量，于是作为促进学校产品标准化的普通考试制就在新加坡创立并推广开来。学校产品达到标准化的另一重要手段，就是在全国各校开设统一课程。另一方面是学校工作程序和过程的标准化，即根据对学校管理工作规律的认识，制定相应的规章制度，建立一定的教育教学工作和行政事务工作秩序，使各项工作尽可能做到程序化、制度化，形成一套工作的要求、秩序和习惯。④

国际组织也对学校标准化建设提出了重要的相关政策法规或建议。为改善义务教育监测系统，联合国教科文组织发起了世界教育指标（world education

---

① 王定华. 美国基础教育：观察与研究[M]. 北京：人民教育出版社，2016：27.

② U. S. Department of Education. No Child Left Behind[EB/OL]. http://www2.ed.gov/nclb/landing.jhtml（2002-01）.

③ 蒋艳红，陈琳，李凡. 英国中小学教育改革最新动向——《教学重要性》白皮书解读及启示[J]. 外国教育研究，2012，（2）：83-89.

④ 袁锐锷，李阳. 论新加坡学校管理的标准化[J]. 比较教育研究，1997，（2）：31-35.

indicators，WEI）项目，以监测和改善主要参与国的义务教育质量。[①]经济合作与发展组织每年发布《教育概览：OECD 指标》（*Education at a Glance：OECD Indicators*），从“教育机构的产出及学习的影响”“教育中的财政与人力资源投入”“教育机会参与与过渡”“学习环境与学校组织”等4个维度对其成员国的教育发展状况进行监测和评估。[②]通过标准化指标体系与监测体系的建设，国际组织实现了对各国义务学校标准化建设的引领和指导，有助于整体提升全球义务教育质量，促进全球基础教育的公平发展。

总之，制定和完善义务教育学校标准化建设的政策和法律，是西方发达国家和国际组织推进义务教育学校标准化建设的首要前提和重要经验。

二、确定义务教育学校办学质量标准

义务教育学校办学质量标准是义务教育学校标准化建设的重要内容。联合国教科文组织认为，对教育质量的每个维度都应考虑制定不同层面的标准，以符合目标一致的原则。为此，联合国的教育质量框架特别强调在“本土适宜”“文化适切”的情况下，鼓励各国开发可以测量符合国际定义、标准、目的或目标的高质量教育的指标体系，制定出符合本国、本地区乃至各教育机构自身特色的全面教育质量标准体系并进行不同的实践。从发达国家的整体情况来看，美国、英国、日本等国的学校标准化建设注重有针对性地制定专门的标准，在产学研培训体系、终身教育体系、标准化机构与高校共同推动等方面卓有成效。[③]同时，通过制定专门政策、设立专项资金、设立奖励机制、开展远程教育、创新教育模式等形式，推动义务教育学校标准化建设。[④]

20 世纪 90 年代以来，美国确定了新的科学教育“国家标准”，先后制定了《国家科学教育标准》[⑤]、“2061 计划”、“中学科学的范围、程序和协调方

---

① WEI Programme[EB/OL]. http://www.uis.unesco.org/Education/Pages/world-education-indicators.aspx（2017-01-06）.

② Education at a Glance：OECD Indicators[EB/OL]. http://www.oecd-ilibrary.org/education/education-at-a-glance_19991487（2020-07-19）.

③ 余晓，吴伟，周立军. 标准化教育发展的国际经验及中国的策略选择[J]. 现代教育管理，2011，（9）：117-120.

④ 黄立. 国际国外标准化教育的做法和对我国的启示[J]. 中国标准化，2013，（7）：54-58.

⑤ National Research Council. The National Science Education Standards[EB/OL]. http://www.csun.edu/science/ref/curriculum/reforms/nses/nses-complete. pdf（2004-08-23）.

案”等国家级科学教育标准的改革方案，这三个科学教育标准是有机融合的。[①]2001年，乔治·沃克·布什上台后向国会提交的第一个法案就是《不让一个孩子掉队法案》，努力弥合优势群体和弱势学生群体间的鸿沟，学校要对所有学生的成绩负责任，争取在12年内使每所学校都达到优质。奥巴马政府上台后，延续了这一法律的精髓，强调“基于标准的质量”，鼓励各州制定义务教育的质量标准。2009年，美国48个州州长和首都华盛顿特区市长，以及这些地区的教育局局长通过总结专家和学者的建议、各州的“最佳实践范例”以及教师的教学反馈，决定制定从幼儿园到高中的一整套课程标准，并于次年发布。此后，美国有42个州、华盛顿特区及部分海外领地宣布采取“共同核心”标准课程，并从2014年春季陆续采用“高校与就业预备评估”标准化考试，并各自制定了行动时间表。[②]21世纪以来，美国在推出课程标准的同时，教师教学标准和评估体系也相应地从理论走向中小学教育和教师教育实践。[③]

在英国，“国家统一考试”“学校排行榜”成为教育领域关注的焦点，“标准”“等级”主导着各级各类学校的发展，推动着学校标准化建设的步伐。英国政府采取了一系列促进教育均衡发展的措施，主要通过改造薄弱学校和薄弱学区来促进义务教育的均衡发展：一是通过政府调控与市场机制之间的平衡，推行教育均衡的发展理念；二是通过“教育行动区”计划，进行薄弱学校改造的尝试；三是通过“追求卓越的城市教育”，整合各种教育资源，提高城市教育质量，实现教育均衡与充分发展；四是通过“教育优先区”计划改善处境不利地区和群体的教育状况。[④]

日本在办学质量标准方面有其自身鲜明的特点。日本经济产业省（Ministry of Economy，Trade and Industry，METI）下设的“标准计划办公室”（Standards Planning Office）和日本工业标准委员会（Japanese Industrial Standards Committee，JISC）是负责日本标准化工作的主要政府部门。日本的义务教育学校标准化建设经历了以硬件均衡为内容的资本主义工业化时期、以软件均衡

---

① Bybee R W，Ferrini-Mundy J，Loucks-Horsley S，et al. National standards and school science and mathematics[J]. School Science & Mathematics，1997，(6)：325-334.

② 张朋辉. 美国中小学教育标准化改革受挫[N]. 人民日报，2015-12-08（22）.

③ 苏丹兰. “全球共同利益理念下基础教育课程与教学改革”国际学术会议综述[J]. 课程·教材·教法，2017，(7)：125-127.

④ 李敏. 义务教育非均衡发展动力机制研究[M]. 北京：中国社会科学出版社，2011：18.

为特征的经济增长期和以个性化发展为目标的经济全球化时期三个阶段。在不同的发展阶段，日本义务教育学校标准化建设的路径也由政府的行政指导转变为注重法制化的轨道，在硬件和软件均衡后，追求特色和差异化发展，同时教师流动的保障体系不断健全与完善。①其通过制定最低办学标准、制定合理的经费分担机制、拨付充足维修养护经费、对困难地区给予更大的支持、实行校长教师定期流动制度、大力推进信息化建设、实行营养午餐制度等措施，促进学校教育的标准化建设。②

澳大利亚教育标准化运动从职业教育发起，掀起了职业教育“标准化运动”，分为三个阶段，即过渡与完善阶段、迅速发展阶段和稳步革新阶段。③“标准化运动”体现出提高质量、继承完善、多方参与、统一标准等多方面的特征。④这为澳大利亚义务教育学校标准化建设提供了重要的依据和参考。教师培训体系的标准化也是澳大利亚学校标准化建设的重要方面。职前教师教育课程国家认证系统是指特定的国家认证机构在遵循师范毕业生标准（graduate teacher standard）、教师教育项目标准的基础上，通过一定的认证程序，对教师教育机构提交的“职前教师教育课程”进行质量鉴定，这是国家推进义务教育学校标准化建设的重要保障系统。⑤

三、增加义务教育学校办学经费投入

义务教育学校标准化建设需要教育经费的稳定投入作为保证。国家教育投资的水平不仅与经济发展状态有直接关系，而且与优先发展义务教育的意愿和财政决策有关，义务教育学校标准化建设需要优先投入教育经费。2016年，我国国家财政性教育经费为31 396.25亿元，首次超过3万亿元，较上年

---

① 严平. 均衡发展视野下的日本义务教育学校标准化研究[J]. 比较教育研究，2013，(4)：66-70.

② 田祖荫，杨宇，胡成玉等. 韩国、日本义务教育学校标准化建设情况调研报告[J]. 教育研究，2015，(10)：136-141.

③ Australian Institute for Teaching and School Leadership. National System for the Accreditation of Preservice Teacher Education Programs-Proposal for Consultation[EB/OL]. http://wwwaitsl.edu.au/ta/webdav/site/tasite/shared/AITSLPreservice Consultation-Paper. pdf（2010-09-30）.

④ DEST. Skilling Australia：New Directions for Vocational Education and Training[R]. DEST，2005：2.

⑤ 邓涛，王阳阳. 澳大利亚教师教育专业认证改革：理念更新和标准重构[J]. 高等教育研究，2018，(12)：98-106.

增长 7.44%，占国内生产总值（gross domestic product，GDP）的比例为4.22%，连续 5 年保持在 4%以上[①]，且教育经费有一半以上用于义务教育，主要向中西部地区、农村学校倾斜，在教师工资及学生自主发展方面的支出明显增长。这体现了中国一直坚持的优先发展义务教育的理念。

教育经费投入一向是世界普遍关心的问题。2013 年,《全民教育全球监测报告》监测了约 200 个国家和地区实现千年发展目标中教育目标的进展情况。该报告指出，全球教育经费正在被低质量的教育浪费，每年造成的损失高达 1290 亿美元。其中，全球每年义务教育资金缺口为 260 亿美元。在接受调查的国家中，1/3 国家的小学教师只有不到 75%达到了国家的培训标准。同时，截止到 2013 年，全球还有 6100 万名儿童失学，其中一半生活在受冲突影响的国家。因此，合理使用教育资金对发展义务教育尤为重要。[②]

美国是世界上教育发达的国家，经费投入数量是表明其发达程度的一个重要标志。长期以来，历届美国总统及其政府都非常重视教育，将教育投资置于国家支出的重要地位。特别是美国将义务教育学校标准化建设作为优先发展的战略，联邦、州、地方对义务教育的拨款大多来自政府预算，即政府日常收入依赖的各项税收，主要包括个人所得税、消费税和财产税。前两种税是联邦政府和州政府支持教育的主要经费来源，财产税是地方政府支持义务教育的主要经费来源。[③]在美国的义务教育经费投入中，承担比例最高的是学区和州。在历年的国家总体（联邦、州、地方政府三家平均）支出比例上，教育居第二位，仅次于国防。

2003 年，美国经济衰退，失业率高达 5%—8%。为了长远利益，美国联邦政府和各州、各地克服困难，一如既往地保持教育投入的增长，大力改善办学条件，教育支出占 GDP 的比例保持在 6%以上，并使义务教育投入占 GDP 6%的比例不至于下滑，以保障年轻一代接受公平、高质量的教育。[④]根据美国教育科学研究员 2018 年 1 月 9 日提供的数据，美国 K-12 教育公共收益和支

① 胡浩. 2016 年国家财政性教育经费首次超过 3 万亿元[EB/OL]. http://www.gov.cn/xinwen/2017-10/25/ content_5234403. htm（2017-10-25）.

② 范岚. 联合国基础教育优先发展的推进战略与实施建议[J]. 现代中小学教育，2015,（11）：126-158.

③ 王定华. 美国基础教育：观察与研究[M]. 北京：人民教育出版社，2016：41.

④ 王定华. 美国基础教育：观察与研究[M]. 北京：人民教育出版社，2016：34.

出在2014—2015学年连续两年增长，并发布了《2014—2015学年美国公立中小学教育的收益和支出（2015财政年度）报告》。该报告指出，2014—2015财政年度，美国州税收增长3.7%，调整通货膨胀后，联邦税收仍以0.2%的水平增长。这两年支出的提高转变了2009—2013财政年度支出连续下降的状况。继2013—2014年增长1.7%以后，美国公立中小学教育支出在2014—2015财政年度增长了3.3%。在全国范围内，调整通货膨胀后，每个学生的支出增加到11 454美元，较2014年提高了2.8%。在州一级，每个学生的支出从犹他州的6751美元到纽约州的20 744美元不等。①

英国也非常重视义务教育经费的投入。英国政府认为，接受教育是公民的基本人权，如果政府只是以法律的形式实行义务教育，而不能给予相应的财政保障，那只能成为贫困家庭的沉重负担，所以教育财政投入必须得到保障。20世纪60年代以来，英国政府对教育的财政投入一直处于相对较高的水平，近年来，教育经费一直占GDP的5%以上。英国政府一直在努力实现其增加教育经费在国民收入中比例的承诺。②

教育投入不仅是投资于民，也是投资于未来，是一个国家意志的体现。它是衡量一个国家教育事业发展水平的基本参数，是判断一个国家是否优先发展教育事业的重要指标，更是义务教育学校标准化建设工作的重要保障。

四、促进义务教育均衡与充分发展

义务教育学校标准化建设不仅是提高教育质量的手段，同时也指向义务教育的均衡发展。为了推动义务教育学校的均衡与充分发展，美国注重将义务教育经费向欠发达地区倾斜。美国的联邦政府和州政府均重视对义务教育不均衡问题的解决。美国教育部以项目为“抓手”，对欠发达的州给予投入上的倾斜，促进各州义务教育相对均衡发展。对于富裕的学区，州政府拨款就少；对于贫穷学区，州政府给其多拨款，给予照顾与扶持。总体上而言，美国农村的义务教育与城市没有明显的差距。虽然某些农村地区存在学生居住比较分散、

---

① 周慧敏. 美国公立中小学支出持续上升[J]. 世界教育信息，2018，(4)：78.

② 蒋丹. 英国基础教育财政投入政策折射出的教育公平理念及启示[J]. 教育与经济，2009，(2)：58-63.

交通不便等问题，但是经过州政府投入方面的倾斜，就生均经费而言，农村地区生均经费已经赶超全国生均经费的平均水平。①

为了促进义务教育均衡发展，追求公平、兼顾效益是美国义务教育经费投入体制坚持的一项基本准则。一方面，美国非常关注每一个适龄青少年儿童，特别是为了让弱势群体学生平等接受教育，制定了《不让一个孩子掉队法案》；另一方面，美国资助私立中小学发展，允许私立中小学按照优质优价原则收取学费，同时改革公立中小学的办学体制、管理体制、评价体制，激励公立学校、私立学校之间开展竞争，以提高教育资源的利用效率，提供多样化的优质教育服务。②

21 世纪以来，在确保每一所学校和每一个儿童都能获得成功这一总的教育目标的情况下，美国、英国继续加大对义务教育的经费投入。甚至在 2009 年的金融风暴背景下，它们也没有减少对义务教育的经费投入，均衡发展与充分发展始终是义务教育的核心工作。2002 年，《不让一个孩子掉队法案》颁布后，2003 年，美国联邦政府投入中小学的教育经费为 264 亿美元。在 2010 年的《改革蓝图——对〈初等与中等教育法〉的重新授权》中，美国再一次提出，为了保证每一个学生的成功，应该设立学校教师和领导的创新基金，激励和奖励优秀的教师和领导。2004 年，英国的《为儿童和学习者的五年战略》特别提出，政府保证每一所学校从 2006 年起的三年经费预算和每一所学校最低的生均经费增长；2007 年的《儿童计划：建设更加美好的未来》提出，2008—2010 年将提供 4400 万英镑经费，以培养新一代具有国际水平的主任教师；2009 年的《你的孩子，你的学校，我们的未来：建设 21 世纪的学校制度》则提出，国家不仅要在信息和管理上为学校改革提供支持，而且要在资金上为学校改革提供支持。

为了服务更多学生，实现义务教育更加充分的发展，延长义务教育年限是全球共同的趋势。因此，英国政府于 2005 年颁布了《14—19 岁教育和技能白皮书》，专门对这一年龄阶段的青少年提出了希望，并制定了相应措施。2007 年颁布的《儿童计划》确定延长英国义务教育年限，要求到 2013 年将青少年义务教育年龄延长至 17 岁，到 2015 年延长至 18 岁。政府将 16—19 岁

① 王定华. 美国基础教育：观察与研究[M]. 北京：人民教育出版社，2016：34.

② 王定华. 美国基础教育：观察与研究[M]. 北京：人民教育出版社，2016：37.

青少年学习基金下放给地方政府，使各地因地制宜地开展各类项目。这种将高中阶段纳入义务教育财政保障的举措是教育财政政策发展的大趋势，也是更好地促进教育公平的手段之一。

五、注重因地制宜，办适合的学校

义务教育学校标准化建设并非将所有的学校都办成一样的，也并非否定学校的差异、个性和特色。千校同面、无差异的办学无疑是对学校标准化建设的错误认识。世界发达国家，如英国、美国等国的义务教育均衡发展不仅重视质量，还重视在均衡基础上的特色发展，鼓励学校间形成不同的发展优势，在某一学科的师资、教材、教学模式上凸显校本色彩。学校的个性化发展和办学特色不仅是国际义务教育发展的大趋势，也是实现更高层次义务教育均衡发展与充分发展的体现。

英国、美国先后通过提倡自由择校、特许学校，增加学校的办学自主权，以及鼓励学校间的竞争等方式，在提高教育质量方面取得了一定的成效，而且城市和农村中小学教育薄弱的状况也得到了很好的改善。通过提倡多元合作与发展的义务教育改革，提出多样化办学的概念，以多样化、有区别的教育满足学生多样化的教育需求，这是实现教育机会平等的必要手段。譬如，教学类型、教育结构的多样化，教学大纲、教学计划的多样化，在教学过程中体现出的个性化、区别化，教学内容的多样性和灵活性，这种多样化趋势与教育均衡化发展并不矛盾，多样化的教育课程使学生有了更充分的选择余地，为未来可持续发展打下基础。

适合的才是最好的，全球义务教育学校标准化建设没有固定的模式。学校应立足实际，充分考虑学校的地理位置、学校规模、经济状况、教师队伍现状等各种实际情况，选择适合学校发展的特色项目。在标准化建设过程中，学校始终需要注重因地制宜，充分挖掘自身在某个方面或某一领域得天独厚的潜在优势，使之发展成为学校的特色，使学校的特色发展从可能转变为现实，平衡标准化与特色化发展之间的张力。

第三章　义务教育学校标准化建设的资源配置

教育的目的在于满足人的发展需求。义务教育的均衡发展是教育资源供给和人口需求相一致的均衡，义务教育学校标准化建设则是促进教育均衡发展的重要举措。目前不均衡的人口空间分布与经济发展水平给义务教育资源的供给总量和配置安排带来了较大压力。是否能够实现城乡间、地区间义务教育资源的优化组合并促进义务教育均衡发展，是判断教育资源配置效率高低的重要标准。政府对学校的投入是否达到了优化组合且无闲置或不足，是衡量义务教育阶段学校财政投入效率高低的重要标准。只有达到了这两个标准的高效率，才能真正保障义务教育学校标准化建设的有效实施。因此，本章试图跳出义务教育标准化建设的既定监测框架，精准聚焦标准化建设中学校资源投入的供需问题，以学校布局为切入点进行实证分析，以对我国义务教育学校标准化建设中的学校资源配置及供需匹配有一个较为清晰的认识，从而为义务教育学校标准化建设中增加“学校设置”的监测指标提供新思路，为优化义务教育学校标准化建设的资源配置提出改进建议。

第一节 学校布局与义务教育服务水平

学校是提供教育资源和学生受教育的场所，其本身也是一种教育资源，与学校办学条件共同构成了学校发展的物质基础，反映了一定区域内教育资源的供给水平。学校设置包括学校规模和布局，任何学校的设置都必须符合设置标准的规定。国家规定的中小学的布局、选址、规划设计、建筑标准、环境影响评估等应符合当地教育规划和国家的相关要求。学校的合理设置不仅有利于提高教育资源的利用效率，也是义务教育学校标准化建设的重要组成部分。

各地在资源配置方面拥有很多实践经验，也面临各种相似或独特的现实问题。其中，南京作为中国东部地区重要的中心城市和全国重要的科研教育基地，在教育资源供给规模和质量上始终排在全国前列，特别是有关学校布局的经验探索颇具代表性。为促进义务教育优质均衡发展，南京市坚定地执行省级标准化监测办法，并于 2017 年制定了《市政府关于统筹推进城乡义务教育一体化促进优质均衡发展的实施意见》，突出强调要科学合理地规划义务教育学校布局。学校规模不达标的问题始终是南京市义务教育学校标准化建设监测的难题，加之城镇化带来大量外来人口的涌入，加剧了南京市义务教育学校资源的承载压力，延缓了义务教育学校标准化建设进程，阻碍了义务教育优质均衡发展。2011 年，江苏省与教育部签署义务教育均衡备忘录，开启了江苏全省推进义务教育均衡发展的新篇章。多年来，南京市全面改善薄弱学校的办学状况，义务教育学校资源供给总量不断提高，各中小学办学水平均有显著提升，并于 2015 年率先通过县域义务教育基本均衡督导认定，由此全省义务教育整体进入迈向优质均衡发展的新阶段。[①]不难发现，现有的标准体系是假定学校在各区的布局是合理的，在既定的布局下监测义务教育资源分配的均衡。但学校自身也是重要的义务教育资源之一，学校空间布局的合理与否同样关乎教育的均衡发展。因此，本章尝试加入学校布局和规模的考量指标，以南京市为例

---

① 江苏省教育厅. 江苏全部县（市、区）通过义务教育均衡发展国家督导认定[EB/OL]. http://jyt.jiangsu.gov.cn/art/2015/6/5/art_57807_7239621. html（2015-06-05）.

考察义务教育学校布局的现状，探究义务教育学校布局的均等化水平、均衡化水平和整体服务水平。

一、义务教育学校布局的均等化分析

学校布局是一个地区某一阶段学校在地理空间上的分布，涉及学校的分布数量和空间规模格局两方面，是衡量教育资源空间合理性与分配公平性的首要指标。南京城市化进程的深化和人口空间布局的变化，势必会对其小学和初中的空间格局提出挑战。同时，学校的空间布局和规模状况决定了其他教育资源的空间分配，会直接影响教育资源的均衡配置。因此，本部分从分析各区中小学的数量和空间差异入手，以此为基础测算各区 2013—2016 年教育服务水平得分，从而发现南京市各区之间学校的布局特征和存在的问题。

（一）资源分布的数量特征分析

南京市下辖 11 区，包括玄武、秦淮、建邺、鼓楼 4 个主城区，栖霞、雨花台、江宁、浦口 4 个郊区，以及六合、高淳、溧水 3 个远郊区。2016 年末，南京市共有小学 346 所，全市小学班级数为 9347 个，在校生人数为 375 445 人。全市有初中 174 所，班级数为 3861 个，初中在校生为 224 548 人。[①]由此可见，除初中班级数和在校生人数有小幅下降之外，其余指标均实现了稳步增长。

从表 3-1 可知，在市生均学校拥有量、生师比、生均建筑面积和校均服务常住人口数 4 项指标中，中小学校均服务常住人口数明显下降。其中，生均建筑面积已达到《江苏省义务教育学校办学标准（试行）》中规定的中小学不低于 8 平方米、初中不低于 9 平方米的标准。我们不难发现，生师比和市生均学校拥有量显示了专任教师与义务教育学校数量供给的相对下降，初中和小学平均学校规模均有所扩大。可见全市范围内义务教育学校教育资源日趋紧张，供给增速小于在校生的增速，初中学校尤为明显。此外，虽然南京市中小学生校均服务常住人口数均有所下降，但并未达到《江苏省义务教育学校办学

① 数据摘来自江苏省教育评估监测数据（2016）。

标准（试行）》中“完全小学的常住人口覆盖范围不超过 2 万人，初中学校的常住人口服务范围不超过 4 万人”的标准。

表 3-1　2013 年、2016 年南京市义务教育学校基本情况

项目	年份	市生均学校拥有量/所	生师比	生均建筑面积（平方米/人）	校均服务常住人口数/万人
小学	2013	947.98	15.48	8.02	2.42
	2016	1085.10	15.88	8.32	2.39
初中	2013	879.82	10.02	14.91	5.02
	2016	1290.51	15.03	11.80	4.75

注：市生均学校拥有量=在校生数/学校数

资料来源：根据2016年度江苏教育事业统计资料（内部资料）统计整理

总体而言，南京市义务教育学校空间资源的供给总量在持续增加，全市范围内义务教育学校办学情况有所优化，但生均学校拥有量和专任教师数仍需进一步增加，且现有供给水平距离《江苏省义务教育学校办学标准（试行）》中的优质均衡还有一定差距。由此可见，要实现标准化建设均衡发展的目标，南京市仍需进一步扩大教育资源的供给总量。义务教育学校数量决定了教育资源的供需总量均衡，是保证教育资源充足的必然要求；义务教育学校资源在各区的分配决定了教育资源的供需结构均衡，是对公平性和效率的价值追求。

小学在各区的数量分布不存在明显差异，初中的数量分布存在一定的聚集性。如表 3-2 所示，就小学数量比重来看，不存在明显的主城区与郊区和远郊区的差异。具体而言，有 5 个区占比达 10%及以上，分别是鼓楼区、浦口区、六合区、秦淮区和江宁区，其中比重最高的是鼓楼区，其次是浦口区和六合区。同时小学数量比重较低的区也无明显的区域差异。就初中数量比重来看，总体占比最高的是郊区四区，高达 41%，其次是远郊区，主城四区占比最低，仅占 28%，与郊区初中数量比重差 13%。可见，南京市初中学校的数量分布存在明显的区县差别，存在聚集性。但远郊区平均每区的初中数量比重为 10.33%，略高于郊区各区的平均占比。具体而言，雨花台区初中数量仅占全市初中数量的 4%，与占比最高的江宁区和六合区相差高达 12%，说明南京市初中学校在各区的数量分布存在差异。

表3-2 2016年南京市义务教育资源数量比重

分区	小学数量比重	小学专任教师比重	初中数量比重	初中专任教师比重
主城区	0.37	0.36	0.28	0.36
秦淮区	0.11	0.10	0.06	0.09
鼓楼区	0.13	0.14	0.10	0.12
玄武区	0.06	0.06	0.06	0.07
建邺区	0.07	0.06	0.06	0.06
郊区	0.36	0.42	0.41	0.40
浦口区	0.12	0.10	0.13	0.10
江宁区	0.10	0.18	0.16	0.17
栖霞区	0.09	0.09	0.08	0.08
雨花台	0.05	0.05	0.04	0.05
远郊区	0.27	0.21	0.31	0.26
六合区	0.12	0.11	0.16	0.13
溧水区	0.07	0.05	0.08	0.07
高淳区	0.08	0.05	0.07	0.06

资料来源：根据2016年度江苏教育事业统计资料（内部资料）统计整理

中小学专任教师比重存在区域差异，整体呈现出郊区比重大于主城区，远郊区专任教师比重较小的局面。从小学专任教师比重来看，同样是鼓楼、浦口、六合、秦淮和江宁 5 个区占比均在 10%及以上，这与各区的小学数量比重一致。其中，江宁区所占比重远高于其他各区，与最低占比 5%相差高达 13%。从初中专任教师比重来看，鼓楼、江宁、浦口和六合 4 个区的数值较高，均在 10%及以上。其中，江宁区占比依旧是最高的，达到 17%，其次是六合区和鼓楼区。雨花台区小学和初中专任教师比重较小，江宁区小学和初中专任教师比重较大，两者的小学和初中专任教师比重差距分别为 13%和 12%。综上可以看出，南京市义务教育资源在主城区、郊区和远郊区的分配较均等，且郊区义务教育资源的占有量更为可观，但各区义务教育资源拥有量比重仍存在较大差异。

中小学学校数量分布与专任教师在各区的比重呈整体一致性与部分失衡并存的状态。综合两项指标发现，大多区县的学校比重和专任教师比重基本处于全市同一水平。这说明整体上，各区学校资源与教师资源在数量的分配上存在一致性，初中两项指标之间的差距略高于小学。但是，远郊各区中小学专任教师占全市教师的比重低于该区学校占全市学校的比重，而主城区专任教师比重要高于学校比重，说明南京市对主城区的教育质量投入要高于对远郊区的投入，教育资源在各区的分配存在结构上的失调。此外，江宁区小学专任教师的全市占比远高于其学校数量的全市占比，表明其可能与学校和教师数量存在失衡。

（二）资源的空间布局分析

南京市土地总面积为 6587.02 平方公里。①通过中小学校数量和专任教师人数与各区面积的比值，计算各区义务教育资源空间分布密度，反映南京市各区义务教育资源的空间分布均衡状况。

由表 3-3 可以更加直观地发现中小学在各区布局的聚集性。就中小学教育资源的空间密度而言，主城区远高于其他各区，郊区次之，而远郊区的密度最小。主城四区以全市 3.9%的行政面积比例拥有占总量近 1/3 的小学和小学专任教师数，28%的初中和 36%的初中专任教师数。②

表 3-3　2016 年南京市各区义务教育资源空间分布密度

分区	小学数量密度	初中数量密度	小学专任教师密度	初中专任教师密度	小学建筑面积比重（%）	初中建筑面积比重（%）
主城区	0.55	0.195	36.52	21.15	0.43	0.34
秦淮区	0.77	0.22	46.34	26.61	0.53	0.34
鼓楼区	0.85	0.30	61.50	32.36	0.68	0.48
玄武区	0.29	0.13	20.08	14.17	0.23	0.19
建邺区	0.29	0.13	18.16	11.46	0.28	0.37
郊区	0.07	0.035	5.003	3.085	0.08	0.34
浦口区	0.04	0.03	2.70	1.67	0.03	0.03
江宁区	0.02	0.02	2.66	1.67	0.04	0.03
栖霞区	0.08	0.04	5.32	3.05	0.09	0.05
雨花台	0.14	0.05	9.33	5.95	0.15	0.06
远郊区	0.03	0.017	1.49	1.13	0.02	0.02
六合区	0.03	0.02	1.83	1.33	0.02	0.03
溧水区	0.02	0.01	1.05	0.93	0.02	0.01
高淳区	0.04	0.02	1.59	1.13	0.02	0.02

资料来源：根据2016年度江苏教育事业统计资料（内部资料）统计整理

为了更清晰地反映南京市初中和小学教育资源在各区的空间分布聚集情况，分析各区资源的均衡程度，本部分以义务教育资源空间分布密度为对象，绘制洛伦兹曲线并计算其基尼系数，以此显示南京市义务教育阶段学校在各区空间分布的均等化情况。由图 3-1 和图 3-2 可以明显地看出，南京市初中和小学的分布、专任教师在各区的分布均具有明显的聚集性。进一步计算南京市义

① 南京市人民政府. 南京概览[EB/OL]. https://www. nanjing. gov. cn/zjnj/(2017-09-10).

② 行政面积数据由南京市各区人民政府区县概况计算而得，各区教育资源数据由江苏省教育评估监测数据（2016）计算而得。

务教育资源空间分布的基尼系数，如表 3-4 所示，初中和小学两大指标的基尼系数均高于差距悬殊标准线 0.6，可见各区资源悬殊。其中，小学两项指标在各区的分布具有高度的一致性；初中也具有较高程度的一致性，不过初中专任教师在各区分布的聚集性要稍高于学校数量分布的聚集性。

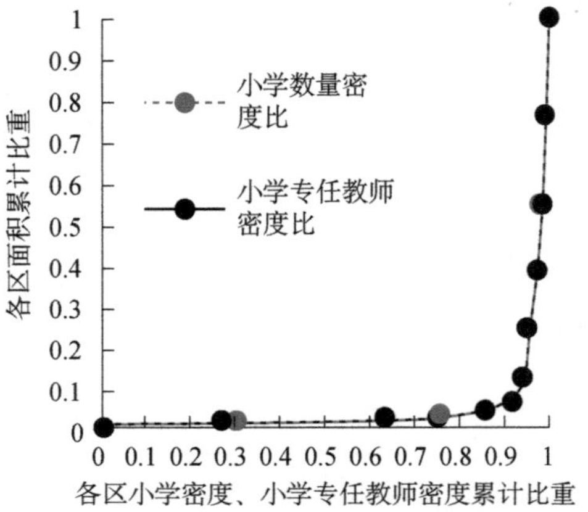

图 3-1　南京市各区小学教育资源空间分布洛伦兹曲线

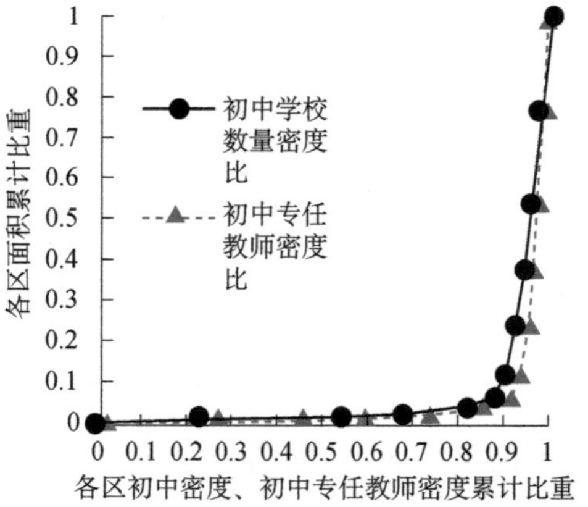

图 3-2　南京市各区初中教育资源空间分布洛伦兹曲线

表 3-4　南京市教育资源空间分布的基尼系数

项目	小学	初中
按学校数量	0.965	0.885
按专任教师数	0.901	0.922

二、义务教育学校布局的均衡性分析

学校布局还受人口、要素供给、学术环境、政治等因素的影响，其中人口变动与社会经济的变化是影响学校布局和布局调整的主要因素。[①]最重要的是，学校作为一种特殊的教育资源，其目的是满足人的受教育需求。只有能使教育设施和资源空间供给达到均衡，且与人口布局相匹配的学校布局，才能称得上是合理布局。因此，需要在构建洛伦兹曲线的基础上计算基尼系数，分析各区义务教育资源与人口空间布局的匹配情况，从而发现南京市各区初中和小学教育资源与该区人口规模（常住人口数与在校生人数）的均衡程度。

《江苏省义务教育学校办学标准（试行）》中监测学校布局与规模的指标之一是一所学校的服务常住人口数。按照该标准，本部分进一步以各区常住人口百分比的累计值为纵轴，由低到高进行排序，以各区相对应的教育资源的数量百分比的累计值为横轴，构建教育资源分布的洛伦兹曲线。根据图 3-3 和图 3-4，算得小学和初中人均学校拥有量的基尼系数分别为 0.3001 和 0.2719，人均专任教师数的基尼系数为 0.2262 和 0.2741（表 3-5）。可见，南京市教育规模虽未达到《江苏省义务教育学校办学标准（试行）》的要求，但南京市的教育资源在各区的分配与常住人口规模的匹配程度比较均衡。

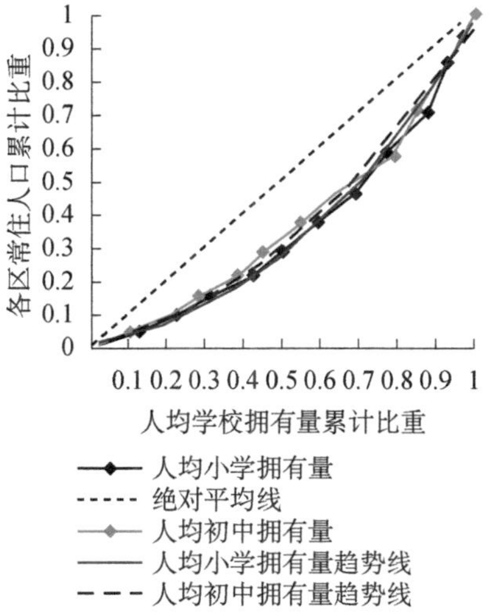

图3-3　各区人均拥有学校资源洛伦兹曲线

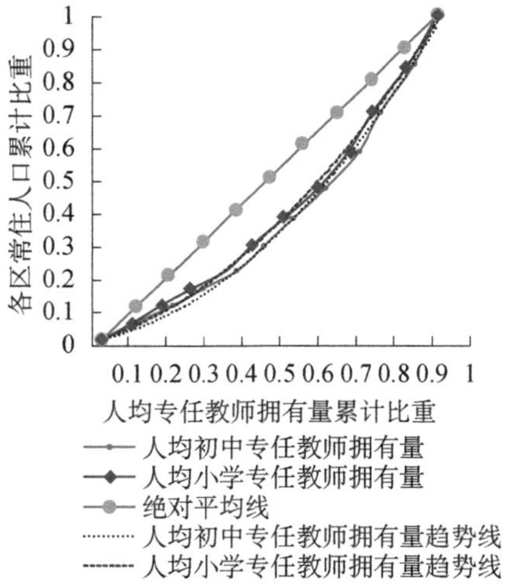

图3-4　各区人均专任教师数量洛伦兹曲线

① 张璇. 义务教育学校布局调整监测制度研究[D]. 陕西师范大学，2016.

表 3-5　南京市人均教育资源基尼系数

项目	小学	初中
按学校数量	0.3001	0.2719
按人均专任教师数	0.2262	0.2741

义务教育资源实际指向的是在校学生规模，因此，为进一步测度南京市义务教育资源在各区的分配均衡程度，本部分继而以各区小学和初中在校生人数百分比的累计值为纵轴，由低到高进行排序，以各区相对应的义务教育资源数量百分比的累计值为横轴，构建教育资源分布的洛伦兹曲线，如图 3-5 和图 3-6 所示。

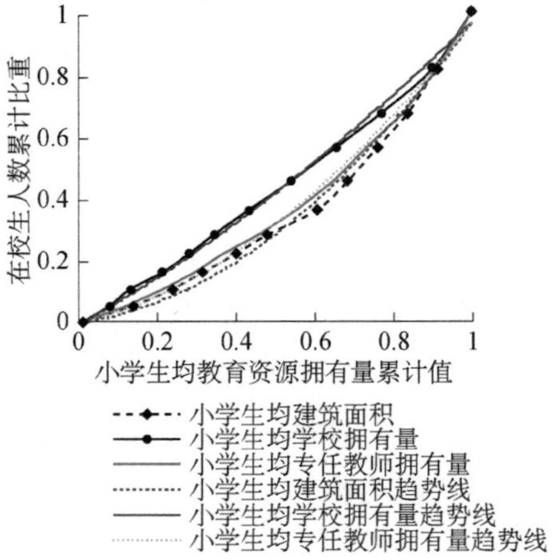

图 3-5　各区小学生均教育资源洛伦兹曲线

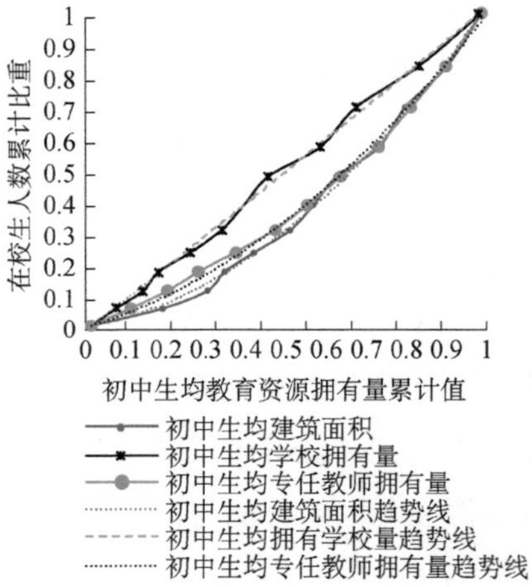

图 3-6　各区初中生均教育资源洛伦兹曲线

观察图 3-5 和图 3-6 可以发现，小学和初中的生均学校拥有量、生均建筑面积和生均专任教师拥有量在各区分配均衡，这说明学校在各区的分布与其在校生数规模的匹配度较高，且生均学校拥有量较生均建筑规模更加均衡。通过表 3-6 进一步了解各区生均义务教育资源的均衡程度，可见义务教育阶段生均学校拥有量在各区的分布十分均衡，生均建筑面积与生均专任教师数量在南京市各区的分布较均衡。这说明义务教育资源在南京市各区的分配与人口数量较协调，分配布局较合理。

表 3-6　南京市生均教育资源基尼系数

项目	小学	初中
按学校数量	0.1146	0.0023
按生均建筑面积	0.2924	0.2546
按生均专任教师数	0.2472	0.2220

三、南京市各区义务教育服务水平分析

前文洛伦兹曲线是由各数据点拟合洛伦兹方程得来的，且研究对象信息量较小，故而可能存在忽视细节和拟合误差较大的情况。因此，本部分还将引入熵函数，根据不同指标的权重得出最终各区义务教育服务水平，以进一步分析南京市学校布局和规模的时序与截面特征。

熵是信息论中对不确定性的一种度量，熵值越大，意味着其含有的信息量越少，即对事件描述的不确定性越大；相反，熵值越小，意味着其含有的信息量越多，即对事件描述的不确定性越小。熵值法的实质是根据描述对象各项指标的观测值所提供信息的多少来确定指标权重的一种赋权方法，通常被学界用来判断某个指标的离散程度，离散程度越大，则说明该项指标对描述对象综合评价的影响越大。[①]因此，本部分内容将选取2013—2016年南京市义务教育阶段各区学校生师比和生均建筑面积的数据为对象，结合熵原理计算这两项指标的权重，通过求得的权重考量南京市各区义务教育在两项指标中的离散程度，进而评价南京市义务教育发展的均衡情况，进一步完善义务教育学校标准化建设监测指标，深入推进义务教育均衡发展。

（一）数据及方法

本部分意在探究义务教育学校在南京市各区分布的均衡状况，重点在于研究中小学布局和规模在各区的分配状况。因此该部分选取各区义务教育学校数量、生均建筑面积和师生比三项指标，旨在从空间规模和人口规模两个维度进行测算。本部分原始数据均来源于江苏教育事业统计资料，师生比、生均建筑面积的具体数值由原始数据计算而来。

熵函数能有效避免人为因素的影响，能对各项指标给予客观的权重赋值，因此该方法已被广泛运用于社会学科的量化研究中。[②]但该方法更适用于二维的截面数据，计算三维面板数据中各项指标的权重非常复杂。目前处理三

---

① 杰里米·里夫金，特德·霍华德. 熵：一种新的世界观[M]. 吕明，袁舟，译. 上海：上海译文出版社，1987：12-14.

② 马慧强，韩增林，江海旭. 我国基本公共服务空间差异格局与质量特征分析[J]. 经济地理，2011，(2)：212-217.

维数据通常使用两种方法，即降维或对标准化处理过程加以影响，但是两种处理方式都可能影响最终的结果。采用降维手段，即取目标时间范围的均值，将面板数据的时间信息抽象为一个点，但该手段会丢失时间信息，难以全面分析数据而忽略动态的发展情况。对标准化处理过程加以影响，主要是对每年的数据都进行标准化处理，但这样便忽略了不同年份、不同地区之间各个观测指标离散程度存在差异这一情况，从而导致分析结果出现较大误差。①基于以上熵函数的缺陷分析，为避免研究结果误差过大，本部分采用逐年赋值的方法，分别计算 2013—2016 年南京市各区义务教育阶段学校生师比和生均建筑面积两项指标的权重，从而分析其均衡情况。具体研究过程如下。

1）标准化处理数据。

2）计算第 i 个方案占该指标的比重：$p_{ij}=\dfrac{X_{ij}}{\sum\limits_{n-1}^{m}X_{ij}}$。

3）计算第 j 项的熵值。

4）计算差异系数。

5）计算权重：$W_j=\dfrac{g_j}{\sum\limits_{j=1}^{m}g_j}, j=1,2,\cdots,m$。

6）计算服务水平综合得分：$S_j=\sum\limits_{j=1}^{m}W_j\times P_{ij}$。

（二）义务教育服务水平的特点分析

学校设置是《江苏省义务教育学校标准化建设监测办法（试行）》中的八大一级指标之一，其二级指标布局与规模更是整个监测体系的第一项，意义尤为重要。目前，学校规模指标主要的监测手段是控制学校服务常住人口的最大值，但这一设限方式未能反映各区学校规模分布的情况。因此，本部分将学校规模分为学校空间规模和学校人口规模，分别用生均建筑面积和生师比来表示。通过熵值计算权重，分别得出 2013—2016 年生师比和生均建筑面积权重（表 3-7），以及南京市各区义务教育服务水平综合得分，从而得出南京市义务

① 孟兆敏. 快速城市化背景下城市公共服务配置的有效性评价[D]. 华东师范大学，2013.

教育供给的特征。

表 3-7　2013—2016 年生师比和生均建筑面积权重

年份	小学生师比权重	小学生均建筑面积权重	生均小学拥有权重	初中生师比权重	初中生均建筑面积权重	生均初中拥有权重
2013	0.15	0.55	0.29	0.23	0.39	0.38
2014	0.12	0.58	0.30	0.21	0.42	0.37
2015	0.08	0.33	0.59	0.05	0.45	0.50
2016	0.11	0.41	0.49	0.03	0.66	0.31

1. 各区义务教育学校生均建筑面积差异明显且初中不均衡程度扩大

各区义务教育学校生均建筑面积差异明显。由表 3-7 可知，生均建筑面积权重远高于生师比权重，是影响初中和小学教育服务水平因素的共同点。这说明从学校规模角度考量各区义务教育服务供给水平，空间规模的作用要远大于人口规模的作用。同时，生均建筑面积的观测值在各区之间的离散程度较大，这说明在两个教育阶段，相比生师比，生均建筑面积在全市各区分布的非均衡情况较为显著。若将学校视为一种教育资源，那么这一教育资源在南京市的分布存在一定程度的非均衡分配，成为制约南京市义务教育均衡发展的因素之一，不同阶段学校规模分布均衡情况存在差异。就不同教育阶段二者的权重而言，初中生师比权重低于小学，说明初中教师在各区的分布基本均衡，且呈现出更加均衡的趋势。此外，从时间趋势来看，小学两项指标间的差距在逐年缩小，而初中两项指标之间的差距呈扩大趋势，说明初中生均建筑规模在各区间的分配差异越来越大，也说明小学在学校空间规模的均等分配方面比初中做得更好。

2. 义务教育服务水平总体提高，但中小学趋势不同

纵观 2013—2016 年南京市各区义务教育服务水平得分（图 3-7 和图 3-8），可以发现各区得分的变动呈一致性，小学教育服务水平得分呈波动上升态势，初中则呈稳定上升态势。南京市各区小学教育服务水平在 2013—2014 年小幅提升，2015 年显著下降，随即在 2016 年又显著提高。2016 年，南京市大多数行政区的小学教育服务水平高于 2014 年，且各区小学教育服务水平的差距缩小，反映出全市大部分行政区小学教育资源与该区人口变动的适应性较好，并趋于更优发展。2016 年，建邺、浦口、栖霞和溧水四区小学教育服务

水平低于2014年，且建邺、浦口二区小学教育服务水平年均增长率为负值，虽然建邺区小学教育服务水平较高，但仍说明以上二区的小学教育资源已难以适应其人口变动情况，可能存在教育资源的“拥挤”。

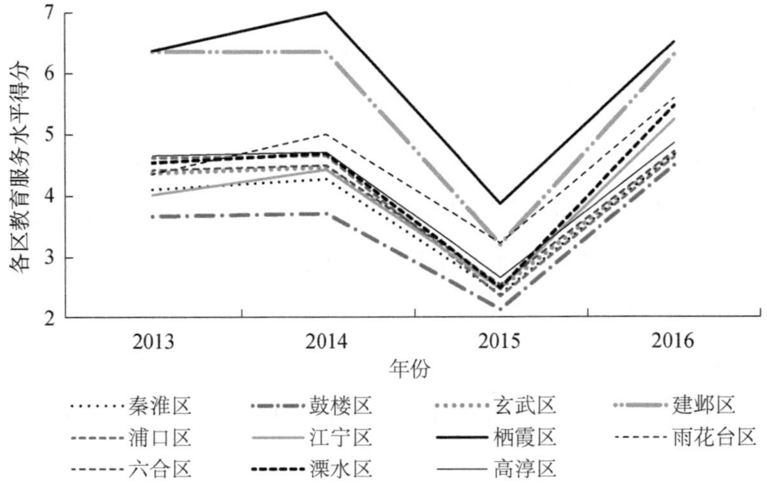

图3-7　2013—2016年南京市各区小学教育服务水平变动图

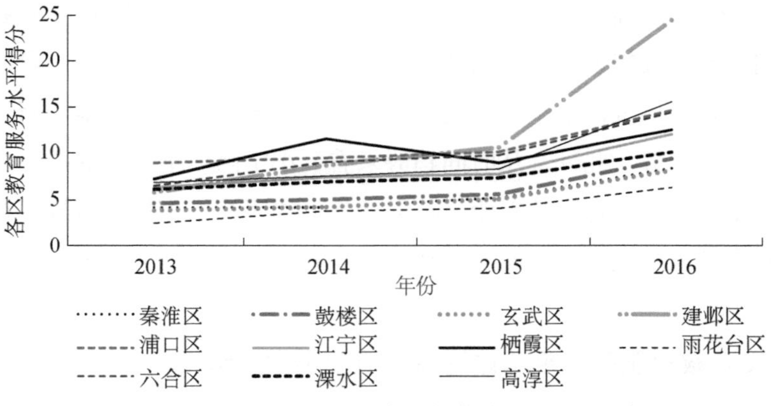

图3-8　2013—2016年南京市各区初中教育服务水平变动图

不同于小学存在明显的波动，除栖霞区和建邺区外，南京市各区的初中教育服务水平总体保持稳定的上升态势，且增幅水平普遍高于小学。栖霞区初中教育服务水平在2015年出现了明显的下降，但在2016年显著提升并高于之前的水平，呈波动上升态势。2016年，建邺区初中教育服务水平急速提升，并远高于其他各区，得益于其新建校的举措。2016年，建邺区初中教育服务水平得分为24.27，剔除该区得分，其余各区得分的均值为11.08，由此可知建邺区的初中教育服务水平比全市均值高出一倍多。综上，2013—2016年，各区的初中教育服务水平差距逐年拉大。

3. 老城区教育服务总体保持低水平稳定态势

郊区小学教育服务供给水平高于远郊，老城区小学教育服务供给水平最低。郊区四区中除浦口区外，其余各区的小学教育服务供给得分均高于全市平均水平，说明这些区的小学规模能较好地满足当地人口对学校规模的需求。其中，栖霞区的综合得分始终高于其他各区，说明其生均建筑规模最大；浦口区学校数量较多而学校规模较小，可能是由于浦口区存在较多规模较小的小学教学点，所以小学服务水平整体较低且逐年降低。老城区小学教育服务水平呈低水平稳定提高状态。除建邺区外，其余老城区教育服务供给得分均处于全市平均水平以下，保持稳定的低水平教育供给。这主要是因为老城区有限且紧缺的地理空间和较大的城区吸引力，导致学校规模普遍较小且服务学生数较多。建邺区小学总体服务水平较高，且2016年实现迅速攀升，这得益于2016年该区花大力气出台新建学校的举措，也显示出学校空间规模对教育供给水平提升的显著作用。但是，其小学教育服务水平较2013年稍有下降。

远郊初中学校教育服务水平高于郊区，老城区初中学校教育服务水平最低。由图3-8可以看出，远郊三区教育服务水平总体高于全市平均水平，这四年来表现出服务水平稳步提升的态势。除溧水区保持中位水平外，高淳区与六合区均保持较高水平的教育服务得分。郊区四区的初中教育服务水平并无明显的区域特征，各区的差异较大。雨花台区这四年的初中教育服务水平始终位于各区末尾，且增速缓慢，而其他三区不仅服务水平排位较靠前且增速较快。此外，栖霞区服务水平出现较明显的波动。老城区除建邺区外，其余三区初中学校的教育服务得分仍旧保持低水平稳定状态，凸显了老城区中小学扩大学校规模的必要性。

4. 小学教育服务均等化程度优于初中

各区小学教育服务供给呈现出一致的增减状态，教育服务供给水平的差距逐渐缩小。就四年中小学教育服务供给水平的变动来看，主城区（建邺区除外）虽然整体呈上升态势，但依旧低于全市平均水平，鼓楼区与其他区的差距尤为明显；远郊区的教育服务水平与全市平均水平基本持平，波动趋势与主城区一致。同时，各区小学教育服务供给水平差距不断缩小，说明小学规模在各区的分配逐渐均衡。

各区初中教育服务供给水平基本一致，得分差距较大。不同于小学教育服务供给水平，初中教育供给水平（除栖霞区外）并未在2015年出现明显的下降，而是在2013—2016年呈现出逐年上升的态势。建邺区的初中教育服务供给水平始终高于全市平均水平，且在2015年显著提高。除建邺区，分析其他各区初中教育服务供给水平的特征可以发现，各区初中教育服务供给水平与小学教育服务供给水平具有高度一致性。主城区虽然整体呈上升态势，但依旧低于全市平均水平；远郊区的教育服务水平与全市平均水平基本持平；郊区四区的初中教育服务水平差距仍然较大。雨花台区是初中教育服务供给水平最低的区，说明其初中学校资源水平低于全市其他区。从各区的差异来看，剔除特殊的建邺区，2016年各区初中教育服务供给水平差距极值约为13分，而小学教育服务供给水平差距极值仅约为4分。这进一步确认了之前的论证，即小学在学校空间规模的均等分配方面比初中做得更好。

第二节　义务教育需求变动及其对学校布局的影响

满足居民教育需求是义务教育学校标准化建设的应有之义。在实证分析南京市义务教育学校资源配置的现状之后，就要看义务教育需求变化对学校布局的影响。布坎南在解释“俱乐部产品理论”时指出，居民人数增加会导致人均获得公共品服务水平的下降，即地区性公共品供给中出现“拥塞效应”。[①]因此，聚焦于人口变动情况及其对学校布局的影响机制，有利于保证义务教育投入取向更为精准。根据南京市统计局公布的《南京统计年鉴》，本节对2013—2016年南京市及其各区的人口规模及变动进行分析，旨在发现这些年来南京市人口规模及其各区人口变动的规律，从而为分析其教育需求量提供数据支撑，并为进一步分析以学校设置为基础的义务教育资源配置问题奠定基础。

---

① 转引自：Oates W E. Fiscal Federalism[M]. New York：Harcourt Brace Jovanovich，1972：34-35.

一、人口变动的现状与特点

南京市作为东部发达城市之一，其人口吸引力不言自明。虽然其人口机械增长率在2013—2015年呈走低态势，但常住人口数仍在逐年攀升。2016年，南京市常住人口已达827万人，较上年增长3.41万人，同比增长0.41%[①]，是近年来人口增长率首次提高的一年。除人口规模持续增大之外，南京市人口变动还具有如下具体特征。

（一）人口规模及空间分布变化特征

1. 人口净流入加速，呈现老城人口减少而新城人口逐年增加的态势

2011—2016年，南京常住人口净增16.09万人。纵观其各区人口变动，可以发现人口空间变动呈现出中心老城区常住人口逐年递减，而周边新城区常住人口逐年增加的趋势。与2013年相比，2016年，南京主城四区常住人口减少了约8.72万人，人口增长率较2013年下降约2.54%。其中，鼓楼区常住人口减少最多，为4.28万人。与老城区常住人口逐渐减少的现象形成鲜明对比的是，南京市四郊区常住人口迅速增加。四年间，郊区常住人口共增加12.8万人，与2013年相比，人口增长率为4.28%。其中，浦口和江宁两区由于城市迅速发展，人口增速逐年加快，已经成为南京市人口迁入最大的区。2016年，江宁区常住人口已达121.57万人，直逼人口第一大区——鼓楼区。同时，远郊区常住人口也在稳定增长，2013—2016年共增加人口4.14万人，增长率为2.34%。[②]

2. 城镇化水平高，人口密度空间分布不均

2016年，南京市的城镇化率为82%，居全省第一位，并远高于全省均值。这意味着827万常住人口中有678.14万人为城镇常住人口。从长期而言，较高的城镇化率会使南京市中心城区人口的吸引力减弱、郊区人口的吸引力逐渐增强。但分析《南京统计年鉴》可发现，尽管存在着人口长期均衡分布

---

① 中商情报网. 南京市人口大数据分析：2016年常住人口比上年增加3．4万人[EB/OL]. https://www.askci.com/news/finance/20170405/15194195129.shtml（2017-04-05）.

② 以上数据均来源于各年份《南京统计年鉴》。

的趋势，但2016年南京市人口分布极不均衡——主城区人口的密度远高于周边各区。2016年，仅占全市面积3.97%的主城四区却聚集了全市总人口的40.47%，而远郊三区占全市面积的50.37%，却只拥有全市常住人口的21.86%。[①]从表3-8中可清晰地看出，鼓楼和秦淮二区的常住人口密度要远远高于全市平均水平，可见人口分布差距极大。

表3-8　2013—2016年南京市各区常住人口密度表　　单位：万人/平方公里

年份	全市平均	秦淮区	鼓楼区	玄武区	建邺区	江宁区	雨花台区	栖霞区	浦口区	六合区	高淳区	溧水区
2013	0.125	2.107	2.385	0.875	0.539	0.075	0.314	0.168	0.080	0.063	0.053	0.039
2014	0.124	2.109	2.387	0.876	0.545	0.076	0.317	0.169	0.081	0.063	0.053	0.040
2015	0.124	2.082	2.354	0.865	0.548	0.076	0.322	0.172	0.082	0.064	0.054	0.040
2016	0.123	2.044	2.306	0.841	0.554	0.078	0.330	0.175	0.085	0.064	0.054	0.041

资料来源：根据2013—2016年《南京统计年鉴》统计整理

（二）人口社会构成的特点

1. 年龄结构——少儿人口比例增加

南京市户籍人口出生率总体提高，少儿人口比例增加。2016年，全市共出生8.03万人，出生率达到了近10年的高点，人口自然增长率也明显提高。[②]据2013—2016年《南京市国民经济和社会发展统计公报》统计，四年间0—14岁常住少儿人口无论是总量还是与常住人口总数的占比均呈增长趋势，并于2015年超过常住人口比重的10%。少年儿童人口数量的持续增加会带来义务教育适龄人口的持续增加，从而增大市民对南京市义务教育的需求。按照当时的人口发展态势和“二孩”生育政策实施效果的逐步显现，全市义务教育学校布局必须适应人口增长态势，协调教育资源供给、分配的需求。

2. 文化结构——文化程度显著提高

《南京市2015年1%人口抽样调查主要数据公报》显示，与2010年第六次全国人口普查相比，每10万人中具有大学文化程度者由26 119人增加为35

① 以上数据均来源于各年份《南京统计年鉴》。

② 新华报业网. 2016年南京常住人口827万65岁及以上老人超10%[EB/OL]. http://js.xhby.net/system/2017/07/06/030706896. shtml（2017-07-06）.

358 人，同时具有高中、初中、小学文化程度的人数均有所减少。[①]

3. 经济结构——人均可支配收入提高

《南京市国民经济和社会发展统计公报》显示，2013—2016 年人均地区生产总值和可支配收入均持续提升。南京全市人均地区生产总值由 98 011 元增长至 127 264 元，年增长率约为 9.5%。其中，江宁、鼓楼两区地区生产总值均超过 1000 亿元；全市人均可支配收入由 39 881 元增至 44 009 元，年均增长率为 5.13%。其中，建邺区以人均超过 60 000 元的可支配收入位列各区第一，玄武区、鼓楼区和秦淮区的人均可支配收入均高于 50 000 元，分别排在全市第二、三、四位。[②]

二、人口变动对城市学校布局调整影响的分析

影响我国城市学校布局及调整的原因是多方面的，人口变动、经济条件、政策导向、历史发展等因素都会对学校布局及其调整产生影响。众多影响因素中，人口和经济是处于动态变化之中的两大因素，因此学校布局应主要随人口与经济的变化而调整。人口能对学校布局产生重要影响，归根究底，是需求方的需求发生变化，作为供给方的政府便要根据居民受教育需求的不断变化而对义务教育资源的供给和分配做出相应调整。

如果说地区经济条件、政策导向等因素是影响城市义务教育阶段学校布局及调整供给方的主要动力，那么人口因素便是通过需求而对地区学校的供给产生作用。在教育资源供给不变的情况下，人口减少会导致教育服务水平的提升；而即使教育资源投入逐年提升，人口的大量增加也会降低教育服务水平。由表 3-9 可看出，各区初中教育服务供给水平总体呈稳定提升态势，但是大多数行政区小学教育服务供给水平在 2013—2016 年呈波动态势，而四年来，学校数和学校规模始终保持稳中有升的状态。显然，义务教育服务供给产生失衡的原因是人口规模的波动和空间分布的变化。

---

① 南京市统计局. 南京市 2015 年 1%人口抽样调查主要数据公报[EB/OL]. http://www.nanjing.gov.cn/xxgk/bm/tjj/201607/t20160729_4056050. html（2016-07-29）。

② 数据引自《南京市国民经济和社会发展统计公报》。

表3-9 2013—2016年南京各区义务教育服务供给水平

项目	小学				初中			
	2013年	2014年	2015年	2016年	2013年	2014年	2015年	2016年
秦淮区	4.12	4.28	2.42	4.67	4.23	4.26	5.27	8.31
鼓楼区	3.68	3.72	2.18	4.50	4.72	5.10	5.65	9.33
玄武区	4.39	4.47	2.52	4.69	3.95	4.32	5.12	8.11
建邺区	6.36	6.35	3.22	6.29	5.87	8.67	10.54	24.28
浦口区	4.63	4.66	2.39	4.63	8.91	9.44	10.06	14.54
江宁区	4.03	4.44	2.51	5.24	6.36	7.45	7.74	11.97
栖霞区	6.37	7.00	3.88	6.50	7.25	11.50	8.89	12.45
雨花台区	4.37	5.01	3.24	5.59	2.58	3.89	4.14	6.31
六合区	4.44	4.51	2.57	4.72	6.56	9.00	9.70	14.33
溧水区	4.55	4.70	2.52	5.47	6.16	6.97	7.35	10.02
高淳区	4.67	4.72	2.68	4.86	6.88	7.55	8.26	15.45

注：因为表中数据只取小数点后两位数，因此部分值之和与总值略有出入

资料来源：根据2013—2016年江苏教育事业统计资料（内部资料）统计整理所得

为进一步证明人口与义务教育服务供给水平的相关性，本研究结合已有数据，以四年间义务教育服务供给水平为因变量，以各区常住人口为自变量进行相关分析。结果发现，常住人口的变动值与小学教育服务供给水平得分呈显著的负相关关系（$p<0.05$）。每增加1个单位的常住人口，各区的小学教育服务供给水平便下降0.30个单位。初中教育服务供给水平与常住人口并无相关关系，从而解释了各区初中教育服务供给水平逐年提升的现状，说明初中的布局及规模与该区常住人口规模的关系不显著。初中教育服务水平与常住人口数不相关说明，南京市初中服务水平并未受到人口波动的影响。本研究认为二者不相关的原因有两个方面：一是全市初中实际规模大于需求规模，因此在未达到人口拥挤点之前，人口波动并不会对初中教育服务水平产生影响；二是人口规模并非初中学校规模相关资源供给的主要影响因素，可能是政策等其他非人口因素作用的结果。

根据布坎南的俱乐部产品理论，非纯公共产品存在一个拥挤点。未达到该点之前，人口的增加会提高单位公共品的利用率，分担公共品的成本，不仅会提高人均公共服务获得量，也会提升社会整体的福利水平。一旦达到该点，

每个社会成员都实现了个人效用的最大化，公共服务的分配达到了帕累托最优状态，资源利用的效率达到了最大化，此时便实现了俱乐部产品服务的供需均衡。为了协调好供需规模，一旦越过拥挤点，随着居民人数的增加，人均获得公共品服务的水平就会降低，从而产生“拥塞效应”。尤其是在南京这座特大城市，因常住人口规模的扩大而导致教育服务水平增长延缓的现象需得到重视。虽然初中教育服务供给水平与常住人口并无显著的相关关系，但是初中教育资源作为一种“俱乐部产品”同样存在“拥挤点”，因此分析各区人口规模对初中教育服务水平的影响同样具有重要作用。

三、人口变动对城市学校布局调整的影响机制

教育投资的对象是人，而人口作为个体人的集合，其变动必然会对教育产生影响。[①]但人口变动并不直接作用于城市义务教育阶段的学校布局及调整，而是通过需求的变化对教育供给产生影响。教育需求既包括城市人口对教育的需求，也包括社会经济发展对教育的需求，而社会经济发展对教育的需求会影响义务教育阶段在校学生的变动。从根本上说，城市人口的变动是影响城市义务教育学校布局及调整的根本因素之一，是实现义务教育学校标准化建设均衡的重要指标。分析人口变动对城市学校布局调整的影响机制（图 3-9），有助于更细致地把握教育需求的变动，从而使供给的调整更加精准。

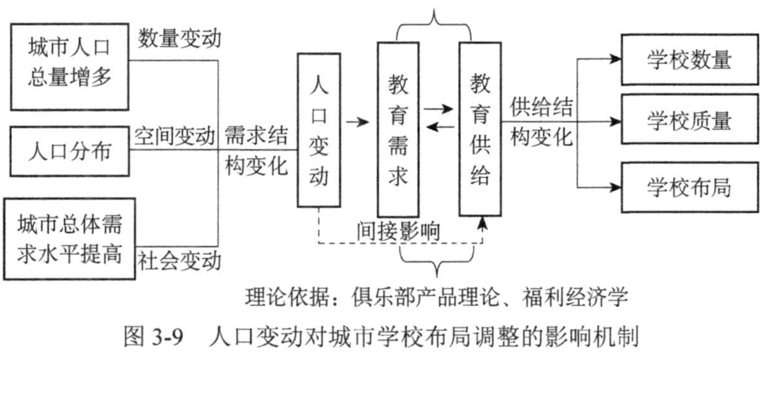

图 3-9　人口变动对城市学校布局调整的影响机制

① 朱勇，刘强. 学龄人口变动与人力资源——基于重庆市 2005—2020 年学龄人口变动的探讨[J]. 西北人口，2007，(2)：13-16.

（一）市人口规模变化影响学校数量，关乎城市教育供给是否充足

2015 年 1 月，教育部明确提出城镇教育资源承载力有限，而农业人口大量向城市转移使城镇义务教育资源压力逐渐突出[①]，可见人口规模的变动已经对城镇义务教育资源产生了一定的冲击。学校不仅是各类教育资源的载体，其本身更是一种特殊的教育资源，限制着其他资源的数量和规模。因此，人口规模的变动同样会影响城市所需的学校数量。

从供给角度看，按照《江苏省义务教育学校标准化建设监测办法（试行）》的规定，南京市小学平均班级规模不得超过 45 人，班轨不得超过 6 轨，故 2016 年其小学资源承载力为 560 520 万人；初中平均班级规模不得超过 50 人，班轨不得超过 12 轨，故 2016 年其初中资源承载力为 313 200 万人。[②]虽然 2016 年南京市义务教育阶段在校生数未超过供给角度的教育资源承载力，但只能说明南京市义务教育资源总量供给大于居民需求总量，并不意味着当时南京市义务教育资源的供给能与居民需求相协调。

从需求角度分析，每所学校都会受到空间、规模和各种支持因素的限制。非纯公共品的产品属性决定了中小学每增加一个服务对象，就会占用一份现有的教育资源。套用布坎南的理论，学校服务规模是有限度的，其最佳规模应为学校教育提供给居民的边际效益与边际成本的交点。学校服务人数较少，则人均教育服务成本较大，是义务教育供需的非均衡状态；学校服务人数超过交点，其带来的拥挤成本超过了因其进入而给原有成员人均教育成本产生的收益，实际上降低了义务教育的供需均衡程度。此时由于人数太多，即需求总量上升，就要求扩大学校数量、规模和增加其他教育资源。

（二）常住人口密度差异影响学校布局与规模，关乎城市教育分配效率

各区人口密度不一，导致教育资源利用率存在差距。为实现义务教育资源的均衡配置，必须实现供给与需求的均衡，即必须实现各区教育资源利用率的相对一致。通常一座城市的老城区承担着巨大的人口压力和教育总量的压

---

① 荣雷. 新型城镇化背景下全国义务教育形势研判会会议纪要[J]. 基础教育参考，2015，（5）：8-9.

② 江苏省人民政府. 江苏省义务教育学校标准化建设监测办法（试行）[EB/OL]. http://www.lyg.gov.cn/zglygzfmhwz/xszcfg/content/ac9b5049-d80b-4c80-a963-74145c95340c. html(2016-10-18).

力，而新城区则可能处于教育资源浪费状态或面临人口导入的压力。[①]分析南京市 2013—2016 年的数据可以发现，南京市人口密度呈现出从市中心向边缘递减的状态，人口流动轨迹显示出中心城区的人口正逐渐向郊区和远郊区迁移，同时义务教育规模压力呈现出新变化。

若以生师比、生均建筑面积和生均学校拥有量作为衡量一区学校规模的指标，从具体检测值可以发现，老城区学校规模始终处于明显的弱势地位，郊区学校规模面临一定的压力，而远郊区未发生显著的变化。这说明老城区依然有较大的义务教育资源吸引力；郊区的义务教育资源因受人口流入的影响而面临不同程度的压力，应提前制定好应对人口流入的教育措施。囿于有限的土地资源，2013—2016 年，老城区除建邺区外，其余三区义务教育阶段学校规模均存在指标低于全市平均规模的情况，郊区整体教育压力增加。其中，江宁、浦口两区义务教育学校规模出现了新的下降。2015 年，江宁区小学生均建筑面积开始低于全市生均建筑面积，且各项指标与全市均值的差距有所减小；浦口区小学生师比也开始低于全市平均生师比。远郊区学校的整体规模高于全市。远郊三区小学生均建筑面积始终低于全市平均水平，其中小学生均拥有量远远高于全市平均水平，可能是因为该地区存在较多规模较小的小学教学点。除溧水区学校空间规模和人口规模均未达到全市平均规模外，六合、高淳区义务教育学校规模明显偏小。

从各区义务教育服务供给水平的变化趋势来看（表 3-10），全市各区初中学校的教育服务供给水平显著提升，可以发现南京市大多数区初中教育学生规模并未达到布坎南提出的“拥挤点”，但溧水区亟须增大初中教育规模。就服务供给水平增速而言，老区快于郊区，远郊区的增速最慢。其中，中心四区增速最快得益于建邺区大规模新建学校。全市各区小学的教育服务供给水平增速明显低于初中，郊区增速最快，其次是中心城区。建邺、浦口两区小学教育服务供给水平呈负增长，说明该区教育规模面临着相对较大的压力。同时，玄武区、六合区和高淳区三区小学规模亟待增大。显然，中心城区虽然在教育资源占有量上不占优势，郊区虽然面临着人口大量流入而导致的教育资源紧张，但南京市总体教育服务供给水平呈上升趋势。因此，综

---

① 陈昌盛. 城市群战略下义务教育均衡发展的挑战与策略[J]. 教育探索，2015，(9)：37-41.

上可知，除浦口区和建邺区之外，其余各区小学教育学生规模也并未达到布坎南所提的“拥挤点”。

表3-10　2013—2016年南京市各区义务教育服务供给水平及年均增长率

项目	小学					初中				
	2013年	2014年	2015年	2016年	年均增长率（%）	2013年	2014年	2015年	2016年	年均增长率（%）
秦淮区	4.12	4.28	2.42	4.67	3.18	4.23	4.26	5.27	8.31	18.38
鼓楼区	3.68	3.72	2.18	4.50	5.18	4.72	5.10	5.65	9.33	18.56
玄武区	4.39	4.47	2.52	4.69	1.68	3.95	4.32	5.12	8.11	19.70
建邺区	6.36	6.35	3.22	6.29	–0.28	5.87	8.67	10.54	24.28	42.62
浦口区	4.63	4.66	2.39	4.63	–0.01	8.91	9.44	10.06	14.54	13.01
江宁区	4.03	4.44	2.51	5.24	6.79	6.36	7.45	7.74	11.97	17.12
栖霞区	6.37	7.00	3.88	6.50	0.50	7.25	11.50	8.89	12.45	14.47
雨花台区	4.37	5.01	3.24	5.59	6.33	2.58	3.89	4.14	6.31	25.04
六合区	4.44	4.51	2.57	4.72	1.58	6.56	9.00	9.70	14.33	21.59
溧水区	4.55	4.70	2.52	5.47	4.67	6.16	6.97	7.35	10.02	12.93
高淳区	4.67	4.72	2.68	4.86	1.01	6.88	7.55	8.26	15.45	22.40

资料来源：根据2013—2016年江苏教育事业统计资料（内部资料）整理计算所得

（三）人口社会构成变动影响办学质量，关乎城市教育机会公平

少年儿童比例的增加改变了社会年龄结构，加大了对义务教育需求的总量。一个行政区拥有的学龄人口数量决定了该区义务教育阶段的学校规模，学校规模进一步决定了该区教师等各种资源的规模，而教育资源总量又决定了教育是否充足与分配是否公平。2016年，南京市城镇化水平达到82%[①]，大规模的人口流动不仅增大了南京市学龄人口的整体规模，也在逐渐改变着学龄人口的地域分布。变化着的学龄人口规模和分布不仅扩大了全市义务教育的需求总量，也对义务教育资源在各区的分配提出了新的要求。只有各区教育资源实现供需协调，才能实现义务教育的均衡发展，才能保证每个孩子享有平等的受教育机会。

南京市居民整体文化水平和人均可支配收入的提高，不仅直接增加了居民个人对义务教育质量的需求，以及居民对孩子素质教育的投入，也间接增加了社会对教育的质量需求。文化与经济具有双向互动作用，人口文化素质的提

① 南京市统计局. 2016年末南京市人口状况报告年末南京市人口状况综述[EB/OL]. http://tjj.nanjing.gov.cn/tjxx/201708/t20170804_494588.html（2017-08-04）.

升与经济增长呈正相关关系。[①]高素质的人才是推动经济发展的强大动力，因此社会成员文化素质的普遍提升，必将促进当地经济的大发展，而社会经济的繁荣又会对义务教育的发展提出更高的要求。因此，人口结构的变动不仅会影响全市学校的总体规模，也决定了全市教育资源在各区之间的分配和使用效率，以及全市义务教育学校发展的质量。

当前，江苏省正致力于实现义务教育学校标准化建设的优质均衡发展，但南京市各区义务教育资源承载压力逐渐增大，各区义务教育资源利用率不均或义务教育服务水平下降，拉大了与优质均衡目标的距离。因此，亟须把握快速城镇化背景下人口变动的现状及特点，对义务教育供给和配置的合理性进行评价，协调义务教育供需发展。只有这样，才能实现义务教育供需均衡，深化义务教育学校标准化建设的内涵。

第三节　学校布局的供需匹配

义务教育资源的供给与当地居民的义务教育需求也存在相互决定的关系。人口变动导致受教育需求发生变化，从而对教育资源的供给产生影响，反之人口变动又能通过改善教育资源供给来改变居民的义务教育需求。教育资源的供需均衡是实现义务教育学校标准化建设均衡目的的度量标准之一，有助于深化义务教育学校标准化建设的内涵。因此，本节主要就义务教育标准建设中学校资源配置的供需匹配进行分析。

一、研究方法

（一）灰色关联分析法

灰色关联分析法是定量描述两系统间或系统内各因素在发展过程中随时间而相对变化情况的方法。本研究选择对数据没有过高要求并且能反映多因素

① 陈淑娟，寿志敏. 基于 VAR 模型的人口文化素质与经济增长的关系研究——以上海和甘肃省为例[J]. 金融经济，2013，(8)：33-35.

间相互作用的灰色关联分析法进行分析，筛选系统间影响因素，并将这些因素按其作用大小进行排序。

1）原始数据预处理。根据研究内容，本研究将人口结构（X）和教育资源系统（Y）分别作为子序列和母序列来定义数据块，通过初值化手段消除数据的量纲。

2）计算子母序列差值。计算每个指标或时间点上母序列与各子序列之间的差的绝对值，并从列表中找出差值绝对值的最大值 $\Delta\max$ 和最小值 $\Delta\min$。

3）求关联系数。在求出差序列最大差值和最小差值的基础上，将分辨系数设为 0.5，再求各时刻点上母序列 Y_i 与各个子序列 X_i 的关联系数，具体方法如下

$$L_{ij}(t)=\frac{\Delta\min+\alpha\Delta\max}{\Delta\left|X_i(t)-Y_i(t)\right|+\Delta\max}$$

其中，$L_{ij}(t)$ 为南京市第 t 时刻第 i 个人口指标与第 j 个义务教育资源指标的关联系数，α 为分辨系数。

4）求关联度并排列。计算关联系数的平均值，得到关联度矩阵，根据关联度大小进行排列。它用来表征人口结构与义务教育资源结构间的耦合关系，方法为

$$R_{ij}=\frac{1}{n}\sum_{j=1}^{n}L_{ij}(t)$$

其中，R_{ij} 表示第 i 个人口指标与第 j 个义务教育资源指标的灰色关联度，R_{ij} 越接近于 1，说明二者相关性越好。n 表示某一系统内的指标个数。

由于灰色关联分析是关联序的分析，即是对离散函数远近程度的度量，具体数值的大小无实际意义，无法度量人口结构与义务教育资源系统之间的协调程度，我们采用耦合协调度模型进行度量，以提高计量精度。

（二）耦合协调度模型

耦合协调度模型是系统分析人口变动与义务教育资源相互作用、彼此影响的和谐程度的模型，其模型结构为

$$U_1=\sum_{i=1}^{m}a_ix_i \quad U_2=\sum_{j=1}^{n}b_iy_j$$

$$C=\sqrt{\frac{(U_1\times U_2)}{(U_1+U_2)^2}}$$

其中，U_1 代表人口结构系统，U_2 代表义务教育资源系统。C=[0，1]为两大系统的耦合度。C 越大，则两大系统会呈现出更有序的发展态势，表明二者的耦合度越好；C 越趋近于 0，则耦合度越差。其中，a_i、b_j 分别为两大系统各自的权重，x_i、y_j 分别为系统内各指标的无量纲值，m、n 表示各子系统内指标的个数。

但是，耦合度不能反映系统协调水平的高低，只能说明两个子系统相互作用的强弱，因此，为表示系统间相互作用过程中耦合程度的质量，需要引入协调度，其公式为

$$T=\alpha U_1+\beta U_2 \qquad D=\sqrt{C\times T}$$

其中，T 是综合评价指数，反映了对协调度的贡献，α 和 β 为待定系数，是两大系统对综合评价指数的贡献水平，且 $\alpha+\beta=1$。D 为二者之间的协调度，D 越大，则二者越协调，如表 3-11 所示。

表 3-11　系统耦合协调度等级划分标准

D 取值范围	协调度	D 取值范围	协调度
（0，0.1）	极度失调	[0.5，0.6）	勉强协调
[0.1，0.2）	严重失调	[0.6，0.7）	初级协调
[0.2，0.3）	中度失调	[0.7，0.8）	中级协调
[0.3，0.4）	轻度失调	[0.8，0.9）	良好协调
[0.4，0.5)	濒临失调	[0.9，1)	优质协调

二、指标体系

根据研究重点和数据的可获得性，遵循数据的全面性和科学性原则，在借鉴已有研究的基础上，本研究在人口结构系统方面选取 10 个指标进行测度，既包含人口的数量构成，也涉及人口的社会要素，能较全面地反映出与义务教育需求有关的人口状况。本研究将义务教育资源系统的维度分为三部分，分别是各区学校数量、各区学校空间规模和各区学校人口规模，既包含对学校数量的测度，也包含对学校规模的考量。人口结构系统与义务教育资源系统耦合分析指标体系如表 3-12 所示。

表 3-12 人口结构系统与义务教育资源系统耦合分析指标体系

系统	一级指标	二级指标	单位
人口结构系统（X）	规模结构	X_1：常住人口总数	万人
	年龄结构	X_2：0—14 岁人口占比	%
		X_3：15—64 岁人口占比	%
		X_4：小学在校生数	人
		X_5：初中在校生数	人
	文化结构	X_6：大学以上文化程度人口比重	%
	社会经济结构	X_7：城市化率	%
		X_8：人均生产总值	元/人
		X_9：城市人均可支配收入	元/人
		X_{10}：农村人均可支配收入	元/人
义务教育资源系统（Y）	数量	Y_1：小学学校数量	所
		Y_2：初中学校数量	所
	规模	Y_3：小学学校建筑面积	平方米
		Y_4：初中学校建筑面积	平方米
		Y_5：小学专任教师数	人
		Y_6：初中专任教师数	人

三、实证分析

本研究以 2013—2016 年南京市人口与义务教育资源为研究对象，旨在发现两大系统之间的协调关系。义务教育资源系统各指标的原始数据均来源于江苏教育事业统计资料；人口结构系统各指标原始数据均来源于 2014—2017 年《南京统计年鉴》。在整理原始数据的基础上，本研究利用 DPS 软件的灰色关联分析得出关联矩阵，反映出两大系统间各项指标的互动强度。

（一）系统内各指标关联序分析

由表 3-12 和表 3-13 可以看出，就四年各指标关联系数而言，所有指标均有较高的关联度，人口系统中 0—14 岁人口占比与义务教育资源系统的关联度（0.9350）最大，其次为大学以上文化程度人口比重（0.9270），再次为城镇化率（0.9132）和常住人口总数（0.9069）与义务教育资源系统的关联度，而小学和初中在校生数与义务教育资源系统的关联度较小。此外，南京市义务教育资源系统的各项指标与人口结构系统的关联度均大于 0.8，呈现出较好的关联性。其中，小学专任教师数与人口结构系统的关系最密切，除学校数量指标外，小学教育资源与人口结构系统的关联度略大于初中。

表3-13　人口结构与义务教育资源结构灰色关联度

关联矩阵	X_1	X_2	X_3	X_4	X_5	X_6	X_7	X_8	X_9	X_{10}	X 均值
Y_1	0.9718	0.9567	0.9399	0.7356	0.6847	0.8895	0.9798	0.8021	0.8403	0.8265	0.8627
Y_2	0.9351	0.9849	0.9073	0.7592	0.6839	0.9215	0.9420	0.8265	0.8673	0.8523	0.8680
Y_3	0.8541	0.9027	0.8340	0.8119	0.6812	0.9705	0.8589	0.9031	0.9556	0.9345	0.8707
Y_4	0.8211	0.8623	0.8040	0.7939	0.6877	0.9184	0.8253	0.9245	0.9519	0.9314	0.8521
Y_5	0.8894	0.9468	0.8662	0.8038	0.6809	0.9744	0.8951	0.8638	0.9098	0.8923	0.8723
Y_6	0.9701	0.9564	0.9388	0.7379	0.6925	0.8879	0.9779	0.7995	0.8375	0.8236	0.8622
Y 均值	0.9069	0.9350	0.8817	0.7737	0.6852	0.9270	0.9132	0.8533	0.8937	0.8768	

小学方面，小学学校数量的变动与 X_1、X_2 和 X_3 的一致性较强，小学规模的两项指标（Y_3 和 Y_5）与 X_6、X_2 和 X_9 的一致性较强，说明 0—14 岁常住人口占比是影响小学资源的重要因素。此外，各人口结构系统指标与小学学校数量关联度的排序为人口规模结构＞人口文化结构＞人口社会经济结构＞人口年龄结构；各人口结构系统指标与小学学校建筑面积和小学专任教师数关联度的排序相同，均为人口文化结构＞人口社会经济结构＞人口规模结构＞人口年龄结构。

初中方面，初中学校数量的变动和初中专任教师数的变动同样与 X_1、X_2 和 X_3 的一致性较强，初中学校建筑面积与社会经济结构各指标的一致性较强。此外，各人口结构系统指标与初中学校数量关联度的排序为人口规模结构＞人口文化结构＞人口社会经济结构＞人口年龄结构，这与小学的关联度排序一致；初中学校建筑面积与人口结构系统指标的关联度排序也与小学一致，为人口文化结构＞人口社会经济结构＞人口规模结构＞人口年龄结构；初中专任教师数与人口结构系统指标关联度的排序为人口规模结构＞人口文化结构＞人口社会经济结构＞人口年龄结构。

综合以上分析可以发现，南京市义务教育资源系统与人口整体文化程度提升、城镇化率和常住人口总数和 0—14 岁人口占比具有较高的一致性。同时，义务教育资源与在校生的关联度最低，尤其是初中，但除浦口区和建邺区小学呈年增长率为负的状态，其余各区的义务教育服务水平得分均有所提高，再次证明了本章所得结论，即南京市义务教育资源并未达到布坎南提出的“拥挤点”（浦口区和建邺区小学阶段除外），仍存在规模效益。

（二）时序分析

从时序角度分析系统间耦合协调度的变化，可以更清晰地揭示南京市人口结构系统与义务教育资源系统之间相互作用的时间特征，发现其变动趋势，有效评价南京市义务教育学校标准化建设成效。本研究旨在对2013—2016年南京市义务教育资源供给与需求的协调程度进行研究，且为保持全书前后研究一致，放弃常住人口年龄占比，以初中和小学在校生数来表示人口年龄结构指标，通过熵值法对各指标进行赋权，并代入人口发展和义务教育发展函数中分别计算其综合发展水平，继而分析二者之间的耦合度和协调度。各指标权重及系统间的逐年耦合度和协调度见表3-14和表3-15。

表3-14　人口结构系统与义务教育资源系统耦合分析指标体系及其权重

系统	系统权重	指标类型	类型权重	具体指标	单位	权重
人口结构系统	1.0000	规模结构	0.0002	X_1：常住人口总数	人	0.0002
		年龄结构	0.6097	X_2：小学在校生数	人	0.0457
				X_3：初中在校生数	人	0.5640
		文化结构	0.0422	X_4：大学以上人口比重	%	0.0422
		社会经济结构	0.2703	X_5：城市化率	%	0.0006
				X_6：人均生产总值	元/人	0.1295
				X_7：城市人均可支配收入	元/人	0.0980
				X_8：农村人均可支配收入	元/人	0.1199
义务教育资源系统	1.0000	数量	0.0499	Y_1：小学学校数量	所	0.0094
				Y_2：初中学校数量	所	0.0405
		规模	0.7746	Y_3：小学学校建筑面积	平方米	0.3646
				Y_4：初中学校建筑面积	平方米	0.4100
			0.1755	Y_5：小学专任教师数	人	0.1585
				Y_6：初中专任教师数	人	0.0170

表3-15　2013—2016年南京市义务教育资源系统与人口结构系统的耦合度和协调度

年份	人口结构系统（U_1）	义务教育资源系统（U_2）	耦合度（C）	综合评价指数（T）	协调度（D）
2013	1.00 010	1.00 000	0.50 000	1.00 005	0.70 712
2014	1.03 978	1.08 991	0.49 986	1.06 485	0.72 957
2015	1.07 705	1.11 344	0.49 993	1.09 524	0.73 996
2016	1.43 081	1.20 126	0.49 809	1.31 603	0.80 964

由表 3-15 可以看出，四年中南京市义务教育资源系统与人口结构系统的耦合度在 0.49—0.50，处于拮抗耦合阶段，呈现出中等程度的耦合水平。同时，二者的协调度均高于 0.7，且逐年提高，到 2016 年的协调度已超过 0.8，实现了从中级协调到良好协调的过渡。这说明南京市义务教育资源供给变动与人口变动呈现出较高水平的协调一致性，且仍在不断优化中。

此外，将每一个协调等级划分为三个亚类型，分别为义务教育系统相对滞后型（$U_1–U_2>0.1$）、义务教育系统相对充足型（$U_2–U_1>0.1$）与义务教育系统相对协调型（$0\leqslant U_1–U_2\leqslant 0.1$）。可以看出，2016 年南京市义务教育资源供需均衡情况为良好协调，但相比人口需求函数，供给函数相对滞后。

（三）空间分析

在南京市整体把握两大系统间协调度的基础上，本研究继而分析四年间各区义务教育与该区人口系统变动的协调度，旨在发现协调度相对较低的行政区，从而加大力度补齐短板，着力增大该区义务教育资源供给力度，为今后南京市义务教育学校标准化建设提供重点改进方向，从而实现南京市义务教育资源优质均衡的目标。

1. 指标选取与数据处理

由于缺少各区常住人口年龄结构和人口文化结构数据，本研究以初中和小学在校生数作为人口年龄结构的指标，侧重于分析四年间教育资源供给与在校生需求的协调程度。同时，由于南京市部分行政区没有农村人口，本部分人口经济指标不涉及农村人均可支配收入指标。此外，各区层面城市化率是根据各年《南京统计年鉴》中的农村经济概况数据，以农村人口数除以该区户籍人口数计算得来。最后，各区人均生产总值根据地区生产总值除以该区常住人口数计算得来。以上指标涉及的所有数据均来源于各年《南京统计年鉴》，计算方法均借鉴学者已有的处理方法进行计算。

2. 权重及各区耦合协调度分析

对于各项指标权重的赋值，依旧采用熵值法进行各指标的逐年赋权。之后，根据耦合协调度计算公式，得出最终各区义务教育资源与人口的耦合度和协调度，如表 3-16 和表 3-17 所示。

表 3-16　2013—2016 年南京市各区义务教育资源与人口的耦合度

项目	2013 年	2014 年	2015 年	2016 年
秦淮区	0.4986	0.5000	0.5000	0.5000
鼓楼区	0.4948	0.4990	0.4997	0.4991
玄武区	0.4999	0.4996	0.4991	0.4994
建邺区	0.4998	0.4995	0.4995	0.4909
浦口区	0.4819	0.4825	0.4887	0.4879
江宁区	0.4846	0.4850	0.4904	0.4871
栖霞区	0.4986	0.4933	0.4982	0.4967
雨花台区	0.4944	0.4959	0.4945	0.4967
六合区	0.4763	0.4696	0.4767	0.4781
溧水区	0.4962	0.4911	0.4973	0.4957
高淳区	0.4966	0.4906	0.4963	0.4891

表 3-17　2013—2016 年南京市各区义务教育资源与人口的协调度

项目	2013 年	2014 年	2015 年	2016 年	发展走势	协调水平
秦淮区	0.734	0.707	0.707	0.707	稳定	中度协调
鼓楼区	0.836	0.821	0.808	0.823	先降后升	良好协调
玄武区	0.670	0.644	0.638	0.636	水平下降	初级协调
建邺区	0.593	0.599	0.607	0.658	水平上升	初级→勉强
浦口区	0.763	0.754	0.758	0.764	先降后升	中度协调
江宁区	0.891	0.904	0.908	0.928	水平上升	优质协调
栖霞区	0.702	0.714	0.703	0.710	波动	中度协调
雨花台区	0.565	0.565	0.576	0.573	波动	协调→勉强
六合区	0.835	0.832	0.822	0.815	水平下降	良好协调
溧水区	0.651	0.612	0.614	0.593	水平下降	初级→勉强
高淳区	0.639	0.588	0.593	0.586	水平下降	初级→勉强

由表 3-17 可看出，自 2014 年起，秦淮区义务教育资源与人口的耦合度为 5.0，说明该区处于磨合耦合阶段。南京市其余各区每年义务教育资源与人口变动始终处于拮抗耦合阶段，说明各区义务教育资源与人口变动处于协调状态。我们进一步对南京市各区义务教育资源与人口协调度进行了分析，精确测度了南京市 2013—2016 年义务教育资源供需协调状况。

南京市各区义务教育资源与人口的耦合均属于协调类型，但是协调程度呈现出空间差异。由图 3-10 可以发现，江宁区系统耦合协调度始终位居全市各区第一，并于 2014 年实现优质协调，且仍在协调发展；六合区与鼓楼区的协调度虽出现降低，但始终处于良好协调状态；秦淮区、浦口区和栖霞区三区同处于中度协调，浦口区状态优于秦淮区和栖霞区；玄武区四年内始终处于初级协调水平，且趋势下降；建邺区于2015年实现系统间的初级协调，但溧水区和高淳区却呈现下降趋势，列为勉强协调，且水平持续下降；而雨花台区的协调度为全市最低。

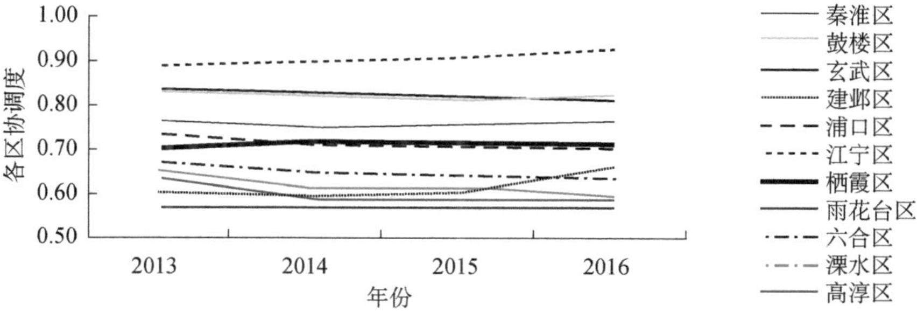

图3-10　2013—2016年南京市各区义务教育资源与人口的协调度

南京市各区义务教育资源与人口的协调度变动也呈现出空间差异现象。由图3-10可以看出，南京市建邺区和江宁区两区义务教育资源系统与人口结构之间的协调度呈逐年上升态势；鼓楼、浦口两区的协调度先降后升，但鼓楼区2016年的协调度仍低于2013年，因此，需要进一步调整义务教育资源的供给；秦淮、栖霞、雨花台三区稳定波动，其中雨花台区虽然整体上的协调度有所上升，但协调水平仍然较低，亟须进一步调整教育供给以适应该区人口的教育需求；玄武区、远郊三区两大系统之间的协调度在持续下降，溧水区和高淳区已从初级协调降至勉强协调，六合区也面临协调等级下降的危险。

四、主要结论

（一）人口变化与义务教育资源供需相互约束

人口结构对义务教育资源的决定作用主要是通过常住人口数、学龄人口占比、城市化率、人口文化素质四项指标产生作用。分析各指标均值可以发现，学龄人口占比（0—14岁人口占比）对义务教育资源供给的作用最为明显，其次是人口文化素质、城镇化率和常住人口数，以上指标平均关联度均高于0.90，显示出极强的影响力。这说明南京市在供给义务教育资源时，综合考虑到其人口规模、人口文化结构和经济结构，其具有较强的一致性。但是，我们经过分析发现，在校生规模与义务教育资源的关联度最小，说明南京市义务教育阶段学校资源供给总量充足，并未达到“拥挤点”，仍可进一步吸纳更多学生。此外，常住人口数与学龄人口占比并不是影响初中建筑面积的主要因素，反而是经济作用更明显，可知南京市初中学校发展的主要推动力是社会经济的进步，因此初中学校容纳量更充足，还未受到人口变动的约束。

义务教育资源对人口结构的支持作用在初中和小学两个学段呈现出明显的差异。相比学校数量，小学规模，尤其是专任教师数对人口的支撑作用更大。这说明四年来南京市小学教育专任教师的供给与人口变动的关系最为密切，学校建筑面积与人口变动的关系次之，小学学校数量与南京市人口变动之间的关系相对较不密切。与之相反，初中学校数量对人口的支撑作用却大于初中学校规模对人口的支撑作用。这说明不同于小学的建设重点，南京市初中学校数量与人口变动的关系最为密切，其次是专任教师，初中学校建筑面积与人口变动的关系不密切，也印证了南京市初中学校容纳学生数还有余地，还未受到人口变动的约束。

（二）义务教育资源供需匹配空间差异明显

纵向来看，2013—2016年南京市义务教育资源供给与人口需求均处于协调水平，且其协调度不断改善，各区义务教育综合评价值总体呈增长趋势，显示出南京市义务教育均衡发展的显著成效。

横向来看，南京市义务教育供需协调并未显示出老城区、郊区与远郊区的空间差异，但各区义务教育资源与人口的耦合度和协调度指数存在较明显的空间不均衡和趋势分异。江宁区协调度最高且仍处在优化中，而雨花台区的协调度最低，并且无明显的优化趋势，仅为勉强协调阶段，二者协调度差距为0.355，差距档次为三档。从趋势上看，玄武区、六合区、溧水区和高淳四区的协调度呈下降走势，尤其是溧水区和高淳区，其协调水平已降至勉强协调阶段。

第四节　优化学校标准化建设资源配置的改进建议

人口结构的变动会导致民众受教育需求的变化，势必会对义务教育资源的供给提出新的要求。义务教育既要满足民众的受教育需求，同时也可能会限制其需求，或者说无法绝对适应人口结构变化，因此在义务教育与人口结构之间存在耦合协调的内在机理。义务教育学校标准化建设是各地推进义务教育均衡发展的重要手段与方法，也是致力于实现义务教育优质均衡发展的手段。通过上述以南京市为例的分析，我们可以看到，南京市作为江苏省的省会，汇聚了大量教育资源，但就义务教育阶段学校布局而产生的资源配置，在供需匹配上仍存在较为突出的问题。这在一定程度上说明，需要充分考虑义务教育与人口发展的协调水平，完善并充实义务教育学校标准化建设的内涵与理路。因此，本节基于上述对南京市的分析，就优化义务教育学校标准化建设、充分考虑学校资源配置提出几点改进建议。

一、统筹推进，将学校布局和学校规模等资源配置因素纳入监测

研制并出台义务教育学校办学标准、按出台的标准建设义务教育学校、对义务教育学校按标准进行监测等，是各地推进义务教育学校标准化建设的常规动作。应该说，各地均付出了很大的努力。义务教育学校标准化建设本是旨在根据一定的标准改造或新建学校，使学校能符合当地义务教育学校的办学标准，从教育资源供给与配置方面给出特定学校建设发展的底线，这是很有必要的。从本章上述分析讨论来看，学校布局及其规模作为义务教育资源配置的资源，有其特殊性和必要性，也是需要纳入义务教育学校标准化建设的重要内容。但在实践中，各地已经出台和实施的义务教育学校标准化建设方案及各种标准忽略了将学校布局与规模等重要资源因素考虑在内，至少是兼顾得不够充分，极易导致监测标准细则出现双重标准，甚至导致监测数据失真，从而阻碍义务教育学校标准化建设的步伐。

在考虑学校标准化建设资源的配置时，需要更加精准而宽广的视野。以南京市为例，在当前义务教育学校标准化建设中，学校布局、规模指标与其他义务教育资源均着眼于校际评价，明确规定每所学校常住人口服务数和生均建筑面积。但老城区有限的土地资源和较大的人口密度导致每所学校的生均建筑面积难以达标，同时高淳区、溧水区等区的农村地区又存在大量小规模教学点，更是难以达到按标准进行监测的底线要求，从而使得城区学校和农村偏远教学点标准化办学的实现成为难题，加剧了城区学校和农村偏远教学点与标准化学校建设的冲突。在经济社会发展、人口变动较快的当今社会，这种现象将是长期存在的。学校的规模和布局涉及空间范畴，层次较宏观且范围较广。对于义务教育学校标准化建设的学校布局因素及相应的资源配置，不应从校际角度进行监测，而应该从行政区层面进行评价和建设。若将当地学校数量与每所学校的规模共同纳入当地空间规模的考量范畴，则可能会摆脱对现有学校规模评价的两难问题，可以统筹协调推进义务教育学校标准化建设进程。因此，本研究认为义务教育学校标准化建设应重视对学校规模的考量，突出学校规模对学校发展的重要性，统筹学校及规模与其他教育资源的协调发展。同时，应重视学校布局和规模指标的特殊性，协调义务教育学校办学标准的刚性与柔性，改变仅局限于学校层面的监测，增加县（市、区）一级层面的标准化建设和监测。

二、区别对待，义务教育优质均衡不宜急于求成

经过一段时间的努力，义务教育均衡发展已经取得举世瞩目的成就。但我们也应该看到，义务教育学校资源配置仍然存在服务水平有待提高、供需匹配协调度不高等问题。摒弃学校布局和学校规模因素的义务教育学校标准化建设，而急于提出优质均衡目标，势必会使得义务教育服务水平供需不平衡问题更加严重，将来纠偏的难度势必更大。

因此，各地必须审时度势，精准关注本地区义务教育学校标准化建设供需匹配的动态状况。以南京市各行政区的义务教育服务水平为例，雨花台区的供需协调度虽逐年提升，但在全市仍处于最低水平，结合其义务教育服务水平得分发现，其小学教育服务水平较高，但初中教育服务水平始终处于南京市各

区的末位。这说明亟须重点关注其居民需求与供给的关系，尤其是初中教育，应调整供给以满足居民的受教育需求。玄武区、雨花台区、溧水区和高淳区应是义务教育学校标准化建设的重点，其中玄武区人口密度较大且人口较稳定，溧水区和高淳区人口逐年增加，同时上述三区义务教育资源的供需协调水平较低且处于下降状态，说明这三区存在一定的教育资源压力，因此在义务教育学校标准化建设过程中需要加大对其教育资源的供给力度。目前，江宁区和浦口区是南京市人口流入的主要区域，人口规模的日益增大要求义务教育资源与之协调。基于各区义务教育发展现状，在义务教育学校标准化建设中，南京市应维持江宁区的供给水平，进一步增加对浦口区义务教育资源的供给，尤其是增加对浦口区小学教育资源的供给。秦淮区和鼓楼区虽然人口密度较大，但其人口逐年递减的态势与其协调度的不一致显示出该区教育资源满足需求仍面临一定的压力，应根据人口规模适当扩大其教育资源的供给。建邺区人口大幅增加且义务教育供需协调水平提升，但是建邺区小学资源的年均增长率为负值，因此应做好建邺区小学学龄人口的规划和监测，增加供给。六合区的人口逐年增加，且其义务教育供需协调水平逐年下降，但仍处于良好协调阶段，因此义务教育学校标准化建设应适当加大其义务教育供给力度，先稳定其协调水平，再逐步优化优质均衡的协调。

义务教育学校标准化建设工作中仍存在不平衡、不充分的问题，这是我们不能忽视的。南京市义务教育学校布局及服务水平案例较好地说明，当下义务教育标准建设需要区别对待发展中的这些资源配置的差异问题，不能急于推进优质均衡发展，需要坚持稳中求进，将满足需求作为义务教育学校标准化建设的重要目标。

三、有的放矢，增强义务教育学校标准化建设的针对性

义务教育学校标准化建设的过程在某种意义上也是义务教育发展补短板的过程。从义务教育阶段学校设置及规模角度加以分析，即使整体教育供需状况协调度较好，但其指标之间仍存在差距。以南京市为例，首先，各指标的差异在不同的教育阶段存在一致性。义务教育阶段各区学校的生均建筑面积为差异最大的指标，小学生均建筑面积在各区的差异比初中更明显，但其差异在不

断缩小，而初中生均建筑面积在各区的差异呈逐渐扩大的趋势；生均学校拥有量在各区的差异居中，师生比在各区的差异最小，同时在这两项指标上均为初中差异大于小学差异。因此，义务教育学校标准化建设应根据小学和初中各指标的均衡状况现状，有区别地对区域内不同阶段的学校增加资源“短板”的供给，从而增强推进义务教育均衡发展的针对性。其次，各项指标在区域之间也存在结构差异。虽然相关指标在各区域内的资源分配相对均等，但是却存在资源供给的结构性差异。例如，南京市老城四区专任教师比重高于其学校比重，而远郊区学校比重高于其专任教师比重，这两项指标间的结构性差距反映了老城区义务教育质量水平存在高于远郊区的可能性，不利于实现整体上义务教育优质均衡发展的目标，也阻碍了义务教育学校标准化建设进程。因此，各地在推进义务教育学校标准化建设过程中，应根据区域内义务教育学校资源配置在相应指标上的差异及均衡状况，有的放矢地优化资源配置，补足补齐短板，协调好义务教育阶段学校的均衡发展。

四、创新思路，完善义务教育学校标准化建设推进手段

义务教育学校标准化建设旨在推进各校教育资源达标且均衡发展，但现行的学校标准化建设标准及相应的规模监测忽略了学校布局因素，而只监测特定学校的规模，难以有效地对学校规模的均衡性进行评价，导致城市义务教育学校规模过大而不达标这一难题难以得到解决。因此，创新义务教育阶段学校设置均衡性的评价体系就显得尤为重要，应对义务教育阶段学校布局及其规模的均衡性进行评价，并应将学校本身视作教育资源进行均衡性评价，不仅需要对学校自身建设进行监测评价，更要上升到行政区层面对学校布局和学校资源配置等方面进行评价。

正是在这个意义上，义务教育学校标准化建设标准及其监测应当拓展其对教育资源的界定，将学校布局与学校规模相结合，以此评价学校设置的均衡性，这有助于理解和推进义务教育学校标准化建设进程。

第四章　义务教育学校标准化建设的农村关切

由于长期以来的历史欠账，农村教育和农村学校的改革发展问题一直都是我国落实义务教育均衡和公平发展的关键，也是义务教育学校标准化建设的一块短板。可以说，农村义务教育学校标准化的实现之日，才是我国义务教育学校标准化的全面实现之时。近年来，伴随着城镇化进程的不断加快，以及国家层面社会主义新农村建设、新型城镇化和乡村振兴计划等宏观政策的支持，农村义务教育学校的发展正迎来新的机遇和挑战。一方面，国家作为义务教育办学主体，针对当前农村地区学校办学质量亟待大力提升的问题，不仅制定了系列教育政策予以专门保障，而且通过设立多种农村教育专项支持计划来进一步确保城乡教育均衡发展。另一方面，由于农村学校办学基础薄弱、城乡差距较大等，农村教育至今仍然是我国整个基础教育的薄弱一环，尤其是对乡村学校而言，其正面临着更为严峻的发展困境。基于此，着力加强农村义务教育学校标准化建设无疑成为缩小城乡教育差距、推进农村学校办学质量有效提升的重要改革路径。本章将梳理近年来农村义务教育学校标准化的实践推进情况，剖析当前农村义务教育学校标准化建设尚存的突出问题，在此基础上提出进一步推进农村义务教育学校标准化建设的对策建议。

第一节 农村义务教育学校标准化建设的进展

长期以来，农村义务教育普遍存在的师资质量薄弱、生源数量减少、教育投入较低等问题，对提高农村学校教学水平，办好农村教育，促进义务教育公平、均衡发展等产生了阻碍。随着国家城镇化的不断推进，农村与城市之间义务教育学校发展的差距不仅没有缩小，反而变大，其产生的虹吸效应也使得农村学校，特别是乡村小规模学校正面临日益严峻的办学困境。为此，如何全方位保证和提升农村义务教育学校办学质量，一直都是我国义务教育改革发展的重要任务。推行农村义务教育学校标准化建设，主要目的就是改善农村学校办学条件，促进义务教育公平、均衡发展。因此，其也成为发展我国农村义务教育的重要实践路径与动力支持。

一、我国农村义务教育学校标准化建设的政策进展

教育政策是教育环境的重要组成部分，教育改革活动不是在真空中进行的，而是受各种政策或制度的约束。我们首先应明确的一个事实是，教育前行的每一步都是无法同教育政策分开的。我们既不可设想有脱离政策指引（有时出现政策干扰）的教育实践，也不可设想有与教育实践毫无关涉的教育政策的制定。在各种层次、各种类别的教育中，在教育发展的不同时期与不同阶段，教育政策总是或强或弱、或显性或隐性地左右着教育的改革和发展。[①]农村义务教育学校标准化建设是一项指向农村教育发展，并由政策大力推动的教育改革活动。

就国家层面而言，如何促进农村义务教育的快速发展，并以此来满足农村地区广大学生的成长需要，是教育政策关注的重点内容。梳理国家和地方层面关于农村义务教育学校标准化政策的脉络，可以看出政府在此问题上的积极努力和关注焦点的转变过程。

---

① 张乐天. 教育政策法规的理论与实践[M]. 上海：华东师范大学出版社，2002：1.

在起步阶段，农村义务教育学校标准化建设主要指向农村学校办学条件的改善。1996 年 12 月，国家颁布了《农村普通中小学校建设标准（试行）》，其从农村中小学的建设规模、学校总体规划、学校硬件建设指标等多方面对农村学校的办学标准进行了较为细致的规定。从字面上看，该文件是改革开放以来较早明确地提出与农村义务教育学校标准化建设直接相关的政策方案。毋庸置疑，这份文件的出台与实施不仅为整个农村教育和农村学校带来了新的发展契机，而且对加强我国农村中小学校园设施建设，创造更安全、更适合学生全面发展的校园环境，起到了重要的指导和规范作用。然而，随着我国义务教育整体办学水平的不断提高，以及农村中小学校面临的建设要求和改革任务的转变，为进一步与我国农村学校建设需求相契合，2008 年 7 月，国家相关部门在对有关农村中小学的实地调研的基础上，对《农村普通中小学校建设标准（试行）》进行了修订，并正式发布了《农村普通中小学校建设标准》，其中主要就农村学校建设规模与项目构成，学校布局、选址与校园规划，建设用地指标，校舍建筑面积指标，校舍主要建筑标准等内容做出了详细规定，在更高水平上保障了农村义务教育学校的建设质量。

随着城镇化进程的不断加快，农村学校在建设过程中不仅要继续提升自身的办学水平，还要应对由师生大量流失、中小学布局调整等带来的一系列新问题，农村义务教育学校布局成为标准化建设的重要关注点。为进一步缩小城乡学校办学条件的差距，提高农村义务教育办学水平，在综合考量农村学龄人口变化趋势、农村中小学布局调整，以及农村教育发展规划等的基础上，教育部财务司、国家发展改革委社会发展司于 2009 年发布了《关于编制农村初中校舍改造工程（二期）需求规划的通知》，其中指出要“有计划、分步骤地加强农村初中学校特别是寄宿制学校学生生活设施建设，逐步消除‘大通铺’和校外租房等现象，有效满足路途较远学生和农村留守学生寄宿需求，推动农村学校科学合理布局和标准化建设，促进城乡、区域义务教育均衡发展”。为加强薄弱学校建设，《教育部关于治理义务教育阶段择校乱收费问题的指导意见》提出，“各地教育行政部门要在当地政府的领导下，完善义务教育薄弱学校的政策措施，加大改造力度，缩小薄弱学校与优质学校的差距，并努力办出特色。推进学校标准化建设，使区域内义务教育学校均达到当地办学标准”。由此可见，开展农村义务教育学校办学硬件设施条件的标准化建设已成为促进农村教育和农村学校快速发展的重要改革路径。

随着综合教育改革的不断深化，我国于2010年颁布了《国家中长期教育改革和发展规划纲要（2010—2020年）》，正式明确提出“推进义务教育学校标准化建设”，强调要“完善城乡义务教育经费保障机制，科学规划、统筹安排、均衡配置、合理布局”等重要举措。自此，不仅义务教育学校标准化建设进入了关键时期，而且其对于农村教育发展的重要意义也日益凸显。随后，义务教育学校标准化建设便作为一项重点工程，成为促进我国城乡中小学校均衡发展的有力抓手。例如，教育部办公厅印发的《学校生活卫生设施改造经验交流暨现场会纪要》中就指出，“要通过‘中西部农村初中校舍建设工程’、义务教育标准化建设等相关教育工程的实施，大力推动学校生活卫生设施建设和改造工作”。

就地方层面而言，在国家明确提出要开展义务教育学校标准化建设以来，不少省市也依据实际办学情况专门制定了相关实施意见，通过对农村义务教育学校建设标准与实施路径的进一步细化，积极落实义务教育学校标准化建设。从目前来看，地方相关政策规定的实施路径主要包括以下三种：一是设立专项工程，保证农村学校稳步发展。义务教育学校标准化建设不仅是一种学校建设理念，而且是一种学校改革路径。例如，为更好地将其落实到农村学校的办学实践中，陕西省在《关于编制全省义务教育学校标准化建设工程总体规划的通知》中，将义务教育学校标准化建设细化为中小学校舍安全工程和薄弱学校改造工程，以期通过两个专项工程来进一步实现对农村薄弱中小学校的改造。二是通过数据监测，把握农村学校建设动态。在操作层面上，在义务教育学校标准制定之后，还有标准的执行、达标情况的监测与认定、标准的调整等多个环节，从整体上构成了义务教育学校标准化建设的系统、动态过程。[①]因此，在义务教育学校标准化建设过程中，相关政策执行情况是否按计划逐步实现了预期的学校改进目标，是否需要做出部分调整与修订等，都是义务教育学校标准化建设要考量的重要内容。因此，《江苏省义务教育学校标准化建设监测办法（试行）》中提出对义务教育学校标准化建设进行系统监测，从而为精准开展义务教育学校标准化建设提供政策支持。三是细化指标体系，增强可操

① 魏峰. 义务教育学校标准的制定：内涵、目标与方法论[J]. 教育发展研究，2017，（18）：15-21.

作性，并为科学评估政策实施效果提供依据。相比较而言，国家从较为宏观的角度提出了推进义务教育学校标准化建设的战略要求，但要使其在实践中得以顺利推行，还需要更为细化的指标体系。为此，新疆维吾尔自治区在《关于印发新疆维吾尔自治区义务教育学校办学基本标准（试行）的通知》中，便将农村义务教育学校标准化建设分解为可量化的数个方面的指标，从而使其更具可操作性。

义务教育学校标准化建设已成为促进区域内部乃至区域间不同学校均衡发展的重要突破口。在此过程中，农村地区义务教育学校建设任务则更为复杂和艰巨。基于此，扎实推进农村义务教育学校标准化建设不仅是整个义务教育学校标准化建设的主要内容，也是影响相关目标能否完满实现的关键环节，因此其实质就是不断推进我国义务教育的均衡发展。

此外，《教育部关于 2013 年深化教育领域综合改革的意见》强调在完善均衡发展义务教育的机制中，要“建立健全教育资源配置机制，重点向农村、边远、贫困、民族地区倾斜。加快推进义务教育学校标准化建设”。《教育部 国家发展改革委 财政部关于全面改善贫困地区义务教育薄弱学校基本办学条件的意见》提出要“全面改善贫困地区薄弱学校基本办学条件，推进义务教育学校标准化建设，不让贫困家庭孩子输在成长‘起点’，既是守住‘保基本’民生底线、推进教育公平和社会公正的有力措施，也是增强贫困地区发展后劲、缩小城乡和区域差距、推动义务教育均衡发展的有效途径，关乎国家长远发展”。如此看来，农村义务教育学校标准化建设已日益成为国家宏观教育改革中关注的一项重点内容。

在推进农村义务教育学校标准化建设的过程中，欠发达地区的义务教育办学条件与教育质量提升无疑是其中的改革难点。在我国当前的政策语境中，欠发达地区特指中西部农村贫困地区尤其是集中连片特困地区，以及其他国家扶贫开发重点地区、民族地区、边境地区和东部部分困难地区。2013 年，国务院召开常务会议专题研究改善贫困地区义务教育薄弱学校基本办学条件的问题，与此同时，教育部、国家发展改革委和财政部联合出台了《关于全面改善贫困地区义务教育薄弱学校基本办学条件的意见》，提出要使贫困地区农村义务教育学校教室、桌椅、图书、实验仪器、运动场等教学设施满足基本教学需要；学校宿舍、床位、厕所、食堂（伙房）、饮水等生活设施满足基本生活需要；留守儿童学习和寄宿需要得到基本满足，村小学和教学点能够正常运转；县镇超大班额现象基本消除，逐步做到小学班额不超过 45 人、初中班额不超过 50 人；教师配置趋于合理，数量、素质和结构基本适应教育教学需要；小学辍学率努力控制在 0.6%以下，初中辍学率努力控制在 1.8%以下。以下为该文件中明确提出的相关重点任务：

（一）保障基本教学条件。要保障教室坚固、适用、通风，符合抗震、消防安全要求，自然采光、室内照明和黑板材料符合规范要求。按照学校规模和教育教学要求配备必要的教学仪器设备、器材。每个学生都有合格的课桌椅。配备适合学生身心发展特点的图书，激发和培养学生阅读兴趣，有条件的地方逐步达到小学生均图书不低于 15 册，初中生均图书不低于 25 册。根据学校地理条件和农村体育特点，因地制宜地建设运动场地和配备体育设施，保障学生活动锻炼的空间和条件。

（二）改善学校生活设施。保障寄宿学生每人 1 个床位，消除大通铺现象。根据实际需要配备必要的洗浴设施和条件。食堂或伙房要洁净卫生，满足学生就餐需要。设置开水房或安装饮水设施，确保学生饮水安全便捷。厕所要有足够厕位。北方和高寒地区学校应有冬季取暖设施。设置必要的安全设施，保障师生安全。

（三）办好必要的教学点。对确需保留的教学点要配备必要设施，满足教学和生活基本需求。中心学校统筹教学点课程和教师安排，保障教学点教学质量。优先安排免费师范生和特岗教师到教学点任教。职称晋升和绩效工资分配向教学点专任教师倾斜。农村教师周转宿舍建设和使用要优先考虑教学点教师需要。对学生规模不足 100 人的村小学和教学点按 100 人的标准单独核定公用经费，由县级财政和教育部门按时足额拨付，不得截留挪用。

（四）妥善解决县镇学校大班额问题。要适应城镇化发展趋势，充分考虑区域内学生流动、人口出生和学龄人口变化等情况，科学规划学校布局，并充分利用已有办学资源，首先解决超大班额问题，逐步消除大班额现象。必要情况下，可以采取新建、扩建、改建等措施，对县镇义务教育学校进行改造。加强新建住宅区配套学校建设。对教育资源较好学校的大班额问题，积极探索通过学区制、学校联盟、集团化办学等方式扩大优质教育资源覆盖面，合理分流学生。对于大班额现象严重的学校，要限制其招生人数。

（五）推进农村学校教育信息化。要逐步提升农村学校信息化基础设施与教育信息化应用水平，加强教师信息技术应用能力培训，推进信息技术在教育教学中的深入应用，使农村地区师生便捷共享优质数字教育资源。稳步推进农村学校宽带网络、数字教育资源、网络学习空间建设。要为确需保留的村小学和教学点配置数字教育资源接收和播放设备，配送优质数字教育资源。加快学籍管理等教育管理信息系统应用，并将学生、教师、学校资产等基本信息全部纳入信息系统管理。

（六）提高教师队伍素质。要特别抓好农村教师队伍建设，通过实施农村义务教育学校教师特岗计划等多种方式，完善农村教师补充机制。推进县域内校长教师交流轮岗，提高城镇中小学教师到乡村学校任教的比例。面向乡镇以下农村学校培养能承担多门学科教学任务的小学教师和“一专多能”的初中教师。提高中小学教师国家级培训计划的针对性和有效性，省级教师培训要向农村义务教育教师、校长倾斜。要结合实际制定农村教师职称评审条件、程序和办法，农村学校教师职称晋升比例应不低于当地城区学校教师。要落实对在连片特困地区的乡、村学校和教学点工作的教师给予生活补助的政策。要积极推进农村教师周转宿舍建设，努力改善农村教师生活条件。

2018年1月，教育部、国务院扶贫办颁布的《深度贫困地区教育脱贫攻坚实施方案（2018—2020年）》，聚焦于深度贫困地区的教育扶贫工作，用三年的时间集中攻坚，以“三区三州”[①]为重点，以补齐教育短板为突破口，预计到2020年，“三区三州”等深度贫困地区教育总体发展水平能够得到显著提升，保障各教育阶段建档立卡学生从入学到毕业的全程全部资助，保障贫困家庭孩子都可以上学，不让一个学生因家庭经济困难而失学。在义务教育方面，教育扶贫的具体举措主要有：统筹推进县域内城乡义务教育一体化改革发展，着力解决“三区三州”义务教育“乡村弱、城镇挤”问题；优化学校布局，强化义务教育投入，加大对“三区三州”倾斜支持力度；全面改善贫困地区义务教育薄弱学校基本办学条件工作优先支持“三区三州”，确保所有义务教育学校如期达到“20条底线要求”；加强“三区三州”乡村小规模学校和乡

① “三区三州”的“三区”是指西藏自治区和青海、四川、甘肃、云南四省藏族聚居地区及南疆的和田地区、阿克苏地区、喀什地区、克孜勒苏柯尔克孜自治州四地区；“三州”是指四川凉山彝族自治州、云南怒江傈僳族自治州、甘肃临夏回族自治州。

镇寄宿制学校的建设和管理，提高农村教育质量。

通过对上述系列政策的梳理可知，国家正在不断建立健全农村义务教育学校标准化建设的相关保障机制。随着义务教育均衡发展的深入推进，其政策的聚焦点也在从改善办学条件、增加经费投入等外在要素的关注，逐步转向对加强农村教师队伍建设、提升农村学校办学质量等内在要素的关注上。因此，相关教育政策的日益完善，不仅为农村义务教育学校标准化建设提供了政策支持，更为其实践经验的不断改进提供了积极的政策引导。

二、我国农村义务教育学校标准化建设的实践成效

农村义务教育学校办学问题一直是我国基础教育改革发展的薄弱环节。随着国家向农村倾斜供给力度的加大，多项农村教育政策陆续出台并实施。从上文相关分析可以看出，国家和地方已明确提出要积极开展农村义务教育学校标准化建设，还制定了专项政策予以保障。近年来，通过农村义务教育学校办学标准化建设的不断推行，农村教育得到快速发展，为切实解决农村学校办学质量滞后问题提供了有效帮助。

（一）农村学校硬件办学条件得到优化

教育标准化是以学校布局进行科学合理规划为基础，在学校办学规模与办学条件、经费投入、师资配备、课程设置、教育教学质量等方面达到国家最起码的标准要求。①由此可见，学校硬件办学条件的改善是开展义务教育学校标准化建设的重要组成部分。然而，由于长期受到教育投入短缺和办学基础薄弱的制约，农村学校硬件办学条件与城市学校的差距已较为明显，而且影响了农村学生的成长。学校硬件的标准化建设是学生享有教育公平，以及实现教育均衡发展的重要基础。为此，国家在宏观层面分别实施了农村义务教育学校危房改造、农村学校基础设施建设、农村学校教学设备改造等一系列重大工程项目。在这些举措的支持下，农村义务教育学校硬件办学条件得到了极大改善，

---

① 龙承建，周鸿. 论教育标准化与义务教育均衡发展[J]. 河北师范大学学报（教育科学版），2009，（1）：117-121.

学校标准化建设成效显著。2014 年，全国小学生均教学及辅助用房面积农村为 4.88 平方米，城市为 3.28 平方米；初中农村为 6.01 平方米，城市为 4.79 平方米。[①]由此可见，农村学校已经超过城镇学校。同样，在生均固定资产方面，农村学校的增长幅度也已经超过城镇学校。[②]

近年来，在各种专项政策的支持下，农村教育经费投入明显增加，教育经费支出的城乡差距不断缩小。2014 年，农村小学生均预算内公用教育经费支出比 2010 年增长了 143.84%，农村初中生均预算内公用教育经费支出比 2010 年增长了 116.20%。[③]2010—2014 年，农村初中和小学生均预算内事业性经费和生均预算内公用教育经费支出的增幅均高于城市初中和小学。中央教育行政部门非常注重对农村学校尤其是教学点的教育信息化装备投入，试图以信息化带动农村教育的发展。截止到 2016 年，全国 6.4 万个教学点全面完成“教学点数字教育资源全覆盖”项目建设任务，实现设备配备到位和资源配送、教学应用基本到位，34.5 万名教学点教师接受专项培训，具备了基本信息技术应用能力，72%的教师运用相关设备和资源开展教学，400 多万边远农村孩子享受到优质教育资源。[④]

与此同时，各地方政府和教育行政部门也依据农村学校办学基础和实际需要，推出富有针对性的改革措施。例如，广东省为改进农村学校办学条件，开展了“校校通”工程，目前农村基层教学点的宽带接入率达 95%。[⑤]坚持教育资源适当向农村地区倾斜，凭借农村义务教育学校标准化建设这一有力抓手，通过加大对农村学校建设的投入力度，使得农村学校硬件办学条件相比以往得到逐步改善。这不仅为提升学校办学质量提供了坚实基础，也有助于带动农村人口素质的整体提高，从而为推动我国农村社会的现代化发展提供智力支持。

---

① 西南大学评估组. 义务教育第三方评估情况[EB/OL]. http://www.moe.gov.cn/jyb_xwfb/xw_fbh/moe_2069/xwfbh_2015n/xwfb_151126/151126_sfcl/201511/t20151126_221196. html（2015-11-26）.

② 李鹏，朱德全. 义务教育学校标准化建设：进程、问题与反思——基于 2010 年—2014 年全国义务教育办学条件数据的测度分析[J]. 清华大学教育研究，2016，（1）：110-117.

③ 西南大学评估组. 义务教育第三方评估情况[EB/OL]. http://www.moe.gov.cn/jyb_xwfb/xw_fbh/moe_2069/xwfbh_2015n/xwfb_151126/151126_sfcl/201511/t20151126_221196. html（2015-11-26）.

④ 徐禾. 2016 全国教育信息化工作专项督导报告（摘编）[N]. 中国教育报，2016-11-11（8）.

⑤ 教育部. 广东：信息技术深度融入学科教学[EB/OL]. http://www.moe.gov.cn/jyb_xwfb/xw_zt/moe_357/jyzt_2017nztzl/2017_zt03/2017_zt03_gd/17zt03_mtbd/201706/t20170612_306721. html（2017-06-12）.

（二）农村“两类学校”建设问题受到重点关注

伴随着中国城镇化进程的不断加快，越来越多的农村劳动力流入城市，而这也给农村学校和城镇学校的发展带来了严峻考验。其中，部分有条件的家庭会让子女随父母一同进入城镇学校就读，还有部分父母则由于种种原因而最终选择将子女留在农村接受义务教育。因此，流动儿童和留守儿童的教育问题也随之产生。为解决农村地区学生上学难、上学远的问题，保留和恢复部分具有特殊办学模式的农村义务教育学校已成为国家和地方促进农村教育发展的重要措施。由此，农村寄宿制学校和乡村小规模学校便在部分地区不断涌现。然而，在实际的办学过程中，农村寄宿制学校和乡村小规模学校却问题重重。2018 年 5 月，《国务院办公厅关于全面加强乡村小规模学校和乡镇寄宿制学校建设的指导意见》印发，指出到 2020 年，基本补齐两类学校短板，进一步振兴乡村教育，基本实现县域内城乡义务教育一体化发展，为乡村学生提供公平而有质量的教育。除国家在政策方面给予关注外，近年来，部分省市在加强两类学校建设上也取得了明显成绩。一方面，针对农村寄宿制学校办学资金短缺、办学标准不统一等问题，有重点地加大学校建设的经费投入并规范办学行为，是有效提升农村寄宿制学校教育教学质量的首要内容。例如，2014—2017 年，河南省集中“全面改薄”资金 259.45 亿元，对农村薄弱学校规划保留的两类学校进行改造。为进一步支持农村学校发展，从 2017 年开始，河南省财政厅每年拿出 5000 万元，对完成改扩建或新建的农村寄宿制学校建设进行奖补，2017 年已奖补农村寄宿制小学 330 所。①与此同时，山西省长治市也针对农村寄宿制学校提出标准化建设和管理模式。②另一方面，有关数据显示，截至 2017 年底，全国有农村小规模学校 10.7 万所，其中小学有 2.7 万所，教学点有 8 万个，占农村小学和教学点总数的 44.4%；在校生有 384.7 万人，占农村小学生总数的 5.8%。③由于办学规模小、地处偏远地区等原因，乡村小规模

① 教育部. 力争 2019 年秋季开学前两类学校基本办学条件达到省定标准[EB/OL]. http://www.moe.gov.cn/jyb_xwfb/xw_fbh/moe_2069/xwfbh_2018n/xwfb_20180511/mtbd/201805/t20180514_335884.html（2018-05-14）.

② 教育部. 办好两类学校，各地有招数[EB/OL]. http://www.moe.gov.cn/jyb_xwfb/moe_2082/zl_2018n/2018_zl35/201805/t20180514_335886. html（2018-05-14）.

③ 教育部. 教育部有关负责人就《指导意见》进行解读——振兴乡村教育从办好“两类学校”做起[EB/OL].http://www.moe.gov.cn/jyb_xwfb/xw_fbh/moe_2069/xwfbh_2018n/xwfb_20180511/mtbd/201805/t20180514_335883. html（2018-05-14）.

学校正面临日益严峻的办学难题。因此，因地制宜地开展好乡村小规模学校标准化建设则是我国农村教育发展的关键所在。在吉林省长春市农安县 335 所学校中，村级小学就有 246 所。近年来，农安县把创建温馨村小作为精准扶贫和幸福农安工程，聚焦校园、班级、课程、课堂、菜园、宿舍等 8 个温馨要素，力争用 3 年时间将全县 50 人以上的 100 所村小创建成小而美的温馨村小。[①]两类学校的标准化建设是我国农村义务教育学校标准化建设的难点所在，上述省市为其他省份更好地开展农村学校标准化建设工作提供了可资借鉴的有效经验。

（三）农村学校整体师资队伍建设情况有所改善

农村教育是我国整个义务教育阶段的薄弱环节，而师资问题又是影响教育发展的核心要素。因此，究竟应如何推动农村学校师资队伍的合理改革，则是农村义务教育学校标准化建设中的又一重要内容。2012 年，《教育部 中央编办 国家发展改革委 财政部 人力资源社会保障部关于大力推进农村义务教育教师队伍建设的意见》发布，提出各地要把农村义务教育教师队伍建设作为一项重大而紧迫的战略任务，摆在重中之重的战略地位，编制配备切实保证农村学校师资需求。随后，2014 年出台的《中央编办 教育部 财政部关于统一城乡中小学教职工编制标准的通知》，要求考虑实际需求，对农村边远地区适当倾斜，在县域范围内统筹中小学教师资源。2015 年 6 月，国务院办公厅颁布并实施了《乡村教师支持计划（2015—2020 年）》，旨在吸引优秀人才到乡村学校任教，稳定乡村教师队伍，带动和促进教师队伍整体水平提高，并提出了八个方面的具体举措。研究表明，《乡村教师支持计划（2015—2020 年）》实施后，教师待遇得到改善，教师的工作积极性得到增强。有的地区给乡村教师的补助达每月 1500 元；教师流失现象明显减少，教师参加培训的机会也明显增多。[②]经过近 40 年的农村教师队伍建设，农村中小学幼儿园教师队伍的素质得到大幅度提升。教育部的统计数据表明，2016 年，全国农村小学专科及以上学历教师

---

① 教育部. 办好两类学校，各地有招数[EB/OL]. http://www.moe.gov.cn/jyb_xwfb/moe_2082/zl_2018n/2018_zl35/201805/t20180514_335886. html（2018-05-14）.

② 曾新，高臻一. 赋权与赋能：乡村振兴背景下农村小规模学校教师队伍建设之路——基于中西部 6 省 12 县《乡村教师支持计划》实施情况的调查[J]. 华中师范大学学报（人文社会科学版），2018，（1）：174-187.

比例为 91.8%，全国农村初中本科及以上学历教师比例为 78.6%。[①]

虽然系列农村师资队伍建设政策的陆续出台及实施为农村教育的快速发展提供了强有力的政策保障，但在推进农村义务教育学校标准化建设中，如何才能真正让教师“留得住”“教得好”“有发展”，则是更为复杂的教育难题。从目前各地方实施的情况来看，探索构建由生活条件、职业发展、工资待遇等组成的多维度立体性师资队伍建设举措，是促进农村学校改革发展和师资队伍改善的重要路径。例如，近年来，河南省通过加大专项经费投入，打造国培、省培、市培、县培、校培五级联动体系，加快推进乡村教师周转房建设，以及提高乡村教师生活补助标准等措施，截至 2018 年，已分别招聘了 10.5 万名特岗教师和 4000 名小学全科教师到农村义务教育学校任教。[②]与此同时，吉林省长春市农安县也出台了《加快推进教育资源整合工作意见》，其中对农村小学实施 10 项倾斜政策，包括不足 100 人的学校按 100 人拨付公用经费，乡镇一体化配置师资，乡村教师轮岗，中心校免费接送偏远村小的通勤教师，将国培、省培、县培精准落户到村小等。农安县教育局副局长曲晓光表示，“两年来，老百姓孩子不往乡镇、县城挤了，有 86 所村小生源明显回升，28 所村小教学质量超过中心校，82 名教师主动申请到村小任教”[③]。办好农村教育的关键在于教师，在农村义务教育学校标准化建设中，只有加强农村学校师资队伍建设才能真正从根本上推动农村教育的持续发展。

第二节　农村义务教育学校标准化建设的问题探析

推动农村义务教育学校标准化建设，是当前大力促进农村义务教育快速发展的一项重要内容。其不仅有助于农村学校办学条件的有效改善，而且为提升农村学校办学质量，特别是为确保乡村小规模学校和农村寄宿制学校办学行

---

① 教育部. 中国教育概况——2016 年全国教育事业发展情况[EB/OL]. http://www.moe.gov.cn/jyb_sjzl/ s5990/201711/t20171110_318862.html（2017-11-10）.

② 教育部. 乡村小规模学校和乡镇寄宿制学校建设有待全面加强——争做振兴乡村教育的行动派[EB/OL]. http://www.moe.gov.cn/jyb_xwfb/moe_2082/zl_2018n/2018_zl38/201805/t20180517_336285. html（2018-05-17）.

③ 教育部. 办好两类学校，各地有招数[EB/OL]. http://www.moe.gov.cn/jyb_xwfb/moe_2082/zl_2018n/ 2018_zl35/201805/t20180514_335886. html（2018-05-14）.

为的进一步规范，提供了系列政策支持与条件保障。因此，随着相关政策和措施的逐步推行与实施，虽然农村义务教育学校标准化建设在实践中也取得了一定成效，但由于农村学校地处我国经济较为薄弱的地区，其办学类型多样、累积性矛盾突出、不同主体间的利益诉求存在较大差异，农村义务教育学校标准化建设在具体实践过程中出现了很多问题。因此，为使农村义务教育学校标准化建设得以持续推进，则需要对问题加以反思，以规避实践困境。

一、农村义务教育学校标准化建设中的“内涵式发展”问题

农村教育的发展首先需要解决农村适龄儿童“有学上”的问题。因此，在这一阶段，发展农村学校则主要表现为办学基础设施的完善。然而，随着国家对农村学校教育经费投入的不断增加，以及对农村教育质量要求的逐步提高，在基本解决“有学上”问题之后，如何能使农村学生“上好学”，促进城乡教育公平、均衡发展，则成为当前农村教育和农村学校改革发展的重点。农村义务教育学校标准化建设不仅要推动农村学校硬件办学条件的有效改善，而且要发掘系统内部的改革动力，在促进农村教育和农村学校的内涵式发展方面发挥其关键作用。农村学校标准化建设是一个系统工程，能否真正实现农村教育和农村学校的内涵式发展才是衡量其标准化建设中不可忽视的重要指标。

（一）城乡间学校标准化建设的差距仍较为显著

义务教育均衡发展是当前我国教育改革发展中的一大难题，其不仅关系到教育公平理念能否真正付诸实践，也是国家、地方政府和学校自身必须承担的改革重任。目前，我国义务教育均衡发展的主要问题集中表现在城乡间学校标准化建设的差距仍较为显著。2010 年全国开始推行义务教育学校标准化建设以来，国家和各地方虽然都相继出台了系列支持性政策和相关措施，但长期受城乡二元结构的影响，城乡学校教育发展水平和办学条件以及标准化建设程度仍然存在较大差距，特别是农村地区大量薄弱学校的存在，更是限制了农村教育的快速发展。表 4-1 和表 4-2 分别为 2011—2015 年城乡普通小学和普通初中标准化建设达标情况。

表 4-1　2011—2015 年城乡普通小学标准化建设达标情况　　单位：%

年份	项目	体育器械配备达标率	音乐器械配备达标率	美术器械配备达标率	教学自然实验仪器达标率
2011	全国	45.15	42.85	42.41	47.42
	城区	69.89	68.80	67.99	70.38
	镇区	52.87	50.46	49.64	55.27
	乡村	39.21	36.76	36.47	41.87
2012	全国	48.17	44.78	46.28	50.75
	城区	75.13	73.49	73.72	75.40
	镇区	57.06	53.66	54.80	59.42
	乡村	40.89	37.21	39.04	43.94
2013	全国	52.13	50.13	50.09	54.19
	城区	78.48	77.61	77.37	78.10
	镇区	61.35	59.56	59.16	63.02
	乡村	44.14	41.87	41.98	46.78
2014	全国	59.89	58.52	58.42	61.06
	城区	83.93	83.53	83.34	83.42
	镇区	68.52	67.37	66.96	69.40
	乡村	51.88	50.23	50.26	53.49
2015	全国	68.90	67.85	67.62	69.03
	城区	88.11	87.90	87.64	87.23
	镇区	76.15	75.30	75.02	76.32
	乡村	61.84	60.54	60.33	62.18

资料来源：邬志辉，秦玉友，等. 中国农村教育发展报告 2016[M]. 北京：北京师范大学出版社，2017：56

表 4-2　2011—2015 年城乡普通初中标准化建设达标情况　　单位：%

年份	项目	体育器械配备达标率	音乐器械配备达标率	美术器械配备达标率	理科实验仪器达标率
2011	全国	63.99	60.28	59.55	70.98
	城区	75.78	73.46	72.80	79.43
	镇区	66.18	62.13	61.41	73.83
	乡村	55.61	51.55	50.78	63.61
2012	全国	69.14	64.62	65.85	75.12
	城区	80.57	77.98	78.32	83.14
	镇区	71.18	66.25	67.53	77.77
	乡村	60.29	55.17	56.85	67.49
2013	全国	72.90	70.39	70.10	77.63
	城区	83.16	81.92	81.52	84.60
	镇区	76.01	73.25	73.03	81.50
	乡村	64.32	61.30	60.98	70.18

续表

年份	项目	体育器械配备达标率	音乐器械配备达标率	美术器械配备达标率	理科实验仪器达标率
2014	全国	77.76	76.10	75.91	81.37
	城区	86.52	85.31	85.06	87.09
	镇区	79.04	77.91	77.64	83.64
	乡村	69.90	67.71	67.67	74.66
2015	全国	83.58	82.37	82.07	85.91
	城区	90.20	89.03	88.79	89.82
	镇区	84.66	83.55	83.24	87.58
	乡村	77.59	76.21	75.88	80.92

资料来源：邬志辉，秦玉友，等. 中国农村教育发展报告 2016[M]. 北京：北京师范大学出版社，2017：57

由此可见，受城乡区域发展、教育生态和生存压力，以及中小学布局调整政策等方面的综合影响，农村地区义务教育学校建设任务更为复杂和艰巨。为扭转义务教育学校发展的非均衡状态，义务教育学校标准化建设便成为促进区域间和城乡间义务教育均衡发展的重要突破口。在此过程中，扎实推进农村义务教育学校标准化建设的实质就是不断促进我国义务教育的均衡发展，这不仅是整个义务教育学校标准化建设的主要内容，也是影响相关政策能否有效落实、相关目标能否完满达成的关键环节。从更高的价值层面而言，推进农村义务教育学校标准化建设是保障社会主义国家公民尤其是处于弱势地位的农村公民平等享受受教育权的根本举措。

（二）农村学校的特色发展和优势挖掘未受到充分关注

农村学校因自身诸多限制性因素及农村区域环境的特殊性，不仅难以与城镇学校相比拼，在整个国民基础教育体系中也处于明显的劣势地位。为摆脱发展困境，农村学校一度处于不断追赶和模仿城镇学校的过程中，这使其在很大程度上陷入了既不能与城镇教育同步发展又无法与农村社会良性互动的尴尬境地。义务教育学校标准化建设虽强调要以相对统一的系列标准来进一步实现对学校办学条件和办学行为的有效规范，但这并不是说所有学校都必须建设成为统一模式。特别是对于农村学校而言，更应基于学校所处的农村经济社会发展情境、学校自身发展需要和特点，有针对性地开展标准化建设。

应该看到，越是追求学校的标准化建设，越是会对学校的发展与建设精益求精，越是会以高标准和严要求办优质学校，以精准改革和学校的精细化管理做足学校品牌建设，以标准化的精品学校建设理念打造学校特色，实现学校的个性化发展。[①]然而，长期以来，农村学校总是被认为是“百病缠身”，需要向城市学校学习，需要通过向着城镇学校的发展建设模式去不断调整、变革。这不仅极易使农村学校常常成为被否定、被质疑的对象，而且使相关改进策略无法与农村学校的现实需要真正有效对接。在此背景下，农村义务教育学校的发展与农村文化的关系疏离，农村教育发展的“离农”倾向明显，农村学校教育工作者和农民从传统的“熟人”关系转变为“陌生人”关系，农村学校教育者对农村文化的认同感降低。同时，农民对农村教师的认同感也下降，导致恶性循环。

义务教育学校标准化建设应以学校的特色发展为基础，而农村学校的标准化建设更应基于农村学校的发展现状，针对当前的发展需求，在充分挖掘与彰显自身办学优势的同时，使农村学校的办学活力得到持续激发。只有如此，农村学校在其标准化建设中才能一改往日垂头丧气、灰头土脸的面貌，才会对学校标准化建设更加充满信心和期待。让人欣喜的是，我们在广东和江苏的调研中看到，一些农村义务教育学校的校长基于本校的实际情况，超越办学标准或者说不仅仅停留在办学标准的水平上办教育，而是以教师队伍发展模式、以艺术与体育特色结合或以家校合作为抓手，办出特色，展现了充满活力的农村校园、学生和教师，也获得了家长的信任。

二、农村义务教育资源合理配置问题

概而言之，教育资源的配置既包括以教育经费和教育设施为主的硬件方面的分配，也包括以师资和生源为主的软件方面的构建，是通过各类教育资源在“质”与“量”等方面的协调来力求教育目标的高效达成和教育系统的合理运行。基于此，教育资源的合理化配置则是影响整个义务教育和学校自身改革发展的重要因素。如今，城乡教育资源配置的不均衡严重制约了我国义务教育均衡发展，农村学校在与城镇学校的竞争中处于明显弱势地位。为此，农村义

① 程晋宽，缪舒敏. 指向义务教育均衡优质发展的学校标准化建设路径——基于政策目标与政策手段的分析[J]. 教育发展研究，2017，(18)：8-14.

务教育学校标准化建设意在通过加大农村地区教育资源的配置力度，促进农村学校办学条件的改善与办学质量的提高。然而，随着我国人口向城市流动的倾向和规模日益显著，以及农村学校办学环境和教育生态的不断变化，农村义务教育学校标准化建设能否在实现教育资源的合理配置的基础上，实现教育资源的有效利用，则是一个日益突出的问题。纵观当前农村义务教育学校标准化建设实践，相关问题主要表现在以下两个方面。

（一）农村教育投入增加与教育资源浪费的问题

我国义务教育学校办学条件存在较大差距，近年来在推进义务教育均衡发展的进程中，国家和各地政府通过不断健全城乡教育投入机制，明确将向农村地区和薄弱学校倾斜作为教育投入的重点。例如，2016 年海南省义务教育总投入为 162 亿元，其中 68%投入到农村地区。甘肃省投入 174.8 亿元，用于配套实施全面改薄项目，并将中央改薄专项资金的 85%投向全省 58 个集中连片贫困县，对民族地区和革命老区按照 120%给予倾斜。[①]在教育经费的有力保障下，农村学校办学条件比之前有了大幅度提升。有数据显示，自 2013 年以来，中央财政累计投入 1620 亿元，带动地方投入 3000 多亿元，共新建改扩建校舍 1.86 亿平方米，采购课桌凳 2561 万套、图书 6.1 亿册，农村义务教育学校办学条件明显改善，学生自带课桌椅、睡“大通铺”、在 D 级危房上课现象在绝大部分农村地区已消除。[②]农村义务教育学校标准化建设注重通过增加教育投入来不断推动农村学校改进，以确保城乡义务教育学校的均衡发展。

尽管农村义务教育办学条件不断改善，但是受国家人口政策、城镇化进程和农村教育质量普遍较低等综合因素的影响，农村学校学生数正面临逐年减少的发展困境。2010 年以来，校均班级数、校均学生数、班均学生数持续下降，学校出现小规模的趋势。[③]与之相应的是，不少农村地区校舍出现闲置现象，造成了本就有限的农村教育资源的浪费。因此，农村义务教育学校标准化

① 教育部. 2017 年全国义务教育均衡发展督导评估报告[EB/OL]. http://www.moe.gov.cn/jyb_xwfb/xw_fbh/moe_2069/xwfbh_2018n/xwfb_20180227/sfcl/201802/t20180227_327990. html（2018-02-27）.

② 教育部. 推动城乡义务教育一体化发展买上新台阶——访全国政协委员、教育部党组成员、副部长朱之文[EB/OL]. http://www.moe.gov.cn/jyb_xwfb/xw_ft/moe_47/fthg_2018n/201803/t20180316_330193. html（2018-03-16）.

③ 秦玉友. 教育城镇化的异化样态反思及积极建设思路[J]. 教育发展研究，2017，（6）：1-7.

建设不仅要关注农村学校办学条件的改善问题，还要关注农村教育资源的使用效率问题，避免这期间出现农村学校空置现象。

（二）农村教师队伍的持续发展与精准配置问题

做好师资队伍建设与配置是义务教育学校标准化建设的重要组成部分，也是衡量其是否真正实现预期政策目标的重要指标。正如前文所言，随着国家对农村教育发展支持力度的不断增大，农村师资队伍建设和配置已在一定程度上得到优化。但是，由于农村学校办学条件、生存环境等都与城镇学校存在较大差距，农村教师数量虽然在政策的支持下得到一定补充，但仍面临严重流失的问题，尤其是年轻教师不能安心于农村学校的教育教学工作。从目前农村学校的发展需要来看，农村教师队伍建设仍存在不少隐忧。我们在调研中发现，农村地区义务教育学校教师队伍建设的主要问题如下：教师队伍素养整体偏低，教师年龄结构、职称结构、学科结构不合理，尤其是音体美和英语教师紧缺，教师信息化技术应用能力较差，胜任教育教学的能力不足，无法满足开足开齐课程的需要。学者对中西部六省区的调查显示，农村小规模学校教师中，老中青年教师所占比例分别为 27.8%（大于等于 50 岁）、49.6%（大于等于 30 岁，小于 50 岁）、14.8%（小于等于 29 岁），呈现出以中老年教师为主的特征。[①]农村义务教育学校尤其是小规模学校的师资队伍老化状况非常严重，如果没有强有力的措施改变这种局面，一旦这批 50 岁及以上的教师退休，这些学校则将面临教师队伍断档、无人可用的窘境。

另外，农村教师职业发展没有得到足够重视，农村教师无法从教育教学工作中获得职业幸福感和专业能力的持续提升。相比城镇教师而言，农村教师外出参与培训的机会较少，且现有相关培训中，针对农村教师专业能力发展的系列指导则更少。因此，农村教师在更新教育教学理念、方法等方面与城镇教师存在较大差距。培训没有针对性，导致效果较差，又反过来使农村教师参与培训的积极性降低，由此形成了恶性循环，这也就从根本上阻碍了农村义务教育学校标准化建设的有效实施。这些问题在农村小规模学校中的表现则更为突

---

① 曾新，高臻一. 赋权与赋能：乡村振兴背景下农村小规模学校教师队伍建设之路——基于中西部 6 省 12 县《乡村教师支持计划》实施情况的调查[J]. 华中师范大学学报（人文社会科学版），2018，(1)：174-187.

出。受限于学校规模，农村小规模学校大多难以配备足够的师资，教师在很多情况下不得不承担全科教学，这不仅无法保证教育教学质量，也使学校在很多时候无法开足开齐国家规定的课程。国家和地方从政策和教育经费等层面分别为农村教师队伍素质的提升提供保障，但如何在农村义务教育学校标准化建设中，针对农村学校办学需要与办学特点，就师资质量和数量做好精准配置，仍是一个有待研究的重要问题。

三、农村义务教育学校标准化建设评估与监测问题

义务教育学校标准化建设不仅是为学校的优质化发展注入新动力，也是为能在更大范围内促进我国义务教育学校的公平、均衡发展。随着义务教育学校标准化建设的不断推进，其实践进程、效果等方面的进展究竟如何，则需要通过科学、合理的评估与监测进一步判定。这既是全面掌握义务教育学校标准化建设实施现状、明确其中存在问题的重要环节，也能为后续相关改革工作的有效改进提供重要依据。然而，义务教育学校标准化建设是一项涉及学校办学条件与办学质量等方面全面提升的系统工程，不能只关注学校硬件设施是否达标，而是需要在办学条件不断改善的基础上，更加注重义务教育学校标准化建设在促进学生发展方面的投入力度和支持效果。农村义务教育学校标准化建设因其面临的改革任务更为复杂和艰巨，则更需要对其实施过程和实施效果开展有针对性的评估和监测。

（一）农村义务教育学校标准化建设缺少过程性评估

义务教育学校标准化建设评估工作是其实施过程中不可缺少的一个重要组成部分，也是促使学校标准化建设工作进一步科学化和规范化的重要手段。全面系统的评估能使标准化建设与学校的整体发展更加契合，也能使其整个建设过程更具指导意义。为了更好地掌握和反映义务教育学校标准化建设效果，部分省份已建立了相关评估指标体系。例如，海南省结合实际，制定了《海南省义务教育学校标准化建设评估指标体系》，规定了学校设置与建设、装备条件、师资队伍、教育教学和学校管理等 5 个方面的 60 项指标。[①]黑龙江省结

① 教育部. 国家教育督导检查组对海南省 4 个区（市）义务教育均衡发展督导检查反馈意[EB/OL]. http://www.moe.gov.cn/jyb_xwfb/gzdt_gzdt/s5987/201312/t20131203_160361. html（2013-12-03）.

合本省实际，就办学基本标准制定了 4 个方面 19 项指标，包括生均校舍建筑面积、功能教室使用面积、教育技术装备器材配备、生均图书册数、教师学历达标率、师生比、最大班额、辍学率等 8 项核心指标。[①]然而，纵观相关评估指标可以发现，其多以对实践效果的综合评估为主，而缺少对实施过程的有效评估。农村义务教育学校标准化建设是一项推动农村学校整体发展的系统工程，其不仅应对学校整体办学状况的改进结果予以关注，还应注重在此过程中是否能真正使学校标准化建设与师生的全面发展相联系，其建设手段和方式是否基本遵循了学校作为教书育人这项重要任务承担者的内在要求。农村义务教育学校标准化建设应指向农村学校办学质量的全面提升，基于此，其不能重蹈以往只重结果而忽略过程的覆辙，否则极易使本就处于弱势地位的农村学校为了达到某些所谓的可视化标准而在标准化建设过程中出现某种违背教育规律"不择手段"的现象。

（二）农村义务教育学校标准化建设忽视了动态监测

义务教育学校标准化建设是一个逐步推进区域教育均衡发展、学校办学规范化的改革过程。无论是义务教育学校标准本身还是建设过程，都需要根据地区教育和学校的办学现状、发展要求和其中可能随时会出现的相关问题做出积极调整。特别是对于农村学校而言，因其办学基础较为薄弱、累积性问题较多，在标准化建设中更应基于办学实际情况加以推进，在这期间绝不能生搬硬套一般意义上的学校建设标准和城镇学校的标准化建设模式。例如，农村小规模学校和教学点的标准化建设，就应针对其特殊的办学环境、办学模式等具体推进。因此，农村义务教育学校标准化建设更需要在一个不断探索、积极调整和勇于创新的改革过程中进行。然而，就现阶段来看，虽然在系列政策措施的推动下，我国城乡义务教育学校办学差距在一定程度上缩小了，但仍然无法满足和适应当下农村教育的发展要求。义务教育学校的标准化建设是手段而非目的，是一个复杂的综合性改革过程，而不是阶段性的教育跃进方式。无论是研究者还是管理者、实践者，都需要认识到标准化建设在时间上的持续性和运作

---

① 教育部. 国家教育督导检查组对黑龙江省 5 个县(市、区)义务教育均衡发展督导检查反馈意见[EB/OL]. http://www.moe.gov.cn/jyb_xwfb/gzdt_gzdt/s5987/201310/t20131021_158587.html（2013-10-21）.

上的系统性。[①]农村义务教育学校标准化建设不是一项一蹴而就的教育改革活动。从目前来看，在硬件办学标准化建设的基础上，其还应将注意力集中于以促进学校内涵式发展为主的标准化建设上。这也使农村义务教育学校标准化建设成为一个更具动态性的学校变革过程。但就相关实践情况来看，当前对于农村义务教育学校标准化建设的评估和监测多数仍停留在以固定数值为参照的达标状态的结果性评判，忽略了在此过程中由农村学校办学实际的改变而引起的对其真实教育教学效果的持续关注。因此，为进一步促使农村义务教育学校标准化建设在政策实施过程中能与农村学校办学实际有效对接，及时做好相应的调整工作，体现对农村学校“精准关切”“精准扶持”的政策精神，加强农村义务教育学校标准化建设，特别是加强对学生成长的动态监测是其中一项不可忽视的重要工作。

第三节　农村义务教育学校标准化建设的突破之道

近年来，国家多次发布系列教育政策，并明确提出为进一步加快推动城乡义务教育均衡发展，促进农村义务教育学校标准化建设是其中的重要环节。随着标准化建设任务的不断推进，农村义务教育学校标准化建设原有实践方式的问题也逐渐显现。因此，面对新时代农村教育现代化的发展要求，以及人们对提升农村义务教育办学质量的迫切期待，为确保农村义务教育学校标准化建设的持续推进，我们亟须展开一场从理念认知到实践重点的系统性变革。

一、强化对农村义务教育学校标准化建设特色的认识

价值理念是引领教育政策发展的灵魂，没有观念层面对农村义务教育学校标准化的高度重视，就无法制定出有高度支持性和强针对性的农村教育发展政策。正如有学者指出的，“洞见或透识隐藏于深处的棘手问题是艰难的，因

① 张新平，张冉. 义务教育学校标准化建设：现况、问题与理路选择[J]. 教育发展研究，2017，(18)：1-7.

为如果只是把握这一棘手问题的表层，它就会维持原状，仍然得不到解决。因此，必须把它‘连根拔起’，使它彻底地暴露出来；这就要求我们开始以一种新的方式来思考”①。在以往的农村义务教育学校标准化建设中，农村学校多聚焦于学校办学条件的改善与相关教育资源的优化配置上，而对农村教育和农村区域的特色发展考虑得相对较少。这不仅使农村义务教育学校标准化建设在某些方面没能较好地与农村学校发展的现实需求相匹配，也使部分改革措施的实际效力大打折扣。农村教育在教育发展体系中占据重要位置，2003年颁布的《国务院关于进一步加强农村教育工作的决定》明确了“农村教育作为教育工作的重中之重”的地位，肯定了“农村教育在全面建设小康社会中具有基础性、先导性、全局性的重要作用”，以及农村教育在构建具有中国特色的现代国民教育体系和建设学习型社会中的重要地位。毋庸置疑，推进城乡义务教育均衡发展，提升农村教育整体办学质量已成为当前和未来一段时间内国家教育改革的主要任务之一。然而，在此过程中，农村义务教育学校标准化建设不能仅仅聚焦于对农村学校未来发展的外在影响因素的程式化改革上，应同时关注农村学校面临的现实发展困境与改革要求，并切实结合农村教育之于农村社会发展担负的特殊使命等，从而使农村义务教育学校标准化建设能够真正关切农村学校的改革发展重点与发展特色。

农村义务教育学校标准化建设既对农村地区义务教育的普及、巩固，以及城乡教育均衡发展具有重要意义，也在推进农村社会改革发展中承担着重要责任。21世纪初开始的农村学校大规模撤并，对农村地区义务教育普及率的冲击已经证明了这一观点。农村义务教育学校标准化建设不仅有效保障了农村地区儿童的受教育权，甚至可以这样讲，只有进行标准化建设，才能确保农村地区儿童与城市居民子女享有同等标准的教育权利。然而，若仅仅关注义务教育学校的标准化建设，则难免会使学校出现由于改革方向与目标逐渐趋于雷同而失去自身办学特色的问题。正如有学者指出的，在标准化的办学环境下，学校更习惯于按既定的标准行事，缺乏创新与变革的动力、能力和环境，教育教学也成为单调的重复性的简单劳动。这样的学校很难满足人们日益增长的对优

① 皮埃尔·布迪厄，华康德. 实践与反思：反思社会学导引[M]. 李猛，李康，译. 北京：中央编译出版社，1998：1.

质的、个性化的教育服务的需求。[①]基于此，在当前城乡义务教育仍存在明显差距的情况下，农村学校更应思考如何在义务教育学校标准化建设中实现自我创新与发展。

义务教育学校标准化建设并不意味着农村学校必须按照城市义务教育学校的模式进行改革，相反，在当前城乡一体化发展的过程中，农村义务教育学校标准化建设更应立足于农村学校独特的办学需要，挖掘自身的办学特色，从而助推农村学校实现办学质量的有效提升。相比城市义务教育学校而言，农村义务教育学校的目标之一便是培养农村居民及其子女对农村文化的认同，这对传承乡土文化有着重要意义。如果没有农村学校的存在，学校教育和教师所代表的文化价值失落，传统的农村村落在人才和文化方面进一步空心化，这会给新农村建设、新型农民培养、农村经济发展和社会稳定带来不利的影响。此外，农村义务教育学校的发展不仅有助于农村地区的精准扶贫，也可进一步促进城乡一体化背景下的城镇化发展。因此，扎实有效地推进农村义务教育学校标准化建设，强化农村学校办学特色是促进农村义务教育发展的重要途径，同时更是未来提升农村义务教育学校标准化建设质量的关键突破口之一。

二、制定适切性强的区域性农村义务教育学校标准体系

中国农村分布广泛，既有东部地区经济发达的农村，又有中部地区人口密集但经济社会发展水平一般的农村，还有西南地区交通不便、山高林密的山区农村和西北地区地广人稀的农村，在西部地区形成了连片的贫困地区。其中，经济社会发展水平较低、农村教育发展相对落后的地区，是农村义务教育学校标准化建设的重点和难点。因此，制定并执行全国统一的农村义务教育学校办学标准是不切实际的，既会因“就低”对发达地区的农村义务教育发展造成掣肘，也可能因“就高”而让中西部落后地区的农村义务教育学校感觉达到标准成为不切实际的幻想。正如有学者所言，推进义务教育均衡发展是复杂的系统工程，在坚持总体要求的基础上，应鼓励一些地方积极探索、先行先试，

① 田贤鹏，陈恩伦. 后标准化时代义务教育学校发展方式的转变[J]. 现代中小学教育，2014，(8)：19-22.

探索适应当地教育情况、符合教育规律的均衡发展模式。①由此观之，赋予省（自治区、直辖市）自主权，因地制宜地制定标准，是一个较为合理的选择。由省级教育行政部门统筹安排，根据本地区的历史和现实水平，以及对今后经济社会发展水平的适度预测，制定适合本地区的农村义务教育学校标准，并逐步推进。

依据区域特殊的发展需要和办学环境，制定适切性强的区域农村义务教育学校标准，是扎实、稳步推进学校标准化建设的重要制度保障。我们通过相关检索发现，湖南省于 2018 年 7 月颁布了《湖南省义务教育学校办学标准》，对本区域内的义务教育学校办学条件、经费投入、教师队伍建设和学校管理等设置了标准；贵州、重庆和新疆等也制定了单项的标准或者标准化建设规划，如贵州省于 2014 年颁布了《贵州省义务教育阶段学校基本办学标准》；新疆则于 2011 年颁布了《新疆维吾尔自治区义务教育学校办学基本标准（试行）》，其后于 2013 年制定了《新疆维吾尔自治区义务教育学校标准化建设规划（2011—2020 年）》。通过对上述政策的具体分析可知，各地关于义务教育学校办学标准的政策文件名称各异，体例也不同，各地关注的与义务教育学校标准化建设的侧重点也有差异。其共同点是并无农村义务教育学校标准化建设的专门标准。因此，从一定意义来说，中央教育行政部门可以对义务教育学校标准化的概念、政策名称及体例和标准化的指标体系进行规范，制定相对统一的义务教育学校办学标准，各省（自治区、直辖市）教育行政部门可以在此框架下根据本地情况设置具体的指标值。

在国家相对统一的义务教育学校标准化建设背景下，建设农村义务教育学校标准，是指在促进城乡教育一体化过程中，学校不仅能够实现有特色的差异化发展，而且能够更加切合农村学校的发展需要。具体可从以下四方面着手：一是全面了解新时代农村义务教育学校改革的需求，以及农村社会改革现状与未来发展取向，从而针对农村义务学校教育标准化建设确定具有前瞻性、可操作性和可持续性强的设计框架；二是通过相关调研，了解农村学校在当前与未来一段时间内关注的发展要点与难点，并将其纳入农村义务教育学校标准化建设中，凸显对当地农村义务教育改革发展的精准支持；三是明确区域农村

① 王定华. 关于我国义务教育均衡发展之再审视[J]. 中国教育学刊，2012，（1）：25-28.

义务教育学校标准化建设的具体指标，并根据区域经济社会教育发展情况赋值；四是基于农村教育发展的实际需要，制定专项标准，如教育信息化标准、农村小规模学校标准和寄宿制学校标准等，尤其是教师发展和学生发展质量等专项指标，完善标准体系，以标准促进教育教学质量提升。

三、着力促进农村义务教育学校教师队伍标准化建设

教师是提高学校办学质量、推动教育改革发展的宝贵资源。这不仅是因为教师的专业水平会直接影响学校的教育教学质量，而且作为教育改革的关键所在，教师更是国家系列教育政策的实际践行者。因此，促进义务教育学校教师队伍素质的整体提升，实现其专业能力的持续发展，是确保我国义务教育学校标准化建设取得实质效果的重要环节。城乡义务教育的差距不仅仅表现在硬件条件上，更突出表现在师资水平和教学质量等软件条件上。[①]如前所述，农村教师队伍质量整体较低是制约当前农村义务教育学校办学质量的重要因素。农村教师数量短缺、结构不合理等问题在个别地区极为突出。促进农村义务教育学校标准化建设，要加大对农村教师的培养、培训力度，如可以进一步扩大免费师范生政策覆盖范围，在地方性师范院校增加免费师范生的比例，采取定向培养等方式为农村义务教育学校定制师资；制定更为有效的激励政策，探索面向农村义务教育学校教师的待遇标准，在住房、工资待遇和社会保障方面给予更大幅度的支持，鼓励更多人自愿去农村义务教育学校教书育人。

我们于 2019 年 9 月对苏北地区农村义务教育进行调研时发现，在区县教育行政部门看来，影响教师队伍建设的政策因素主要有两方面：一方面，根据现有教育管理体制的要求，究竟能配置多少教师到农村学校任教，往往受到财政部和人事部所制定名额的限制，因此部分农村学校出现了实质性缺编和结构性缺编的问题，编制的限制导致农村学校教师出现配置不足或不合理等情况。另一方面，职称评审是当前影响农村教师工作积极性的又一重要因素，部分地区的教师工作多年甚至还是初级职称，而职称评审需要的论文、科研项目等要求对农村教师而言又过高，如此则使得一些教师倍感升职无望，待遇无法提

① 王凤玲. 落实责任 应对挑战 推进义务教育均衡发展[J]. 教育研究，2010，(9)：12-16.

升，从而产生了职业倦怠。在学校内部，因为职称名额和岗位的限制，在教师职称晋升和岗位晋升的过程中产生了诸多矛盾，这也给学校管理带来了较大压力。

在农村义务教育学校标准化建设过程中，尤其需要探索教师队伍管理在体制和机制方面的创新。首先，逐步探索去编制化改革，去除编制对教师队伍结构和数量的约束。江苏部分地区探索了合同制教师，在基本保证同工同酬的情况下，部分没有编制的劳务派遣教师极大地缓解了农村教师队伍建设的压力。当然，需要特别说明的是，在现阶段，教师去编制后尤其要保障在编教师和不在编教师的同工同酬。其次，努力探索教师职级制改革，消除职称对农村教师发展的负面影响。根据任教年限和教学绩效逐步增加教师待遇，而不受职称和岗位设置的限制。最后，探索制定教师专业发展合格标准。现有的教师资格标准是对教师入职前的考核要求，并不能对教师的职业生涯过程进行有效的评价。同时，各地现有的教师培训和优秀教师选拔的标准更多是从城市学校教师的基础和需求出发，偏重于科研成果、赛课获奖等指标，对于农村教师的专业发展没有起到应有的激励作用，农村义务教育学校教师无法得到有效引领和发展。在上述调研中，还有一些农村义务教育学校的教师反映，当前面向农村教师的培训针对性不强，有时培训甚至成为教师工作的负担。因此，我们建议以省级教育行政部门为主导，建立农村义务教育学校教师的专业发展标准，对农村义务教育学校教师的专业发展质量和培训、评比等具体事项进行规范。

第五章　乡村小规模学校标准化建设的实地样态

义务教育学校标准化建设的精准关切在农村，在了解全国范围农村义务教育学校标准化建设的宏观图景的基础上，更需要以“聚焦”的眼光，重新发现农村学校发展，特别是探索当前乡村小规模学校①的标准化建设现状。全面加强和推进乡村小规模学校的标准化建设，对于促进义务教育均衡发展、保障乡村儿童就近入学权利、传承乡土文化、实现乡村振兴战略有着重要意义。我国幅员辽阔，地区发展不平衡，东西部差距较大，加之各地发展政策不一，乡村小规模学校的类型、成因及生存样态千差万别。为最大程度地探索我国乡村小规模学校的当下样貌，本章以东部浙江省C县、中部江西省P县和西部贵州省 L 县的乡村学校为例，对乡村小规模学校标准化建设现状进行了田野考察；在此基础上，对乡村小规模学校标准化建设的阶段进行了论述，对推进乡村小规模学校标准化建设的路径进行了阐释。

---

① 本章关键词用的乡村小规模学校，而非农村小规模学校，主要是遵循约定成俗的表达习惯，特别是关照教育政策与实践的现状。譬如，2018年，《国务院办公厅关于全面加强乡村小规模学校和乡镇寄宿制学校建设的指导意见》提出，“乡村小规模学校（指不足100人的村小学和教学点）和乡镇寄宿制学校（以下统称两类学校）是农村义务教育的重要组成部分”。由此可见，乡村小规模学校发展是农村义务教育发展的一部分。“乡村”和“农村”二者表述不同，但并不绝对冲突。一般而言，农村更偏向于地理空间，而乡村在内容方面更为丰富，还意味着更多的人口、文化功能。在本书中，我们沿袭政策与实践的常规表达。

第一节　学校所在县的概况与教育概览

一、东部发达地区的欠发达县：浙江省 C 县

C 县地处浙江省的西部，是地处我国经济发达地区的欠发达县。C 县东西长约 96.8 公里，南北宽约 94.4 公里，面积达 4427 平方公里，是浙江省地域面积最大的县。C 县地貌主要由中低山、丘陵、小型盆地、谷地以及水库构成，其中低山和丘陵面积占 80%，水域面积占 13.5%，小型盆地和谷地面积仅占 6.5%。2017 年，全县共辖 11 个镇、12 个乡、425 个行政村和 12 个社区，户籍人口共 46.08 万人，其中城镇人口 10.06 万人，乡村人口 36.02 万人。C 县历史悠久，始建于东汉建安十三年（公元 208 年），距今已有 1800 多年的历史。中华人民共和国成立后，C 县因建造水电站，经济发展经历了“十年倒退、十年徘徊、十年恢复”的曲折历程，致使 C 县长期成为浙江省 26 个欠发达县之一。2017 年，C 县城镇居民人均可支配收入为 40 269 元，农民人均可支配收入为 17 721 元，分别是浙江省平均水平的 78%和 71%。①

2017 年末，C 县有小学 59 所，在校学生 15 254 人，教职工 1698 人。其中乡村小规模学校有 32 所，共有学生 1824 人，占 C 县小学生总人数的 12%；教职工人数为 461 人，占小学阶段教职工总人数的 27%。根据 C 县教育局历年统计年报及浙江省历年统计年报来看（表 5-1），21 世纪以来，C 县的小学规模处于持续萎缩的状态，在校学生数从 2000 年的 38 980 人下降到 2017 年的 15 254 人，学生人数减少了六成以上。从学校数量上来看，C 县小学经历了从急剧减少到逐渐稳定的一个过程，从 2010 年起一直维持在 60 所左右，表明大规模撤点并校已经结束。

---

① 资料来源：浙江省统计局官网和《C 县 2017 年国民经济和社会发展统计公报》。

表5-1　浙江省 C 县若干年份小学情况一览

年份	学校数（所）	毕业生数（人）	招生数（人）	在校学生数（人）	教职工数（人）		
					合计	公办	专任教师
2000	275	7 906	5 179	38 980	2 260	—	2 064
2006	99	5 268	4 078	28 034	1 944	—	1 793
2010	60	4 367	3 103	20 313	1 840	1 840	1 737
2014	58	3 092	2 490	16 594	1 708	1 708	1 626
2015	58	2 812	2 554	16 343	1 695	1 695	1 580
2016	58	3 058	2 399	15 699	1 681	1 680	1 568
2017	59	2 904	2 399	15 254	1 698	1 688	1 623

注：“—”表示资料缺失，余同

资料来源：历年《C 县教育局教育事业统计年报》和历年《浙江统计年鉴》

二、中部劳动力输出人口大县：江西省 P 县

P 县位于江西省中部，鄱阳湖畔，是我国中部地区的农业大县。P 县东西宽约 71.8 公里，南北长约 90.2 公里，全县总面积为 4215 平方公里。P 县地貌主要由低山丘陵、湖区和平原构成，其中低山丘陵占全县总面积的 45%，水域面积占全县总面积的 22%，平原面积占全县总面积的 33%。2016 年，全县共辖 1 个街道、14 个镇、15 个乡、527 个行政村、43 个社区，户籍人口为 157.05 万人，其中城镇人口 32.92 万人，乡村人口 124.13 万人，是所在地级市中人口最多和面积最大的一个县。P 县始建于秦始皇二十六年（公元前 221 年），距今已有 2200 多年的历史。P 县是我国重要的粮、棉、油、猪生产区和水产大县，但工业基础较为薄弱，年轻人选择外出打工的居多，成为中部劳动力输出的重要大县。2017 年，P 县城镇居民人均可支配收入为 22 410 元，农民人均可支配收入为 9540 元，两者均是江西省人均水平的 72%左右，人均收入排在江西省各县区的末端，被列入国家扶贫开发工作重点县名单。①

截至 2015 年底，P 县有小学 475 所，在校生 136 045 人，小学教师 6548 人。通过《P 县县志》以及 P 县所在地级市 S 市的《S 市统计年鉴》，大致可以看到 P 县在 1998—2016 年小学阶段学校数量、学生规模以及师资

① 资料来源：《江西省 2017 年国民经济和社会发展统计公报》《P 县 2017 年政府工作报告》。

变动情况（表 5-2）。从小学数量来看，1998—2004 年，P 县大量小学被撤并，消亡数量超过了一半，撤销比例高达 57%。2016 年的小学数量仅是 1998 年的 40%左右；从小学招生数、毕业生数以及在校学生数来看，P 县小学的学生规模也在缓慢递减：从 2016 年的数据来看，招生数仅是 1998 年的 66%，毕业生数是 1998 年的 64%，在校生数是 1998 年的 69%，学生规模大约萎缩了 1/3。①

表 5-2 江西省 P 县小学情况一览表

年份	学校数（所）	毕业生数（人）	招生数（人）	在校学生数（人）	教职工数（人）		
					合计	公办	专任教师
1998	1 068	27 255	28 815	156 338	7 654	5 708	—
2004	463	16 506	25 450	167 244	7 461	7 461	6 324
2005	502	23 233	23 789	164 438	6 635	6 547	6 567
2010	493	25 078	26 971	166 338	8 279	—	7 907
2014	461	20 355	24 201	136 995	7 635	—	7 334
2015	460	19 207	19 504	117 147	7 627	—	6 665
2016	429	17 503	19 087	108 039	6 154	—	6 072

资料来源：历年《S 市统计年鉴》

三、西部少数民族地区的大县：贵州省 L 县

L 县位于贵州省东南部，是以侗族为主体民族的县。L 县东西宽约 94 公里，南北长约 112 公里，全县面积 4441 平方公里。L 县地貌主要由低山、丘陵、河谷盆地构成，山地面积占全县总面积的 95.1%。2017 年末，全县共辖 2 个街道、14 个镇、7 个乡、2 个民族乡、290 个行政村、28 个社区。户籍人口约为 55 万，其中城镇人口约为 12 万，乡村人口约为 43 万，是贵州省面积较大和人口较多的县。其中，侗族人口占 71%，为 L 县的主体人口，另外苗族人口约占 15%，汉族人口约占 15%。L 县始建于宋太平兴国二年（公元 977 年），距今已有 1000 余年。尽管近几年 L 县第三产业发展较快，但因地处边陲，近代工业落后，就业机会较少，人们的生活依然不算富裕。2017 年，L 县城镇居民人均可支配收入为 27 188 元，农民人均可支配收入为 7963 元，分别是贵州省平均水平的 93%和 89%，在贵州省属于中等略偏下的水平，被列

① 资料来源：《S 市统计年鉴》和 P 县 2017 年度统计报表。

为国家扶贫开发工作重点县名单。①

2018 年，全县有小学（教学点）259 所，其中完全小学 74 所，教学点 185 个，小学在校学生 41 439 人（其中民办 186 人），教职工 2381 人（其中民办学校教职工 17 人）。从《L 县县志》以及贵州省的统计年报数据来看（表 5-3），L 县小学数量呈现逐渐下降趋势，2016—2017 年完全小学数量突然减少近一半，仅剩 74 所。从学生规模以及历年招生变化情况来看，呈“V”字走势，在校学生数最多的年份出现在 2000 年，达到 6.6 万，此后逐渐减少，但从 2014 年起，规模又缓慢增大；从招生数来看，最少的年份出现在 2010 年，全县招新生 4753 人，但此后招生数又开始慢慢爬升，2017 年招生 7340 人，是 2010 年的 1.54 倍，说明 L 县小学生人口在触底反弹后，进入了稳定的上升期。②

表 5-3　贵州省 L 县若干年份小学情况一览表

年份	学校数（所）	毕业生数（人）	招生数（人）	在校学生数（人）	专任教师数（人）
2000	345	—	—	66 153	2 384
2005	254	—	—	59 148	2 395
2010	217	9 011	4 753	41 571	2 209
2014	136	6 500	5 603	32 360	2 037
2015	141	5 157	6 347	33 672	2 028
2016	137	4 820	6 875	36 163	2 078
2017	74	5 360	7 340	38 634	2 123

资料来源：历年《贵州统计年鉴》

四、三县的社会经济和小学教育发展对比

前文介绍了三县的社会发展和教育变迁情况，接下来我们截取 2017 年相关数据（表 5-4），对三县的社会经济和小学教育发展情况进行对比分析，以期了解我国东部、中部和西部义务教育小学阶段发展情况以及乡村小规模学校标准化建设现状。

① 资料来源：2018 年《贵州统计年鉴》、1989 年《L 县县志》。

② 资料来源：历年《贵州统计年鉴》和 L 县教育局年报资料。

表 5-4　2017 年 C 县、P 县、L 县社会经济和小学教育发展情况对比

分类	指标	C 县	P 县	L 县
社会经济发展情况	总面积（平方公里）	4 452	4 215	4 441
	户籍总人口（人）	460 769	1 431 507	559 238
	人口出生数（人）	5 361	18 403	8 150
	生产总值（亿元）	255.7	208.9	83.42
	人均生产总值（元）	55 496	19 627	21 277
	财政总收入（万元）	309 065	180 166	62 410
	其中教育支出（万元）	79 450	149 949	77 880
	城镇居民人均可支配收入（元）	40 269	22 410	27 188
	农村居民人均可支配收入（元）	17 721	9 540	7 963
	是否为国家级贫困县	否	是	是
小学阶段教育情况	学校数量（所）	59	429	259
	乡村小规模学校数量（所）	32	约 140	约 170
	招生数（人）	2 399	19 087	7 340
	毕业生数（人）	2 904	17 503	5 360
	在校学生数（人）	15 254	108 039	38 634
	专任教师数（人）	1 623	6 072	2 123
	师生比	1∶9	1∶18	1∶18

注：P 县小学数据为 2016 年度的

资料来源：《C 县 2017 年国民经济和社会发展统计公报》《L 县 2017 年国民经济和社会发展统计公报》；P 县 2017 年国民经济和社会发展计划执行情况与 2018 年国民经济和社会发展计划

（一）生源萎缩流失危机：东部 C 县最为严重

东部偏远县区的生源萎缩流失情况严重。首先，从学生规模来看，东部 C 县处于严重的萎缩状态。中部 P 县因地处平原地区，人口密集，其总人口分别是 C 县的 3.1 倍和 L 县的 2.6 倍。从小学阶段的在校学生数来看，P 县的学生总人数分别是 C 县的 7.1 倍和 L 县的 2.8 倍，这从一个侧面说明 C 县的生源流失情况最为严重。其次，从人口出生率来看，2017 年 C 县人口出生率为 11.6‰，P 县和 L 县分别为 12.8‰和 14.5‰，也是 C 县最低。人口出生率直接影响着未来几年小学招生数，可见 C 县的生源萎缩压力最大。最后，从招生数与毕业生数以及人口出生数对比来看，唯有 C 县的招生数显著少于毕业生数和人口出生数，分别是毕业生数的 83%和人口出生数的 45%，而 P 县和 L 县小学的招生数都高于毕业生数，与人口出生数相仿，说明 P 县和 L 县的生

源外流情况尚可，未见大规模流失。由此可见，在经济发达的东部地区，城市对于本地区偏远欠发达县的“磁石效应”要高于中部和西部地区。总之，东部发达地区的偏远县区面临的生源萎缩和流失危机相对更为严重。

（二）教育财政支出压力：中部 P 县最大

中西部贫困县区在教育支出方面面临巨大的财政压力。三县在各自省区都不算发达地区，处于中等偏下甚至末端的位置，但因地处不同省份，三县的经济状况亦有较大的不同。总体而言，C 县要明显强于 P 县和 L 县，P 县要好于 L 县，比较符合我国目前东部经济比中西部发达、中部略胜过西部的现状。从经济体量来看，C 县的生产总值是 255.7 亿元，居三县之首；P 县以 208.9 亿元次之；L 县最低，为 83.42 亿元，仅为 C 县的 1/3。从财政收入与教育支出两组数据来看，C 县 2017 年的财政总收入为 30.91 亿元，P 县为 18.02 亿元，L 县仅为 6.24 亿元，三县对应的教育支出分别是 7.95 亿元、14.99 亿元和 7.79 亿元，可以看出，P 县的教育财政支出压力最大。相对而言，C 县教育支出的财政压力最小，为其财政总收入的 1/4 左右。因此，就县级财政而言，东部县区对义务教育的投入力度最大，中西部县区财政压力较大，投入力度相对有限。

第二节　乡村小规模学校标准化建设的田野考察

基于对三县县情的分析和小学教育概览（表 5-5），我们对乡村小规模学校在各地的生存样态进行了田野考察，对其维持运行和发展的各类设施、设备和资源进行了深入观察和分析。通过对乡村小规模学校办学条件、办学经费、外部资源、教师队伍、学校管理和学校文化六个方面的考察和分析，力图发现乡村小规模学校标准化建设的样态及存在的问题。

表 5-5　乡村小规模学校田野调查个案学校基本信息表

地区	学校	类型	专任教师（人）	学生人数（人）	校长
浙江省 C 县	W 镇 F 完全小学	完全小学	10	35	徐校长
	W 镇 H 完全小学	完全小学	11	75	汪校长
	W 镇 Y 小学	完全小学	14	66	王校长

续表

地区	学校	类型	专任教师（人）	学生人数（人）	校长
浙江省C县	JK乡中心小学	中心小学	12	43	方校长
	JK乡J完全小学	完全小学	14	32	王校长
	S乡中心小学	完全小学	17	44	方校长
	J乡中心小学	中心小学	18	86	姜校长
	J乡T完全小学	完全小学	14	59	项校长
	L乡中心小学	中心小学	17	81	汪校长
	L乡S完全小学	完全小学	12	59	蒋校长
江西省P县	G镇N小学	完全小学	8	53	高校长
	G镇X小学	完全小学	8	68	汪校长
	C乡NL小学	完全小学	8	98	高校长
	R街道J小学	完全小学	12	97	林校长
贵州省L县	M镇C小学	教学点	4	54	吴校长
	M镇LF小学	教学点	4	75	吴校长
其他地区	浙江省T县B镇D小学	完全小学	12	54	徐校长
	陕西省B市M镇R小学	完全小学	12	68	冯校长

一、办学条件整体基本达标，但地区差异明显

（一）学校设置环境条件基本合理

就三县乡村小规模学校的地理环境而言，大部分学校的设置基本合理。C县和L县同处山区丘陵地带，学校的选址主要考虑避开泥石流等地质灾害区，宜选在开阔平坦的地方，而P县主要以平原湖区为主，易形成内涝，因此学校选址需避开低洼区域，选地势稍高的平坦区域。在服务半径上，大多数小学都选在人口集中的村寨边上，以方便儿童就近入学。就交通条件而言，大部分学校的交通尚可，汽车等交通工具均可以通达。同时，因地处偏远山乡和田间地头，小规模学校都能远离公共娱乐场所以及不利于身心健康的污染源。

（二）学校校舍质量及功能基本达标

近年来，国家的“全面改薄”计划成效明显，乡村地区校舍危房等已经消除，校舍质量基本得到保证。就实地调研的学校来看，大部分校舍建于20世纪90年代末至2010年，层高以三至四层为主。这些校舍大都由当地政府

出资建设，西部L县的校舍则由“希望工程”出资建设，从整体外观来看，也较新。我们选取C县L乡S完全小学、P县R街道J小学和L县M镇LF小学三所学校作为三县的代表。

其中C县 S 完全小学的主教学楼为四层，设置了54平方米的普通教室共11间，24平方米的教学辅助用房3间，32平方米的厕所4间，36 平方米的教师办公用房3间和会议室等行政办公用房3间。2018 年，S完全小学的6个年级占用了6间教室，其他4间教室作为图书室、音乐室、学生的“留守儿童候鸟之家”等功能性教室使用。教工宿舍则位于教学楼的第四层东边区域，共有4间。另外，建有学生寝室楼，共有20平方米左右的学生寝室12间。

P 县J小学的主教学楼有三层，设置了36平方米的普通教室共6间、60平方米的多功能教室1间、18平方米的教学辅助用房2间和36平方米的教师办公用房1间。教学楼没有设置厕所，学校没有设置教工和学生寝室。

L县LF小学的主教学楼为三层，设置了36平方米的普通教室共6间，24平方米的教学辅助用房共3间。LF小学从2017年起被降格为教学点，因此只有一至四年级，4位教师共用二楼的1间办公室。从调研来看，就乡村小规模学校的校舍面积来看，东部C县的乡村小规模学校的标准要高于中西部地区，教学用房盈余面积较多，而中西部地区校舍较为紧凑，但基本够用。

按标准化建设要求，校舍按功能一般分为教学用房及辅助用房、办公用房和生活用房，整体而言，教学用房均基本能满足教学需要，但办公用房，尤其是生活用房地区差异较为明显。总体而言，东部小规模学校的生活用房和配套设施相对完备，而中西部相对欠缺，存在一些短板。

一是厕所数量少且标准化程度低。调研发现，中西部乡村小规模学校的厕所数量很少，通常全校仅有一个厕所，且为师生共用。不仅数量少，西部一些县中小学的厕所多为非水冲式的旱厕，因此卫生和安全并不能得到保障，如L县C 小学的厕所的日常卫生打扫由高年级同学包干，并需要从远处担水来打扫。中部地区P县小规模学校的厕所能做到水冲式，但不能做到每个楼层均有设置。

二是食堂不独立且设备简陋。独立、卫生的食堂是师生在校园生活的重要保障。从调研来看，东部C县设置了独立、功能完备的食堂和师生就餐厅；中部P县因情况各异，有的小规模学校有独立的食堂，有的学校因学生离家较近而没有设置食堂；西部L县的小规模学校食堂则置于教学楼内，没有独立建造，也没有辟出师生就餐的区域，学生席地而坐，露天用餐（图5-1），且做饭采用传统的柴灶，较为简陋。

图5-1 贵州省L县M镇LF小学学生就餐

（三）教学条件及仪器设备地区差异明显

教学条件和仪器设备的完备程度，可以说是衡量标准化建设最核心的外显指标。从实地调研情况来看，我国乡村小规模学校教学条件的地区差异十分明显，大致表现为东部高于中部，中部略高于西部。

1. 运动场地

运动场地的建设一般耗资较多，其标准程度高低可谓一个学校的“门面”。东部C县学校的运动场地标准较高，多数学校设有100米直跑道和250米环形跑道，且场地都进行了软化处理，铺上了塑胶；P县的学校也都设置了60米直跑道，并进行了软化处理。相对来讲，L县学校的运动场地标准化程度最低，不过基本也能提供平坦、开阔、硬化的场地。

2. 多媒体技术设备

在访谈中，多位教师反复提及“班班通”这个话题。作为义务教育均衡发展的主要着力点，“班班通”是落实到具体每一堂课堂中的信息技术手段，是教育信息化的显性指标。所谓“班班通”，是指学校每一个班级能与外界进行不同层次的信息沟通，实现信息技术与学科日常教学的有效整合[①]，一般泛指多媒体教室，即有投影仪、配电脑、可上网的教室，是国家在推进“校校通”“农村中小学现代远程教育工程”之后，信息技术在农村学校的延伸和扩展。从个案学校来看，东部C县学校的教室都配上了“班班通”；中部P县学校的部分班级配有“班班通”；而对于西部L县，“班班通”尚没有辐射到教学点。

3. 办公条件

在乡村小规模学校，教师普遍采用集体办公的模式，多名教师共用一间办公室。仅在C县，校长拥有独立的办公室，并配有空调，一般教师的办公室很少装有空调，但有些学校因接受过社会捐赠，也为普通教师的办公室安装了空调。除了个别接受社会捐赠的学校外，在P县和L县，校长与普通老师一起办公，且没有配空调。在L县，冬天阴冷，教师一般用炭火或电暖器取暖，存在一定的安全隐患。之所以没有安装空调，主要是由于经费紧张，即便安装了，耗电较多，公用经费也承担不起。

二、“整体紧张”与“M”形结构：层层审批下的公用经费

公用经费是保证学校正常运转、在教学活动和后勤服务等方面开支的费用，和人员经费一起构成教育事业性经费，也是义务教育学校标准化建设的重要构成之一。从实地调研来看，乡村小规模学校公用经费使用整体呈现出紧张状态，但尚能维持运转。从地区差异来看，东部经费充裕一些，西部比中部略好一点，而中部因承担的额外支出最多，经费出现入不敷出的状态，整体呈现出“M”形结构。

（一）分级共担：公用经费的合理组成

2016年，浙江省、江西省和贵州省各自出台了相应的义务教育经费保障

① 刘志波，齐媛. 班班通：从校园信息化建设走向课堂信息化应用[J]. 中国电化教育，2010，（8）：64-68.

机制的实施方案，在规定了本省生均公用经费基准的基础上，主要对公用经费需要地方承担的部分进行了比例划定（表 5-6）。

表 5-6　C 县、P 县和 L 县普通小学生均公用经费标准以及中央和地方分担比例

地区	公用经费标准（国定）（元）	中央财政负担		地方财政负担部分的分配情况					
		国家比例（%）	金额（元）	省级比例（%）	金额（元）	市（州）比例（%）	金额（元）	县级比例（%）	金额（元）
浙江省 C 县	650	50	325	50	325	—	—	—	—
江西省 P 县	600	80	480	18	108	—	—	2	12
贵州省 L 县	600	80	480	16	96	2	12	2	12

资料来源：国务院. 国务院关于进一步完善城乡义务教育经费保障机制的通知[EB/OL]. http://www.moe .gov. cn/jyb_xxgk/moe1777/moe1778/201511/t2015 1130_221655.html（2015-11-25）；浙江省人民政府. 浙江省人民政府关于进一步完善城乡义务教育经费保障机制的通知[EB/OL]. http://www.cnki.com.cn/Article/CJFDTotal-ZJZE201616004.htm（2016-05-03）；贵州省教育厅. 贵州省教育厅关于进一步完善城乡义务教育经费保障机制的实施方案[EB/OL]. http://jyt.guizhou.gov.cn/zfxxgk/fdzdgknr/zjxx/201712/t20171206_16138009.html（2016-04-19）

可以看到，在生均公用经费事项上，C 县财政几乎没有什么压力，而 P 县和 L 县因分担的生均金额仅为 12 元，财政压力也不算大。然而，由于 P 县小学阶段在读人数的基数较大，客观上财政压力相对较大。

（二）精打细算：维持学校的正常运行

随着国家对公用经费基准的提高，对于乡村小规模学校而言，尽管收入依然过少，但仍可以维持正常运转。三县对于不到 100 人的乡村小规模学校，均能做到按 100 人拨足公用经费，没有发现中间环节被克扣的情况。从 C 县的情况来看，学生公用经费加上乡村小规模学校公用经费补贴，大致可以达到 12 万元；P 县和 L 县因没有额外补贴，大致都在 6 万元。多数校长表示，“钱多就按钱多的计划执行，钱少就按钱少的计划执行”，每年精打细算，按计划办事，没有钱，就只能少做事。相对而言，C 县的公用经费总额要高一些，相对充足，各类活动开展以及经费保障要到位一些。对于 P 县来讲，经费只能用于最基本的运行保障，学生的文体活动费用、校园文化建设费用、教师差旅费用和培训费用等只好“能砍就砍”，尽量减少活动组织和外出培训，以节约开支。因为 L 县是非完全小学的教学点，班级、学生人数及教师人数等相对要少，按 100 人拨款之后，经费充足程度比 P 县稍好一些。

（三）入不敷出：自聘人员，经费支出较大

自聘人员的开支占了公用经费的大头，成了公开的秘密。尽管国家明文规定公用经费不得用于人员经费的开支，但对于乡村小规模学校而言，编制有限，只能寻找其他人员来补充。调研中，校长口中的自聘人员主要是指代课教师和食堂工作人员。从C县来看，自聘人员主要为食堂炊事员。

> 我们这个学期请了两位食堂阿姨，工资是一个月2000元多一点。以前是一个月1800元，但找不到人，只能加一点。那么两个人一个月的开支就是4000多元，除去寒暑假两个月，要发10个月工资。仅这一项，对于我们小规模学校来说，5万元补贴就要用掉了。
>
> （访谈资料：浙江省C县W镇Y小学 王校长 2019-01-28）

从P县的情况来看，自聘人员不仅有食堂人员，还有代课教师，因此公用经费的开支压力更大，极个别学校甚至出现了入不敷出、校长自己贴钱的情况。

> 这个学期，我们食堂有两名工作人员，两个人一个学期的工资是1.2万元，一年的工资是2.4万元，两名代课教师一个学期的工资是2万元，一年是4万元，这两项加起来就是6.4万元。所以，你看我们整个就是入不敷出的状态，为了维持学校的正常运转，我自己已经贴了5万元，上半年为了迎“国检”（国家层面的义务教育均衡化发展验收），购买食堂桌椅等器材，我还向老婆借了1万元。
>
> （访谈资料：江西省P县C乡NL小学 吴校长 2018-05-17）

西部L县的公用经费不需要用在食堂工作人员身上，全县所有学校食堂工作人员的工资统一由县财政局承担。

> 我们的食堂工作人员虽没有正式编制，但所有的费用均不需要我们学校承担，也不需要从学生公用经费中开支，他们的工资全部是县财政统一发放的，还给他们缴纳五险一金，这给我们学校减轻了不小的压力。
>
> （访谈资料：贵州省L县M镇中心小学 全校长 2019-01-28）

另外，从经费使用程序和环节来看，乡村小规模学校多数为非独立法人单位，经费使用的自主权比较小，财务账号均在中心小学，财务报销程序较烦琐，需层层审批：先报给中心学校，中心学校报给教育局，教育局再做批复。很多乡村小规模学校校长认为，这种模式削弱了乡村小规模学校经费使用的自主权，制约了学校的发展。

三、责任担当与积极主动：外部资源的支持与互动

学校要生存和发展，绝不能自立于外部环境之外，而是要积极从外部环境中获取有用的资源，以促进自身的发展，同时也应承担起相应的社会责任。在争取外部资源支持的过程中，既需要各级组织和机构的全面关注和有责任担当，更需要乡村小规模学校积极主动地寻求社会资源和发声。

（一）唇齿相依的校村关系

在“三级办学”年代，村小归村子管，初中归乡镇政府管，村小的经费来源主要是村级集体经费。如今在西部地区依然有很多村小学的校舍是“三级办学”年代留下的产物。彼时村小的校舍叫“三个一点”，即“政府出一点，村里出一点，村民捐一点”，可见村小学与村庄之间关系的紧密性。此后，办学体制改为“以县为主”，国家承担起了义务教育主体职责，村小学对村庄的经济依附关系变弱，紧密关系也随之变淡。但从实地调研来看，三县乡村小规模学校与村庄之间的互动依然是紧密、良性的，可谓唇齿相依。

1. 校村配合完成上级任务

村委会虽为村民自治组织，但需要完成乡政府指派的各项工作任务，可被视为我国行政单元中最小的细胞，而乡村小规模学校是教育体制架构下最基层的单元，两者都是各自体系中最基本的一环。在上级指派的工作中，有时候会出现交集，这时候村小学与村庄就会形成合作关系，如脱贫工作。

> 我们在进行贫困生认定工作时，就需要村委会的协助，以帮助我们更为精准地认定贫困生。村里认定贫困户和村民的时候，也需要我们的配合，因为我们的台账、资料比较全。有时候，我们也会派老师去村委会协助他们做一些统计、资料整理方面的工作，所以我们之间是相互配

合的关系。

（访谈资料：江西省P县R街道J小学　林校长　2019-01-18）

2. 学校为村庄发展提供支持

当下，乡村振兴战略中的新农村建设在东部地区开展得如火如荼，村庄的文化建设得到更多重视。在新农村建设中，传统的村级祠堂被赋予新的意涵，改称“村民文化礼堂”，成为村民的“社区中心”，也是村民开展各类活动的重要场所。在诸如此类的新农村建设过程中，乡村小规模学校师生在其中扮演了重要角色，为当地发展提供了力所能及的支持。

我们Y村的村民文化礼堂是HZ市的样板，获得了市级荣誉。我们学校的老师当然也是本村的文化人，有帮助登记各类捐款的，有帮助操作电脑的，帮了不少忙。另外，村里种植蓝莓的人很多，村干部为了推销蓝莓，组织了一个蓝莓节，我们的学生和教师就编排了几个节目去助演。虽然目前经济上的支持不多，但村子兴旺是我们更愿意看到的。

（访谈资料：浙江省C县W镇Y小学　王校长　2017-06-28）

在西部L县，在“村办”小学阶段，村小学是村民的文化活动中心，许多学校的校舍、操场等活动场所，也是村民的文化活动场所。如今，村庄不再承担村小的办学经费，但村小依然是村民的文化活动场所，依然发挥着重要作用，成为学校与村庄之间的文化纽带（图5-2）。

图5-2　贵州省L县M镇DM小学校园里的村民戏台

（二）逐渐疏离的乡政府

一方面，随着义务教育“三级办学”体制的瓦解和“以县为主”办学体制的确立，乡镇一级政府不再承担学校办学经费投入的义务；另一方面，乡镇一级设有中心学校，学校的财权和人事权不再归于乡政府，客观上削弱了乡政府对学校的管理权限。整体而言，乡村小规模学校与乡政府的关系渐行渐远。

1. 精神支持多于物质支持

在中西部地区，乡镇一级政府的财力十分有限，对学校发展的支持基本以精神鼓励为主。若辖区内学校有教师获奖，或教学质量成绩考核在县里排名靠前，乡政府领导亦会感到脸上有光。在重大节日，乡政府主管领导也会深入村小学进行慰问，对优秀教师和学生进行表彰。同时，他们也会陪同上级领导进入学校检查各项工作，当学校获得优秀成绩时，偶尔也会给一些现金奖励。

2. 支持力度的随意性

乡政府对学校经费投入义务的消解，意味着对学校的经费支持具有随意性。这在东部相对发达地区的乡镇普遍存在，即乡政府对学校的经费投入没有实现常态化、标准化，有时候乡政府领导凭个人意志就可以决定是否给予学校支持以及支持的力度。

> 我今年打了报告，打算把我们学校的学生宿舍和教工宿舍翻修一下。因为学校的宿舍都是20世纪90年代建的，格局不好，主要是没有安装热水器。当时镇政府同意了，县教育局也批了，就是镇政府拿出30多万元，教育局拨10多万元，计划今年暑假把这件事情做好。但后来不知道什么原因，镇书记不同意了，导致这件事被搁置。
>
> （访谈资料：浙江省T县B镇D小学 徐校长 2018-12-28）

3. 支持层级的末端性

在C县，尽管乡镇一级政府的财力有限，但相对于中西部地区，乡村小规模学校仍然可以获得乡镇政府的一部分支持。然而，由于乡村小规模学校的“弱小”和边缘性，乡政府在支持力度上明显要比辖区内的大学校低得多，甚至根本无暇顾及，所以乡村小规模学校在支持层级上处于最末端。

> 镇政府的经费资助肯定也是以镇上的小学和中学为主，我们乡下的小规模学校处于弱势地位，镇政府根本照顾不到。我们就好像没人管、没人养的弃儿一样。
>
> （访谈资料：浙江省C县W镇Y小学 徐副校长 2018-12-28）

在P县，乡政府与学校的互动一般限于中心小学，所以当乡政府有一些经费支持时，也是中心学校把“蛋糕”分好之后，才会轮到下面的乡村小学，对于这样的“蛋糕”，乡村小规模学校往往不能“吃”到。在乡镇一级的政府视域中，乡村小规模学校“存在感”较低。

（三）间接管辖的县教育局

在中西部地区，乡镇中心学校受县教育局的直接管辖，相对而言，乡村小规模学校的需求和声音需要通过中心学校向教育局传递，因此获得的支持力度明显偏小。县教育局的文件材料、工作布置等通常只下达到中心学校，乡村小规模学校难以直接获得，容易造成对文件政策理解的困难或产生了一定程度上的偏差。

> 我们与教体局（教育局）的互动几乎为零，除非教体局直接下来检查工作，我们才可能有机会向教体局的相关人员汇报情况。中心学校几乎包办了所有与上级主管部门打交道方面的工作。如果我们可以直接和教体局进行互动和交流，那我们的需求和声音就能直接向教体局传达。
>
> （访谈资料：江西省P县R街道J小学 林校长 2019-01-18）

（四）独特的民间社会力量

近年来，我国民间社会救助力量以及非政府公益组织逐渐兴起并日趋完善，有效地完善了我国社会保障体制。相较于政府资源的层级管理，民间社会力量的资助具有灵活、敏锐、快捷的优势，也使乡村小规模学校可以绕开许多环节，直接获得外部支持和资源。民间社会资源获取的途径和多寡，与乡村小规模学校校长的活动意识和活动能力密切相关。

> 说实话，像我们这样的乡村小规模学校，全国太多了，凭什么让人家主动来关注自己，是不是？所以在争取外部资源方面，自己要积极主动地去接触相关的公益组织，我觉得首先就是要管理好我们的学校，让学校干净、整洁，师生面貌积极向上，只有这样，对方才愿意资助你。
>
> （访谈资料：江西省P县R街道J小学 林校长 2019-01-18）

从社会资源的构成来看，紧抓“成功校友”以及“地方名人”等个人力量，是乡村小规模学校寻求外部资源支持的可行之道。

> 其实社会资源的支持，多少总是可以找到一些，总比你不去努力、不去做要好。今年，我们有一位校友开了一家公司，通过“诗与远方”基金会给我们学校资助了1.5万元，虽然钱不多，但也是校友的心意，积少成多嘛。其实，他们也很愿意为家乡的教育做一些事，如果自己不积极主动去争取、联系，那他们也不知道该怎么帮助你。
>
> （访谈资料：浙江省C县W镇Y小学 徐副校长 2019-02-08）

四、彷徨与守望：乡村小规模学校的教师队伍

毋庸置疑，师资队伍是乡村小规模学校标准化建设的重中之重。在三县中，乡村小规模学校教师的生命状态和专业发展呈现出多元、丰富的样态。

（一）贫瘠与富足：乡村小规模学校教师的生命状态

人的生命是多维的存在。从哲学意义上来看，人是自然生命、精神生命、社会生命的结合[①]，只有三者完美结合，才会绽放出生命之美。在实地调研中，可以发现乡村教师的自然生命、精神生命和社会生命处于不同的状态。整体而言，乡村教师的生命状态是充满张力的，客观上相对“贫瘠”，主观上又相对“富足”，二者互相矛盾、调和，最终形成了乡村教师向下扎根、向上开花的独特气质。

---

① 赵野田，潘月游. 论生命价值的道德支撑[J]. 东北师大学报（哲学社会科学版），2010，（2）：10-14.

1. 自然生命

自然生命是人肉体的物质存在，是人的健康、营养、发育等状况的综合表现。乡村教师的工作强度和物质基础在一定程度上决定了他们的自然生命质量。除了刚分配来的年轻教师，很多教师脸上都写满了“疲惫”二字。对于自己的物质收入，感到相对满意的乡村教师占了一部分，在感到偏低的教师中年轻教师群体占了很大比例。在此方面，地区之间存在差异，整体呈现出“M”形结构，即东部 C 县和西部 L 县教师的收入高一些，中部 P 县教师的收入水平偏低，这与公用经费现状基本一致。

乡村小规模学校虽然人数少，但需要完成的各项教学任务、考核、检查和各类报表一样都不能少。小规模学校教师少，这些事情分摊下来，只能像抓壮丁似的找年轻教师做，所以年轻教师的压力很大。

> 有时候我一个星期去县城两三趟，自己开车去，来回油费都要六七十块钱，但是只能按照公交车费来报，每个学期仅油费都要好几百块钱。每年绩效考核时，我只比其他老师多发 2000 多元，这也就算了，年轻人多锻炼一下也是好的，但是事情真的太多了，周末都得加班做，感觉真是有点儿烦了。
>
> （访谈资料：浙江省 T 县 B 镇 D 小学　办公室主任吴老师　2017-05-14）

在中西部地区，学校除了要完成各项教学检查之外，“包班制”的教学任务也使教师的劳动强度非常大，从早到晚整日不得空闲。

> 我们 4 名老师负责 4 个班级，从早管到晚。为了让孩子们不产生厌倦，下午上音乐、体育、美术等课时，我们就相互调一下，我到你的班上去，你到我的班上来。课余，老师们就在办公室批改作业和备课，总的来说，没有闲的时候，工作强度挺大的。偶尔有老师去出差、开会，替班的老师就要管两个班，不停地上下楼梯，一天下来，脚底几乎要冒烟儿了，非常辛苦。
>
> （访谈资料：贵州省 L 县 M 镇 LF 小学　吴校长　2018-12-23）

对于物质收入，很多教师虽然不满，但已在自我调适中慢慢接受，在纵向与横向比较之间慢慢平衡。物质收入在很大程度上影响着教师的精神生命和社会生命。总体而言，乡村教师的收入处于不上不下、较为尴尬的水平。随着收入水平的提高，教师通常会跟自己过去的收入相比较，所以教龄较长的教师更容易获得满足感。

说实话，扣完税，我每个月的工资是6000多元。我于1981年参加工作，第一年实习期工资是一个月46元，现在的物价大概是当时的120倍，46元乘120是5500多元，所以我的工资与36年前基本持平，也就是说我们的收入几乎没有增长。实际上，我当年的收入在社会上是可以的。举个例子，当年木工的收入是每天1.1元，而我的收入相当于每天1.7元，而现在，一般木工的收入至少是每天250元，与木工相比，我们现在的工资要低一点。如果回到10年前，与木工的收入差距还要更大。

（访谈资料：浙江省C县W镇H完全小学 徐老师 2017-06-28）

然而，需要承担家庭重担，如赡养父母、抚养孩子的中年教师，以及初入职场的年轻教师则对收入相对不太满意。

只能说我们老师饿不死也撑不死，你想办一点什么大事，是办不到的。不说别的，买房子就买不起，现在县城的房子每平方米差不多2万元了，我现在的工资是每个月4800元。你想想看，买1平方米都需要好几个月的工资。

（访谈资料：浙江省C县J乡中心小学 占老师 2018-01-19）

从收入绝对值的比较来看，中部P县的教师收入要明显偏低。

相对于我的年龄来说，我的收入马马虎虎吧。年轻老师的工资就更低了，我儿媳妇也是教书的，她在另外一所小学，一个月工资还不到3000元，还要养孩子，如果没有我们这些长辈帮衬，可以说孩子连奶粉都吃不起，还要还房贷、车贷，就那点儿收入，压力太大了。

（访谈资料：江西省P县G镇X小学 赵老师 2018-05-17）

在西部的L县，教师的收入在当地处于中等偏上水平。

当然不能跟外出打工或经商的同学相比，但与留在我们M镇工作的同龄人和当地老百姓相比，我们的收入还是要高一些的。杂七杂八的加起来，我现在每个月的收入也有4000元多一点。因为我参加工作才两年，所以就现在的工资来说，我还是满意的。

（访谈资料：贵州省L县M镇DM小学 吴老师 2018-12-23）

2. 精神生命

精神生命是人在与外界的互动中形成的自我认知，进而构建出的心灵世界。在相对偏僻、边远、封闭的乡村小规模学校工作，外地或住校的教师容易产生寂寞、孤单的情绪。从调研的情况来看，良好的性格及丰富的兴趣爱好是对抗寂寞的良药，同时学生的成长和懂得感恩的举动也是慰藉教师精神心灵的重要源泉。

教师会在孤独、封闭的环境下进行自我调节。在偏远乡村，一般缺乏娱乐设施，在相对封闭的小环境中，年轻的、非本地区、需要住校的乡村教师一般通过学习、读书、运动、上网等形式排解寂寞。

刚毕业时，突然去了山里，那里很偏僻，没有公路，需要坐两个小时的船，再坐半个多小时的三轮车才能到。山里没有田地，中间是小溪，两边都是山。打开手机，一点儿信号都没有，情绪一下子落到谷底，人生地不熟，感到很无助。后来，公路慢慢通了，手机信号也好多了，安慰自己毕竟这里空气好，人也变得纯净起来，在空余的时间看一些与教学相关的书籍，把心思用在思考如何教好书上。

（访谈资料：浙江省C县W镇Y小学 徐副校长 2017-06-28）

对教师来说，学生成长与师生互动是最珍贵的情感慰藉。尽管面对的是封闭、孤独的环境，但教师的精神世界是充实的。这主要来自学生的成长和进步，师生情感的互动是教师幸福的源泉。

孩子对我很好，有时候有些孩子很搞笑，看到我会说：“妈妈，我叫你一声妈妈，好不好啊？”我说：“好的，没关系，你想叫就叫吧。”小孩子有时候也有心事，但有些农村孩子的家长也不善于沟通，而孩子也需要有情感表达的渠道。

（访谈资料：浙江省T县B镇D小学 金老师 2017-05-14）

老师是跟学生打交道的，学生是最天真活泼的，师生间没有利害冲突。老师的目的很简单，就是跟学生一起成长。比方说，我原来没教过数学，前年开始也教数学，我也有不会做一些题的时候，就拿出来跟学生一起讨论。我觉得很有意义，自己也在成长。

（访谈资料：浙江省C县W镇H完全小学 汪校长 2017-06-28）

3. 社会生命

社会生命是主体在社会活动和社会交往中形成的，是其自然生命、精神生命在社会领域的自然延伸。[①]从某种意义上说，教师创造的社会价值是其社会生命的体现，而社会地位和社会认可度是其社会价值的体现。在访谈交流中，多数教师认为乡村教师的社会地位不高，而且似乎有“今不如昔、逐年下降”的趋势。

随着时代的变迁，乡村教师的社会地位不如往昔，这既与社会大环境和评价标准的变化有关，也与学校体制和教师群体自身的变化有关，同时家校联系渠道的变迁也是原因之一。在C县，随着村小学的撤并，学校后勤保障的整体水平有所提高，教师与村民、家长的互动从亲密、热情走向疏离、割裂。这种似乎更现代的教师与家长关系，让乡村教师在主观上认为自己的社会地位不如以前。

刚参加工作的时候，信息闭塞、交通不方便，我们就在一个村子里，好像是世外桃源一样。因为学校没有食堂，所以我们老师是到学生家里吃饭的，有点儿像吃百家饭，感到很愉快。家长就怕我们不吃，把猪腿上最好的肉割下来烧给我们吃。现在呢，当然不可能再去学生家里吃饭了，与家长的互动、交流也少了很多，家长对我们的要求也更多、更高一些。

（访谈资料：浙江省C县J乡中心小学 王老师 2018-01-18）

社会大环境相对功利的评价标准使乡村教师的地位较低，同时城乡差异、学校等级差形成了城区教师地位高于乡村教师地位、中学教师地位高于小学教师地位的等级链，而乡村小规模学校教师的地位正处于等级链的最底端。

① 冯建军. 生命教育与生命统整[J]. 教育理论与实践，2009，（22）：8-11.

> 我们农村老师的收入偏低……他们街上（镇上）的老师就不一样，城里的老师地位更高一点，中学的老师还好点，反正等级差异、地域差异就在那里。如果你是县城某某学校的老师，感觉档次就不一样了，所以我一般不主动说自己是农村老师。
>
> （访谈资料：江西省P县G镇N小学 程老师 2018-05-18）

另外，教师职业的权利和义务一般被框定在学校范围内，在社会生活中，乡村教师并没有什么社会资源和话语权。

> 一个明显的例子，就是很多教师通过考公务员离开了教师岗位，但很少听说有人从别的单位跳到学校来的。在这个社会上，人们对社会地位还是看得比较重的，是不是啊？为什么村干部能够受到尊敬呢？因为他们有帮助村民解决实际生活问题的能力。我们乡村教师，一没有权力，二没有高的收入，所以社会地位就低了。
>
> （访谈资料：江西省P县G镇X小学 赵老师 2018-05-17）

尽管教师认为在他人眼中其社会地位较为一般，但对于自己工作的社会价值普遍具有较高的认可度，形成了他人否定而自我肯定的矛盾认知。乡村教师是乡村学生接受知识的重要来源，看着学生慢慢成长，教师能体认到自身的价值，这种自我认可非常关键，是支撑他们继续从事教师职业的强大支柱。

> 我最引以为傲的就是2008年奥运会那年，我带着17个孩子练习口琴，然后带着他们到新加坡去比赛，获得了国际比赛的金奖。实际上，我倒不是说获奖本身很重要，让我觉得引以为傲的就是这17个孩子，这次经历有可能会改变他们的人生。因为说到底农村的孩子见世面的机会很少。
>
> （访谈资料：浙江省C县L乡中心小学 汪校长 2018-01-18）

（二）成长与瓶颈：乡村小规模学校教师的专业发展

乡村教师的专业发展是小规模学校生存和发展的重要保障，也是师资标准化建设的重要内容。乡村教师的专业化，首先在于教师对自己在乡村环境中形成和发展起来的专业技能优势以及劣势有清晰的认知，同时对自身专业发展的瓶颈和阻碍因素有清楚的了解，以及对未来方向有一定的规划。

1. 特殊的专业能力

乡村教师，尤其是年长的乡村教师在偏远的乡村摸爬滚打多年，形成了许多“独门绝技”，赢得了学生和家长的信任。

一是基本的医学保健能力。乡村学校位置偏远，一旦学生出现身体不舒服的情况，往往无法及时送到医院。因此，乡村教师具备一点急救常识很有必要，比如，能判断孩子的健康状况，具备一定的中医技能。

> 现在农村的学生很多都是留守儿童，由爷爷、奶奶带，管饱穿暖，给他吃得饱饱的，很容易积食，消化不良容易引起肚子痛。我会试着给学生推拿，很有效。
>
> （访谈资料：浙江省C县JK乡中心小学 夏老师 2017-05-14）

二是因材施教的能力。年长的乡村教师对本地区的民风民俗、民约民规以及乡村孩子的成长环境、家庭背景等都较为了解，凭着经验即可对学生进行综合分析、因材施教。

> 只要教一个学年，我基本上就能把学生的性格摸得一清二楚。我会根据学生的具体情况施教，学生有缺点，我会帮助他改正。村子的基本情况，包括乡土民风、气候环境，以及村里人的心理状态，如父母的心理状态、爷爷奶奶的心理状态我都比较了解。学生在哪方面有欠缺，我就在哪方面帮他弥补，对此我还是有自信的。
>
> （访谈资料：浙江省C县W镇H完全小学 徐老师 2017-06-28）

三是全科教学能力。在小规模学校，学生少，教师也少，学科划分不像大学校那么泾渭分明，更多的时候需要像“万金油”一样的教师，“什么课都可以顶得上”。调研中，很多教师提到了乡村教师要具备全科教学的能力。尤其是一代中等师范学校毕业生，长年在乡村小学任教，能游刃有余地掌握各个学科的教学。

> 我是英语老师，教六年级英语课，但我也被要求教一年级的语文课。你看，我刚教好英文的“A、B、C、D”，接着就要教汉语拼音“ɑ、b、c、d”，这种角色的转换，让我很为难。尤其是教一年级的学生查字典，真的很别扭，我会一直跟学生说“A、B、C、D”，但他们还没有学

英语，有时候讲着讲着自己就懵了，然后想想，自己上的是语文课，不是英语课。不过一个学期下来，自己也适应了很多。

（访谈资料：浙江省C县W镇F完全小学 胡老师 2017-06-28）

2. 专业发展的阻碍因素

乡村教师专业发展的瓶颈和阻碍因素也是显而易见的，在调研中，不少教师指出了很多对专业成长不利的因素。

首先，教研团队难引领。在小规模学校中，教师无法像大学校一样形成固定的某一学科的教研团队，尤其是副科，也许全校就一名教师，根本无法得到教研团队或资深教师的指导和引领。这使得教师在教学方面只能“摸着石头过河”，甚至觉得很多年过去了，自己仍在原地踏步。

我们没有机会出去，也没有机会去大学校。如果有机会专门跟着名师锻炼一段时间，也许会使自己的教学能力得到提升。在这里，一年过去了，全校就开了一两节公开课。其实校级公开课也没什么意义，谁的水平高，一眼就看出来了，都是知根知底的。

（访谈资料：浙江省T县B镇D小学 吴老师 2017-05-14）

关于教学能力，很多小规模学校教师长期在微班（通常不到10个学生的课堂）教学，对未来是否能适应正常规模的班级教学并不自信。在教师评奖、教学基本功竞赛等方面，小规模学校的教师不占优势，这对他们的未来发展、晋升、工作调动等均产生了不利影响。

其次，教科研意识薄弱。在教学科研方面，乡村小规模学校教师群体普遍缺乏相应的意识及能力。之所以出现这种情况，有两方面的原因：一方面是缺乏教科研的环境和培训机会；另一方面是教师埋头于日常教学工作和各类行政琐事，缺乏精力。一位从乡村调到县城，再从县城到乡村支教的C县本地名师对乡村教师的教科研意识和能力都有较深刻的体会。

我感觉乡村教师做事情都是非常认真的，但是他们的科研意识不是很强。我们不光要教书，还要带着课题进课堂，要去研究学生，研究教师、教材。相对来说，我们这里的老教师“死教”的人多一点，“活教”的人不是特别多。

（访谈资料：浙江省C县L乡中心小学 徐副校长 2018-01-18）

最后，安逸滋生惰性。虽然乡村教师的教学工作强度大、琐事多，尤其是在有寄宿生的学校，教师几乎从早工作到晚。但毕竟乡村学校的教师少，相较于城区的学校，乡村教师的教学质量压力要小一些，家长对乡村教师的要求也不像城区家长那样挑剔，使得乡村教师多少缺乏一些竞争意识。

可能是自己的进取心不是很强，反正就是有一种被消磨的感觉。我已经来这里工作五年了，还是一名普通老师，感觉是学校没有给我上升的机会，对我来说，做多做少、做好做坏都是一样的。长此以往，人就容易产生惰性，我的信心、进取心没有之前那么强烈了。

（访谈资料：浙江省C县W镇H完全小学 徐老师 2017-06-28）

五、压力与挑战并存的乡村小规模学校的学校管理

从组织运行来说，任何一所学校均涉及课程、教学、教师、学生、安全等各种常规或非常规的管理工作。由于乡村小规模学校的特殊性质及其所处环境，它们在面临各种日常管理困境的同时，又彰显出了浓郁的乡土特色与积累了一些典型经验。

（一）多头、无序、繁重的各类上级管理

在很多校长眼中，乡村小规模学校是弱势的，被各类上级管理机构管理，有时“一个通知，就会让小规模学校忙好几天”，整个管理体制呈现出多头、无序且烦琐的状态。一位校长透露，几乎整天忙于应付上级的各类大大小小的检查（图5-3），让学校疲于奔命，耗费了大量精力，严重影响了学校正常的教学。

图5-3 江西省P县G镇X小学为迎接检查而准备的各类材料

（二）事无巨细与压力并存的学生管理

1. 贫困生管理

乡村小规模学校，尤其是中西部地区的乡村小规模学校，常常需要面对一定数量的贫困生。在国家不断推进扶贫工作的同时，许多细致的统计和排查任务成为乡村小规模学校的基本工作。尽管乡村小规模学校人数不多，但贫困生的管理材料往往能积累出好几摞。

我所在学校服务的是周围的6个村，6个村里只要有小孩上学的家庭，我们都要去搜集相关信息，特别是贫困户，我们都要了解、统计。这些信息是不断变化的，每个学期都要更新一次。我们是7月5日放暑假，到现在20多天了，差不多每天都有表格要填，非常多，几乎都停不下来。

（访谈资料：陕西省A市Y镇Y小学　丁副校长　2018-07-27）

2. 学生交通管理

在乡村小规模学校，学生如何上学、放学如何回家，是一个涉及安全的重大问题。乡村小规模学校通常地处偏乡，乡间水库、湖泊众多，上下学路上不安全的环境因素较多。一旦孩子出了安全问题，家长往往会将全部责任推给学校。在这样的压力之下，学校和县政府不得不慎重考虑和应对学生上下学的交通管理问题。

从去年开始，我们全县推广寄宿生校车接送制度，车子是县长途汽车运输公司的。我们有21个孩子住校，每学期每名学生坐校车只需要交10元钱，即每周上下学校坐校车只要5角钱，基本就是免费的。我们按学生的家庭住址规划了两条线路，两辆校车接送，校车会开到校门口，老师负责把学生送上车。此外，教育局还拨了1000元钱给我们学校，可以给学生买些雨伞、雨衣等下雨天用。

（访谈资料：浙江省C县JK乡J完全小学　吴老师　2017-06-28）

在P县和L县，学生交通安全管理的困难更大。一方面，学生多为走读生，因为学生的家与学校的距离相对较近，最远的也在3公里以内；另一方面，村落分布较散，尤其是L县，没有较好的线路规划，同时村道狭窄，路况较差，安全隐患较多。再加上财政紧张，P 县和 L 县并没有推广校车接送。

3. 学生健康管理

学生健康管理首先涉及卫生室配置及常规体检。从卫生室的设置以及药品配备情况来看，C 县和 P 县较为规范，基本的药品以及体重和身高测量仪、血压仪等设备都有配备，而 L 县的教学点均没有设置卫生室，也缺乏基本的药品配备。在学生体检是否定期举行方面，地区差异也较为明显。在 C 县，教育局委托各镇卫生室每学期进校为学生进行健康检查，一般借助学校卫生室的仪器，即可完成最基本的体检，诸如身高、体重、视力状况、口腔卫生、血压、常规的内外科检查等。在 P 县，学生体检均由教师在本校卫生室完成，但只能检查一些基础的项目。在 L 县，学生的健康体检不在校内进行，学校会通知家长，要求家长送学生去医院体检。总之，在东部地区，学生在学校可以获得基本的医药急救处理及基本的常规体检；在中部地区，学生在学校可以获得伤口包扎、消毒等应急处理和身高、体重等基本数据测量；在西部地区，乡村小规模学校的医药卫生保健措施几乎为零，与标准化建设要求相去甚远。

学生健康管理还涉及学生营养餐管理。2011 年起，我国在中西部贫困地区推广了义务教育学生营养改善计划，每年惠及 3700 多万人[①]，从刚开始试点的每天补助 3 元，提高到了每天补助 4 元，所需费用全部由中央财政负担。在东部 C 县，学生营养改善计划虽没有惠及，但 C 县于 2018 年出台了《农村义务教育段学生资助“营养餐、一类寄宿生生活费补助”实施细则》，旨在为贫困学生提供资助，标准为每天 5 元，每学期按 100 天算。受惠学生分为两类：一类为低保家庭学生和残疾学生；二类为一般贫困家庭学生。其中，一类学生可以直接认定，二类学生的申请则需要通过教育局审核认定。受资助的学生总量不超过全县在读学生的 13%。中部 P 县是国家级贫困县，学生营养改善计划完全覆盖所有的乡村学校，但实施情况比较复杂，有些乡村小规模学校设有食堂，国家补助的 4 元可以作为午餐费，而没有条件设立食堂的学校则以课间营养点心的形式发给学生。在西部 L 县，学生营养改善计划也实

① 陈宝生. 中国教育：波澜壮阔四十年[N]. 人民日报，2018-12-17（11）.

现了全覆盖。县教育和科技局为此专门设立了“营养改善计划”办公室，负责全县所有乡村学校“营养餐”的管理，成立了“四统”公司，即统一配送大米、油、蔬菜和肉类，并出台了严格规范的食品安全保障机制，对于通校生每人每天补助 4 元，对于寄宿生每人每天补助 8 元。

（三）具有浓郁乡土特色的课程教学管理

乡村小规模学校扎根于乡村沃土，尽管在资源配置上存在诸多不利因素，但在半封闭家庭式管理的氛围下以及在地方文化的浸润下，因地制宜地形成了小规模学校特有的课程与教学管理方式。

1. 乡土特色浓郁的地方课程

三县不少小规模学校自主开发和设置了校本课程，可以称之为拓展课程。比如，C 县 JK 乡两所小学的茶文化课程，从种茶、摘茶到制茶，从识茶、品茶到茶道学习，形成了一系列丰富而特色鲜明的校本课程，丰富了学生的茶文化知识，有效地提升了学生种茶、制茶的实践技能；中部 P 县因地处湖区，湖泊众多，赛龙舟和舞龙表演是当地老百姓最喜欢的娱乐活动，因此 C 乡的 NL 小学成立了舞龙队，在空闲时间进行排演，受到了学生的欢迎；西部 L 县处于民族地区，教师也多为本民族教师，因此 M 镇的小规模学校多开设了唱侗歌、演侗戏的课程，成立了腰鼓队等，体现出了浓郁的民族特色。

2. 多样的教学质量考核形式

对于乡村小规模学校的教学质量考核，三县的考核形式各不相同。在 C 县，县教育局将小学分成四种类型——城区小学、建制镇小学、乡镇中心小学和完全小学，对于教学质量按四种类型分别考核。一般来讲，一至三年级由各学校自行安排考核，从四年级起，所有学期期末考试均由县教育局统一组织。在 P 县，县教育和科技局并未对完全小学以上的小学做类型上的划分，教学质量考核则是对所有小学的六年级毕业考试进行统一组织，其他年级则是以抽检的形式进行。比如，如果今年是对全县所有小学的四年级进行抽检，那么明年可能抽检的是五年级，其教学质量考核排名也是对全县所有的小学进行排名。在 L 县，县教育局和科技局只对全县的城区小学和中心小学进行考核和排名，而下辖的完全小学和教学点的考核，则由乡镇中心学校统一组织。调研中，不少乡村小规模学校校长对本校的教学质量都相当自信。

我们的教学质量是很不错的，六年级毕业班的语文、数学、英语、科学成绩都远超县常模，在完全小学层级中排名靠前。除了县城的几所小学外，我们学校应该是下面较好的几所之一了，所以家长还是很信任我们的。

（访谈资料：浙江省C县J乡T完全小学 项校长 2018-01-18）

这几年，我们学校的教学质量稳步提高，去年我们六年级的教学质量在整个街道排第一名，比中心小学要好，在全县420多所小学中，进了前60名。

（访谈资料：江西省P县R街道J小学 林校长 2019-01-18）

我们学校的教学质量还是可以的，可以叫板中心小学（笑）。我当了二十几年的校长，还没有把我换掉。

（访谈资料：贵州省L县M镇C小学 吴校长 2018-12-24）

在此意义上，乡村小规模学校并不意味着教学质量的低下，只要管理得当，校长和教师有责任心，即便是在各项资源不占优势的情况下，依然可以在逆境中发展。

3.“土”“笨”的教学质量管理方式

教学质量管理方式和效果与校长的领导风格有关。师生精神面貌和教学质量俱佳的小规模学校校长均有共同的特质，主要表现为以身作则、敢挑重担，形成了自身特色鲜明的领导风格。他们会通过一定的激励机制和奖惩制度影响教师，尽管有些方法和规定看起来有些“土”“笨”，但在乡村小规模学校却能产生实实在在的效果。

我要求老师必须将每一堂课的教学任务落实好，对学生的作业要全部认真批改，我会抽检的。如果某个班的教学测验成绩在全镇排名比以前落后了，我就会惩罚老师；如果我教的班级成绩下滑了，我也会惩罚自己。当然，教师被惩罚的情况一般很少，我们的老师都很尽职尽责。

（访谈资料：贵州省L县M镇C小学 吴校长 2018-12-24）

4. 微班课堂教学组织形式

随着班级人数越来越少，许多乡村小规模学校的班级从大班级逐渐向小班化演变，最终演变为 10 人以下的微班。在乡村小规模学校，这样的微班比比皆是，也是小规模学校无法改变的“教育现实”。既然无法改变现状，就要改变自己的观念。调研中，许多学校改变了课堂教学的组织形式，将以往“插秧式”的课桌摆放方式改为圆桌制，学生围坐在一起，教师坐在中间，通过这样的组织形式，师生之间的互动和课堂效果有了很大提升，课堂氛围也活跃了很多。

> 我们把班级的课桌改成圆桌制以后，教师以聊天一样的形式授课，课堂氛围活跃了很多，师生都特别快乐。我们强调人人过关，对于所有的课堂作业，学生当面完成，教师全面批改，因为班级人数少，老师能够照顾到班上的每一个孩子。
>
> （访谈资料：浙江省 C 县 L 乡 S 完全小学　蒋校长　2018-01-18）

（四）弱势、被动的师资队伍管理

1. 弱势的选调政策

当前义务教育师资队伍配置存在“逐级衰弱”现象，即便是已经被分配到乡村小规模学校的教师，依然会被县里各种选调考试“掠夺走”。以 2018 年为例，C 县共有 50 名优秀的乡村教师被选调进城，P 县则将 160 名乡村教师抽调补充进了城区学校，L 县共有 107 名乡镇教师被遴选进城。就政策本身而言，公开选调是对教师利益的保护，是公平的竞争机制，但客观上加剧了乡村小规模学校的弱势地位，形成了优秀教师进一步向城区学校聚集的效应。

2. 被动的轮岗政策

2014 年，《教育部 财政部 人力资源和社会保障部关于推进县（区）域内义务教育学校校长教师交流轮岗的意见》出台，希望落实“县管校聘”管理制度，鼓励城乡教师双向交流。然而，这一抱持良好初衷的政策在落地的过程中逐渐演变为“适岗竞聘，末位交流”制度，造成了乡村小规模学校按规定腾出了交流名额，却无人填补空位的尴尬情况。

> 交流的名单是老师自己投票产生的，学校一共就12名老师，其实大家都是很不错的，快要退休的教师又不用轮岗，所以真的很为难。后来大家就觉得音乐老师平时做的学校工作相对少一点，就让她去了。结果她出去交流后，没有人愿意过来，我们的音乐老师岗位就空缺了。所以轮岗交流政策让我们很被动，唯一的音乐老师被交流走了，校长都焦头烂额了。
>
> （访谈资料：浙江省T县B镇D小学 吴老师 2018-01-18）

3. 烦恼的评聘分离

在西部L县，乡村小规模学校的师资考核和评聘全部由中心学校掌握。而L县实行评聘分离制度，因此对于同级别的教师，谁降级聘任成了难题。

> 我觉得一所学校最重要的是和谐，而评聘分离制度是在制造不和谐。其实同级别的教师水平相差不多，但班级学生的构成会有所区别，尤其是教学点的年级之间的差异有时候是很明显的。一所学校肯定会有成绩相对较弱的班级，哪个教师去教这个班级，都会很为难，因为这个班可能导致这个教师教学考核不合格，然后就让他降级聘任，这很不公平，所以这一制度让人很头痛。
>
> （访谈资料：贵州省L县M镇中心小学 全校长 2018-12-22）

（五）全封闭的校园安全管理

近年来，校园安全问题触动了公众敏感的神经。校园安全必然也是乡村小规模学校标准化建设的重要方面。对于很多乡村学校而言，安全教育之弦时刻紧绷，一刻不得松懈。从调研来看，C县所有的乡村小规模学校都配备了门卫，多为45—55岁的本地中年男性，两人轮班，24小时值班，经费全部由县财政承担。学校的监控设备齐全，防爆设备都有配置，可以说标准化程度较高。在P县，乡村小规模学校既没有门卫，也没有安装监控摄像头，整个校园安全保卫层级较低，因此P县的乡村小规模学校只能采用比较封闭的形式——学校大门紧锁。L县的乡村小规模学校虽然没有设门卫，但配置了数量不等的监控摄像头，平时为了保证校园安全，也采取了全封闭的管理模式。另外，学校若是设在交通要道，校门设置禁鸣标志及缓行标识，亦是保障校园安全的措施，也是义务教育学校标准化建设的组成部分。从调研来看，西部 L 县做得较好，即便是在交通量较小的村道，也设置了安全警示灯。

六、现实与情怀：乡村小规模学校的学校文化

学校文化是一所学校的灵魂，是由全校师生在较长的教育实践活动过程中创造的成果的总和。尽管学校文化由多种维度构成，但是基本上包括四个方面，即物质文化（校园建设）、制度文化（学校的各种规章制度）、行为文化（师生的行为举止）和精神文化（价值观念、办学思想、教育理念、群体的心理意识等）。其中，精神文化是学校文化的核心。[①]虽然乡村小规模学校体量较小，但其学校文化建设亦可从上述四个方面展开。其中，在有限时间里可直观感受的是学校的物质文化和精神文化（办学理念、校训等）。

（一）倾注情怀与理念的物质文化

1. 校园建设

乡村小规模学校在校园建设方面不太可能进行大规模的校舍改建，其落脚点主要是对校园整体的软环境进行设计，使之注入学校文化的内容，形成和谐的校园文化。在研究者看来，学校文化可以被视为静态的环境系统，主要包含楼宇文化、校门文化、校廊文化、雕塑文化、角域文化、橱窗文化和展室文化等。[②]C 县乡村小规模学校的整体环境整洁、雅致，能较好地表达学校与当地特色资源的连接。更多乡村小规模学校的静态环境文化融入了时代元素，如社会主义核心价值观等。在西部 L 县，学校间校园文化建设的差异较大，其中完全小学层级的学校文化建设要显著好于村教学点，M 镇的三所完全小学在校园建设方面均能与当地民族特色融为一体，比如，L 县 DM 小学的校舍风格与周边侗寨建筑相得益彰（图 5-4）。

---

① 顾明远. 论学校文化建设[J]. 西南师范大学学报（人文社会科学版），2006，（5）：67-70.

② 王继华，徐超. 学校文化建设标准的哲学思考[J]. 贵州大学学报（社会科学版），2014，（1）：1-10.

图5-4 贵州省L县DM小学具有民族特色的主教学楼

2. 形象标识

学校物质文化还集中体现在学校的形象标识上。形象标识是学校对自身整体形象的凝练和表达，是学校通过图案、符号、文字等标识向内部和外界做思想交流的媒介。形象对学校的师生有着重要的影响力，人类行为并非完全受其获得的知识和信息的引导，很多时候还受到人们感知到的形象的影响，可以说人类的行为是其知识结构体系和对外部形象的感知共同作用的产物。[①]由此可见形象之于人或物的重要性。从C县来看，多数乡村小规模学校设计了校徽，还有个别小规模学校申请了学校的微信公众号，每天精心撰写文章向公众推送，文章图文并茂，真情动人，讲述和记录了学校的点点滴滴，收到了较好的效果。从P县来看，所有的乡村小规模学校都设计了校徽，但对于自媒体的运营，多数学校还没有这个意识。从L县来看，乡村小规模学校均没有设计校徽，亦无自己的传播平台，整体形象标识系统的表达相对较弱。

① 转引自：刘武. 公共服务接受者满意度指数模型研究[D]. 东北大学，2009.

（二）实事求是与“底部”生成的精神文化

学校的精神文化即学校的精神，是学校文化的核心，主要包括学校的核心理念、校训、校风、教风和学风等。学校精神文化建设应该从学校的实际出发，由“底部”生成学校文化。在此过程中，校长不能盲目、浮躁地提时髦、空洞的口号，而是需要沉下心来，找准学校的发展定位，构建契合学校实际的文化发展之路。在调研中，有思想和能力的校长能较好地概括、提炼本校发展的核心理念，并与地域特征完美结合，从而取得了较好的效果。

C 县在一批有思想、有责任、有担当的校长的引领下，建设了不少独具特色的乡村小规模学校。S 乡中心小学提出了“扬长补短”的校训，校长认为乡村孩子在资源方面存在劣势，不能跟着城区学校的孩子亦步亦趋，不能拿己之短比别人之长，而是要发扬乡村小规模学校自身的特色，以“努力，让改变发生”的态度，把自己的短板补上。J 乡中心小学地处橘乡，学校以橘文化为依托，提出了“励志、苦行”的学风和“秉德、无私”的教风。L 乡完全小学提出了“人人做一个有心人”，将以孝心、爱心、诚心、专心和恒心为主题的“五心教育”落实到平时的教育教学中，促进了学生的全面发展。

> 人育文化、文化育人，教育就是把学生的“心”找回来，只有根植于心灵的教育，才能让学生开花结果，成为有心人。我们的办学理念就是：办走心的教育、做用心的老师、育有心的学生。
>
> （访谈资料：浙江省 C 县 L 乡 S 完全小学　蒋校长　2018-01-18）

第三节　乡村小规模学校标准化建设的阶段构想

学校发展是一个连续的过程，一些研究者认为，标准化、特色化和品牌化是学校发展的必经阶段。其中，学校发展的标准化阶段是学校发展不同阶段的表现。[①]这一判断固然有其合理的一面，即标准化是义务教育阶段所有学校都应当满足的办学基本条件。同时，若据此就将标准化定义为学校发展的初始阶段，则还是以静态发展的眼光来审视标准化建设。从根本上来说，学校标准

---

① 王敏勤. 标准化、特色化、品牌化是学校发展的三个阶段[J]. 天津教育，2010，(3)：7-8.

化建设是一个由低到高、不断推进的动态过程。如前所述，乡村小规模学校标准化建设在办学条件、办学经费、人员条件、学校管理、学校文化以及外部支持等方面呈现出参差不齐的状况，依据不同发展水平可以将乡村小规模学校标准化建设区分为三个阶段，即够用阶段、公平阶段和发展阶段。

一、乡村小规模学校标准化建设的“阶段论”构想

（一）以满足“够用”为基础的标准化建设

这一阶段主要是乡村小规模学校在运转过程中，针对各类资源短缺情况，尤其是硬件资源短缺情况进行及时补充，满足正常的教育教学工作的阶段。从调研的情况来看，这一阶段主要是满足学校配套的生活功能用房，尤其是中西部地区乡村小规模学校的标准化厕所、学生食堂和餐厅，及时配置关键年级与重要教室的“班班通”和多功能教室；侧重改善教工的办公条件和寝室条件，提升住校教师的生活质量；提供够用的公用经费，并逐步提高公用经费额度，中央要加大对中部地区的财政支持力度，以保证学校正常的运转不受影响；配置合格、符合教学需要的师资，保证开齐开足国家课程。总之，要以人员、物资和经费为资源核心要素，为乡村小规模学校标准化建设提供够用的资源，从而保证乡村小规模学校正常完成教育教学工作。满足“够用”阶段是通常所指的狭义上的乡村小规模学校标准化建设阶段，是当前我国尤其是中西部地区乡村小规模学校着力要达到的阶段。

（二）以保障“公平”为诉求的标准化建设

这一阶段是以城区以及大规模学校为参照，在第一阶段标准化建设的基础上，对资源配置要求从“量”到“质”提升的阶段，是乡村小规模学校标准化建设未来着力发展的方向，然而达到这一阶段的标准，是相当艰难的。从三县的学校情况来看，这一阶段在硬件资源的配置上要体现公平性，比如，每个教学班都必须配置“班班通”，学校为学生提供至少 60 米长的直跑道，学校有开展正常体育教学的运动场所等；在软件配置上，应配置学科结构完整的师资队伍，尤其是专业性较强的音体美、英等师资要配齐、配足，而在师资配置

的次序上，不能先城后乡，而是应当按需求配置，体现学生接受义务教育的公平性；在经费保障方面，应增加促进教师发展的有质量的培训，提升教师专业发展水平；在学校管理上，学生健康、营养、安全等方面的管理工作应更加有保障；在课程教学管理上，应体现乡村小规模学校微班教学的特色，对于教学特色突出的班级，应在考核中予以鼓励；在学校文化建设上，应形成拥有一定特色和制度规范的学校文化等。总之，这一阶段的标准化建设要体现均衡与公平，推进乡村小规模学校标准化建设的层次进一步提升，保障义务教育乡村学生能接受公平而有质量的学校教育。

（三）以优先“发展”为核心的标准化建设

在前两个阶段建设的基础之上，应鼓励有条件的地区进一步拓展和延伸乡村小规模学校标准化建设，着眼乡村学生的发展，形成以优先“发展”为核心的高质量发展阶段。在此阶段，学校不应再以城市学校的标准为样板，而应当积极探索我国乡村小学的未来走向，构建符合乡村学生特点、需求的标准化建设逻辑，形成我国城乡和不同地区各具特色的标准化学校类型。在乡村振兴战略背景下，在农业农村优先发展政策的引领下，我国东部地区经济条件保障力度较强乡镇的中心小学是可以这样探索和建设的。例如，C 县 F 乡中心小学的发展颇具代表性，该校是学生人数仅为 118 人的小规模学校。2018 年，C 县教育局与北京的一个民间智库签署协议，计划用 5 年时间将 F 小学打造成这样的学校：办学整体水平达到全县领先水平，增加 10%以上本地生源，为中国农村“小而美”乡村学校发展建立标准和样本。[①]为此，学校在硬件和软件方面进行了设计，对教学楼进行了重新设计和改造，新教学楼如同童话世界一般（图 5-5）。学校根据乡村学生的特点和实际需求量身改造音乐、科学、美术等功能教室，彻底打破了传统教室的风格，在装修设计上突出了学生的心智发展特点，别具一格。需要指出的是，该阶段是鼓励性、探索性的标准化建设，是乡村小规模学标准化建设在部分地区的有益探索，而不是不切实际地盲目推进或硬性要求。

---

① 俞熙娜，刘健，姚颖康. 五年打造“最美乡村学校”淳安乡村教育引入专业托管[N]. 浙江日报，2018-10-16（3）.

图5-5 浙江省C县F乡中心小学别具一格的学校建筑

二、乡村小规模学校的形态分类及阶段

在对乡村小规模学校标准化建设进行阶段性划分之后，接下来就是确定乡村小规模学校的不同类型，以确定三个标准化发展阶段不同类型乡村小规模学校的分类发展。本书将乡村小规模学校定义为农村和非建制镇地区的规模在100人以下的乡村小学，不过从实际调研的情况来看，符合这一定义的乡村小规模学校的形态和类型依然千差万别。依据性质，乡村小规模学校可以分为中心小学、完全小学和非完全小学（教学点）；依据法人资格，可以分为具有法人资格的小学和非法人资格小学；依据地区分布，可以分为东部、中部和西部乡村小规模学校；依据学生人数规模，可以分为“临界型”小规模学校（学生人数为80—100人）、“中间型”小规模学校（学生人数为40—79人）以及“极小型”小规模学校（学生人数为39人及以下）。另外，根据前人的研究，还可以根据学校的办学历史悠久程度、教学质量满意度、生源流失情况、服务半径、附近是否有接收的学校、教师责任心情况以及交通便利程度等，将其分为撤并型、过渡型和保留型。[①]然而，无论乡村小规模学校是何种类型，只要行使义务教育职责、发挥教育教学功能，都应当被纳入标准化建设范畴，为乡村儿童接受义务教育提供最基本的保障。

① 邬志辉. 中国农村学校布局调整标准问题探讨[J]. 东北师大学报（哲学社会科学版），2010，(5)：140-149.

依据地区保障的层级、学校性质的层级、学生规模的层级以及学校撤并的可能性，不同类型的乡村小规模学校标准化建设可做如图 5-6 所示的划分。其中，阶段一是所有义务教育阶段发挥教育教学功能的乡村小规模学校标准化建设都应当达到的阶段；阶段三的条件较高，一般是东部经济发达地区的乡村小规模学校，其生源稳定、保障条件较好，可以将长期保留的中心小学在标准化建设上做进一步探索和拓展；阶段二则是各类乡村小规模学校在完成第一阶段的标准化建设后，经过自然淘汰和发展之后，要努力实现的阶段，以保障乡村学生获得公平而有质量的教育。

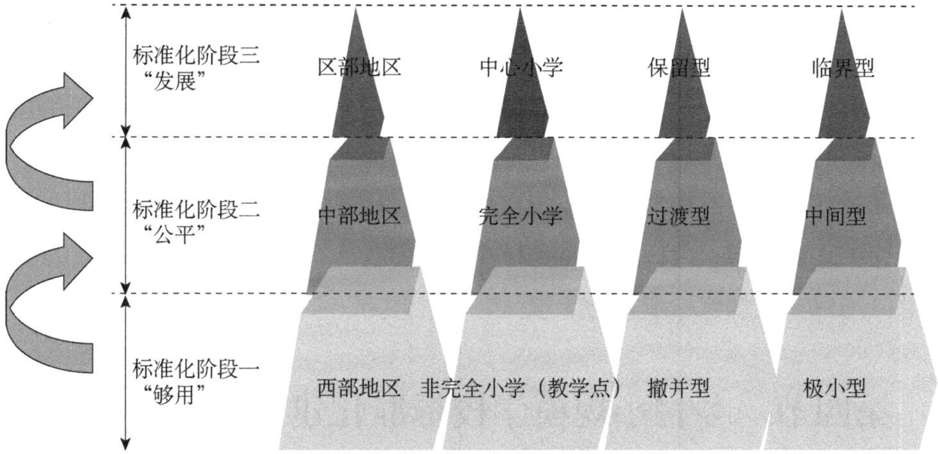

图 5-6　乡村小规模学校标准化建设阶段的划分

当然，乡村小规模学校标准化建设阶段的划分是相对而言的，或者说是一种极端意义上的“典型”，现实中尚有众多影响因素，在各种因素的交互作用下变得更为复杂多变，所谓标准化建设的阶段划分只能作为一种可能性参考。从实际出发，各地的环境和背景不同，学校之间的差异较大，总体而言，乡村小规模学校标准化建设还应因校而宜、因需而建，扎扎实实地稳步推进。

三、乡村小规模学校标准化建设“阶段论”划分的意义

对乡村小规模学校标准化建设的阶段划分，反映了我国当前各地区经济发展水平以及不同类型乡村小规模学校发展的客观情况，同时也是对学界关于学校标准化建设各种疑虑的回应。长期以来，学界对于标准化建设持有争论，

有研究者认为标准化建设是对学校特色化发展的一种制约，容易造成义务教育学校千校一面，毫无特色。这是对学校标准化建设的狭隘理解，标准化建设绝不排斥学校的特色化发展，而是对学校特色化发展的一种肯定，是标准化建设在不同阶段的表现，特色化是标准化建设的组成部分，而标准化是学校特色化的基础和保障。此外，还有一种声音，即“标准之下”和“标准之上”的争论，这是不同地区、不同学校在主客观条件的限制之下标准化建设水平的不同表现。对于“标准之下”的学校，在标准化建设过程中，政府应当积极予以支持，以使其达到和满足最基本的办学条件；对于“标准之上”的学校，并非要拉低其建设标准，而是要鼓励其进行更深层次的探索。乡村小规模学校的标准化建设要着力解决和回答标准的“底线+弹性”的问题。可以说，阶段一是乡村小规模学校标准化建设的底线，是当前中西部地区小规模学校需要加快达成的阶段；阶段二是乡村小规模学校标准化建设要努力实现的阶段，是让每一个乡村儿童获得公平有质量的学校教育的阶段，也是乡村小规模学校标准化建设及研究的重要方向；阶段三则是乡村小规模学校标准化建设的未来理想状态，是部分地区“弹性化”建设的表现。

第四节　乡村小规模学校标准化建设的路径保障

乡村小规模学校标准化建设与其说是一个有待清晰的理论问题，不如说是一个有待解决的实践问题，特别是在建设路径和保障机制上，需要探究如何获得持续的动力和支持。从现实来看，至少应该关注三种路径保障，即“危机化解”的生存路径、“底部生成”的内涵式发展路径以及“机制先导”的创新发展路径。

一、“危机化解”：乡村小规模学校标准化建设的生存路径

当前，乡村小规模学校面临的“自然消亡”的阴影依然巨大，要消除该阴影，需要回答两个问题：首先，生源是否能得到稳定？其次，优秀师资能否

“下得来、留得住、教得好”？有效解决这两个问题能更好地保障乡村小规模学校标准化建设。

（一）稳定乡村生源需要政策性的支持

1. 提高“两免一补”的覆盖率，给乡村留守儿童更好的照顾

2008 年起，国家向义务教育阶段学生全面免除学杂费，为农村义务教育阶段学生和城市贫困生、县镇残疾学生免费提供教科书，对农村家庭经济困难寄宿生补助生活费，简称“两免一补”。“两免一补”为农村，尤其是边远贫困地区的乡村孩子提供了极大支持，降低了辍学率。同时，就吸引和稳定乡村生源而言，有条件的地区今后可以逐步提高“两免一补”中“补”的覆盖率，对乡村学生的生活补助不再局限于困难家庭，而是覆盖所有的乡村孩子，为更多的乡村孩子提供更有质量的关照。同时，对于选择让孩子留在乡村小学就读的家庭，也可以予以一定形式的奖励或补助，充分发挥经济杠杆对生源的调节作用，在一定程度上促进乡村生源的回流。

2. 对乡村生源在升学比例上给予倾斜，增强乡村小学的吸引力

根据罗尔斯正义论的补偿原则，应当对出身和天赋的不平等进行补偿，只有符合地位最不利的人的最大利益才是正义的。①乡村生源在家庭文化资本以及学习资源获得上处于劣势，从某种意义上来说是“弱势”群体。若将对乡村生源在中考、高考升学比例上进行倾斜作为补偿，则可以在一定程度上提升乡村学校的吸引力。由此可见，在政策上提高乡村生源的升学率不仅符合正义的需要，同时也能成为吸引乡村生源回流的利器。

（二）留住乡村教师需要政策上的更多关怀

稳定乡村生源的根本途径还在于提高乡村教育的质量，而一支高水平的乡村教师队伍则是提高乡村教育质量的根本保证。让乡村教师感到公平、关怀和有尊严，是留住乡村教师的重要心理建设。要留住乡村教师，尤其是优秀的乡村教师，需要政策上的更多关怀：一是让教师感受城乡学校差异补偿的公平性；二是要揭掉乡村教师“无能”的标签，让教师获得“进村”工作的尊严

① 约翰·罗尔斯. 正义论[M]. 何怀宏，等，译. 北京：中国社会科学出版社，2001：11.

感；三是要定向培养乡村小规模学校师资，完善师资配置机制。

1. 落实差异补偿，提升发展空间

提高乡村教师待遇有利于吸引优秀师资扎根乡村，这是很多国家留住乡村教师的通行做法。例如，美国密西西比州为乡村教师提供免息房贷，以提高乡村学校的吸引力。[①]当前我国各地实施的乡村教师生活补贴制度作为针对城乡学校差异的补偿措施，使乡村教师感受到了政府的关怀。同时，除了在收入上体现补偿机制外，还应在乡村教师的职称晋升及专业成长方面提供相应的补偿机制。一方面，在闭塞的环境中，教师可参照、学习和模仿的优秀教师较少，外出培训的机会也不多；另一方面，小规模学校在生源和微班教学方式上的确有不同之处，若在考核机制和晋升机制上采用“一刀切”的做法，将会对乡村教师的专业发展产生不利影响。因此，需要尊重乡村教师在小规模班级教学上的特点[②]，尊重乡村教师为此付出的心血和探索，在具体举措上可以设置专门的职称晋升指标和专门的教学考核办法，并在一定程度上向乡村教师倾斜，以此保护乡村教师工作的积极性，促进乡村教育的稳定发展。

2. 揭掉“无能”标签，尝试优秀师资“进村”考试

当前，我国大部分县教育局每年会组织一次乡村教师“进城”考试，在乡村地区工作过多年并获得过一定荣誉的教师才有资格报考。这一政策的出发点在于为有意愿调到城里工作的乡村教师提供一个公平的竞争机会，但也在客观上加剧了优秀师资向城区学校的聚集，并且无形中产生了意外行动结果，即未能考上“进城”的乡村教师被贴上“无能”的标签。要揭掉乡村教师“无能”的标签，就必须改变教师单向往城里流动的局面，各地或可尝试与之相对应的“进村”考试。例如，县教育局每年拿出部分指标面向全县的教师招考，凡能获得“进村”资格的，其工资收入将远高于城区同级别的教师，而且越是去边远地区任教，其收入就越高。同时，还可以给予获得“进村”资格的教师职称评定、子女入学等方面的照顾。如果在全社会形成“进村”担任乡村教师

① Monk D H. Recruiting and retaining high-quality teachers in rural areas[J]. The Future of Children，2007，（1）：155-174.

② 秦玉友. 农村小规模学校发展的基本判断与治理思路[J]. 教育研究，2018，（12）：81-86.

不仅不是“无能”的表现，反而是一种荣誉、一种尊严，是真正有能力的表现，这必将极大地激发广大乡村教师自我提升的积极性。总之，只有推进“进城”与“进村”双向流动，才能有效促进县域内师资水平的均衡化发展，从而化解当前“轮岗交流”成为形式的尴尬。

3. 定向培养师资，完善师资配置机制

在当前师资配置逐级衰减的现状下，乡村小规模学校的发展处于不利境况，要补充优秀的师资，就必须完善当前的配置机制，定向培养本地生源的师资不失为一种好方法。20 世纪八九十年代，一大批优秀的中师生毕业，有力地补充了我国农村教育的师资，成为我国乡村教育最坚实的基石。如今，这批乡村教师已经成长为中坚力量，发挥着重要作用。当年的中师生之所以能适应乡村教育，有两个重要的原因：一是在地化，即中师生分配遵循“从哪里来，回哪里去”的原则，毕业生回到原来熟悉的环境，有一种天然的归属感；二是全科教学能力，中师生有着扎实的师范基本功，除了英语学科之外，几乎能胜任所有小学阶段的学科教学。在地化和全科性的双重结合，有效契合了乡村教育的环境和要求。为此，定向培养乡村小规模学校师资，可以“复制”当年的中师模式，紧抓“在地化”“全科性”两个特征，选拔优秀的高中生或初中生作为定向师资进行培养。

二、“底部生成”：乡村小规模学校标准化建设的内涵发展路径

乡村小规模学校标准化建设的最终目的在于通过标准化建设，促进小规模学校内涵式发展。所谓学校的内涵式发展，即遵从学校教育教学的内部规律，实现内在目的受自身需要支配的学校教育发展。[①]因此，乡村小规模学校的内涵发展应着眼小规模学校的发展规律和特点，促进小规模学校自身机体的健康完善，充分发挥自身的比较优势，尽力弥补小规模学校的劣势，为乡村学生提供最适合的教育。

① 刘振天. 从外延式发展到内涵式发展：转型时代中国高等教育价值革命[J]. 高等教育研究，2014，（9）：1-7.

（一）挖掘比较优势，发挥主观能动性

1. 充分发挥乡村小规模学校自身的优势

在一定意义上，小规模学校的学生少，学生能够得到教师更多的关注，和教师的关系更亲密，这种亲密的师生关系对于促进学生学习起到了重要作用，也是乡村小规模学校自身优势的突出表现。一方面，学生获得教师个别化指导的时间较多。因为班额不大，教师有更多精力照顾每一个学生，学生与教师之间的情感更深厚。不少教师表示，因为作业批改量不大，在课堂上就可以及时反馈给学生，在学生的作业辅导和学生管理方面，几乎可以人盯人，真正做到无微不至。另一方面，在学校管理上，乡村小规模学校因教师人数少而没有复杂的科层制管理，更趋向于扁平化管理，学校气氛较为轻松、自由，在学习和工作中，师生感受到的压力相对较小，乡村学生往往没有城市学生的各种课外辅导班、兴趣班，没有额外的学习压力和负担，学生可以更自由地成长。

2. 利用乡土资源，传播乡土文化，记得住“乡愁”

乡村小规模学校扎根于乡村，其周遭的乡野沃土是学生天然、广阔的第二课堂，学生有更多亲近自然的机会。体验农作物的栽培，感受大自然的生命力，这些生活经历是城市学校学生少有的。小规模学校可以充分开发乡土资源，让更多的乡村孩子认识脚下的土地，了解并热爱家乡的文化。在乡村振兴战略背景下，我国农村发展呈现出新面貌。没有乡村的振兴，就没有中国的振兴，而一个繁荣、现代的乡村离不开重振乡村教育、复兴乡土文化。乡村建设要注意乡土味道，保留乡村风貌，留得住青山绿水，记得住乡愁。[①]乡愁是一种蕴含血缘、亲缘和地缘的情愫与依恋，一种基于伦理认同或道德认同的独特的伦理归属感。[②]让乡村学生能记住乡愁，就是让乡村学生能认同和喜爱自己的乡土文化。乡村小规模学校可以设计、开发和实施有关乡土文化的拓展性课程，邀请民间工匠、民间艺人走进校园，传播乡土文化，让更多孩子产生热爱家乡的情怀，并投身于家乡的建设。

3. 主动加大学校宣传力度，丰富宣传手段

乡村小规模学校应主动出击，多方面、多渠道地与家长和社会做好宣传

---

① 汪柏坤. 用“乡土味道”赋能乡村振兴（治理之道）[N]. 人民日报，2021-02-08（9）.

② 万俊人. 政治与美德[M]. 北京：北京师范大学出版社，2017：72.

和交流。举行家访、家长会、校园开放日等活动，均是乡村小规模学校对外交流的有效方式，通过真诚的沟通赢得家长的信任。正如浙江省 C 县 S 小学的邵老师所说："我做微信推送，不仅是为了宣传学校，更多的是希望家长能看到我们对孩子们的用心，看到孩子们在学校里的成长，放心地把孩子交给我们。"在她的努力之下，学校获得了社会各界的广泛关注，爱心人士纷纷为需要帮助的留守儿童和病儿伸出援手；招生人数也有触底反弹的迹象，新生人数有所回升，形成了良性循环。总之，乡村学校需要主动告诉家长学校所做的努力以及学校的优势，同时使宣传手段具有多样性和创新性，这样可以大大提升家长对乡村学校以及教师的信任度。

（二）采用欣赏性探究，激发学校潜能

乡村小规模学校资源相对匮乏、竞争力弱，其发展绝不能完全依靠上级部门的投入，而是要充分信任现有教师的聪明才智，用欣赏探究的眼光挖掘学校教师的潜能，增强教师的自我效能感。这是一种迥异于传统聚焦缺陷与问题的组织变革的思想与方法。以美国学者大卫·库珀里德（D. L. Cooperrider）为代表提出的欣赏性探究理论，集中阐释了这一新方法范式。该思想理论摒弃了传统的聚焦问题进而展开对策研究的组织管理观，而是凝聚共识，主要采取以发现组织已有优势和长处为核心，进而带领组织成员共同追求梦想和实现梦想的组织管理方式。[①]

1. 培养校长欣赏性探究的意识和能力

乡村小规模学校校长虽然职权有限，在中西部的教学点上甚至仅仅被称为教学点负责人，连校长的头衔都没有，然而这丝毫不影响其作为一个学校负责人的实质角色，其能力和领导风格仍深刻地影响着一所学校的精神面貌。在有限的资源与发展空间下，乡村小规模学校的校长作为"问题解决者"固然重要，但更需要走向"欣赏性领导者"，自觉建构欣赏性探究的意识与能力，应当抱持积极的世界观，推崇"关系性领导"和"生成性对话"的重要性，并着重提高发现和欣赏学校师生优势的能力，提高与人共事的合作能力，培育与人积极沟通的能力。[②]在学校日常生活中，校长应当停止对师生负面印象和缺点

---

① 张新平，等. 义务教育优质学校办学标准研究[M]. 北京：科学出版社，2015：263.

② 张新平. 校长：问题解决者与欣赏型领导者[J]. 教育研究，2014，(5)：65-70.

的过分关注，而是转换视角，发现和欣赏师生的闪光之处，哪怕只是微小的进步，也需正面的、积极的强化。乡村教师长期坚守在我国边远艰苦地区，对于其形成的意志品质以及特殊、有效的针对乡村地区的教学技能，要予以尊重和欣赏，为此，校长更应感同身受，加以理解和欣赏。从某种意义上说，欣赏性领导是校长展现积极心理学的行为，要关注力量和美德等人性中的积极方面，致力于使生活更加富有意义。[①]这需要校长具有敏锐的观察力和高明的沟通能力。同时，校长不仅要身体力行，起到表率作用，还需要加强与教师之间的沟通，倾听教师的诉求，化解教师之间的坚冰，从而使整个团队凝聚在一起，形成合力。

2. 培养班主任欣赏性探究的意识和能力

如果说校长的欣赏型领导能力更多影响的是学校组织生活中的全体教师，那么班级作为一个小型的教学组织单位，班主任同样可以通过欣赏性探究能力影响班上的学生。乡村学生的生活经验和禀赋、思想和表达、爱好和特长与城区学校的学生有所不同，乡村学校学生的生活经验更应该得到尊重，不能以城市学校的标准来衡量乡村学生的行为和思想，同样，乡村学生的经历与思想一样值得被发现与欣赏。通常来讲，乡村学生会表现得更为腼腆，在思想上也会更淳朴和单纯，但这不代表他们的内心不柔然、不敏感。因此，班主任要对每一个孩子的个性、禀赋进行深入的了解，发现他们身上的每一处闪光点，并予以积极、及时的反馈。通过班主任的主动引领，可以构建和谐、积极、懂得欣赏他人的班级文化，助推学生建构与他人积极合作、善于沟通的能力和品质。

三、“机制先导”：乡村小规模学校标准化建设的创新发展路径

乡村小规模学校标准化建设是城乡均衡化发展、教育公平诉求的本质要求，也是切实提高乡村教育质量、缩小城乡差距的现实要求。实现乡村教育振兴，甚至让部分小规模学校实现“弯道超车”，就必须走创新发展的路径，在

---

① 李金珍，王文忠，施建农. 积极心理学：一种新的研究方向[J]. 心理科学进展，2003，(3)：321-327.

管理机制与发展机制上予以先行突破。

（一）专门管理——成立乡村小规模学校标准化建设的管理机构

1. 分类分批认定学校法人资格，建立现代学校制度

在专门管理部门的指导下，首先在县级层面，对乡村小规模学校进行全面排查和摸底，了解情况并统一在册。对于生源相对稳定、教学质量佳、社会有需求、群众口碑好、学校结构完整的完全小学，先进行法人资格的认证，以使小规模学校取得合法的“身份认证”，摆脱原有体制强加的不公平“枷锁”，为乡村小规模学校发展插上“翅膀”。同时，尽管乡村小规模学校体量小，但仍然是独立个体的存在，需要县教育局加强对乡村小规模学校的垂直领导，尊重学校的独特性。乡镇中心学校的角色定位也需要随之调整，可以明确中心学校主要承担业务指导的作用，小规模学校具体的管理和教学事务，不能大包大揽。总之，推进乡村小规模学校标准化建设，需要分类分批进行，建成一批，认证一批，也可以边建设边认证，使承担义务教育职责的学校最终建立起现代学校制度，独立行使自己的发展权利，履行相应的义务。

2. 制定小规模学校标准化建设时间表，合理安排建设进度

小规模学校标准化建设的专门管理机构需要本着先急后缓、先易后难、先点后面的原则，制定全县小规模学校标准化建设的科学进程。首先，要把标准化建设的物资和经费配置到最需要的教学点或完全小学，切实改善物资匮乏乡村小规模学校的办学条件。其次，标准化建设要先对最易推进、资源最易调配、教学效果最易彰显的资源进行配置，尤其要重视师资、学校管理和学校文化等软件资源的建设，再进行难度较大、成本较高、条件较苛刻的标准化建设（例如，校园整体布局和校舍整体翻建的实施成本和经费相对较高）。总之，要推进乡村小规模学校的标准化建设尽快达到“够用”阶段，保障正常的教育教学顺利进行。最后，标准化建设应重视示范和引领的作用，以达到可借鉴的要求。各地要注意抓典型、树样板，对不同类型的乡村小规模学校进行标准化建设试点工作，确定经济效益好、师生评价高、群众满意度高的乡村小规模学校作为标准化建设的“样板学校”，从而将典型经验推广到其他小规模学校，以点带面，大力推进乡村小规模学校标准化建设的进程。

3. 单独制定乡村小规模学校教学管理办法和考核机制

当前，各地对乡村小规模学校的教学管理和考核，无论是“一刀切”还是全然不管，都是不科学的行为。如何基于乡村小规模学校的独特性进行质量考核，一方面需要加强管理，另一方面又要特殊对待，做到“严中有爱，宽中有度”。县教育局层面的小规模学校标准化建设管理办公室可以单独制定小规模学校的教学管理标准和教学质量考核办法，实施更具针对性的科学管理；可以根据小规模学校生源的构成情况，出台科学的质量评价机制或加权赋分办法，防止小规模学校因个别学生的“特殊”或变动，而使整个班级及学校的成绩忽上忽下。总之，要理解乡村小规模学校特殊的教学环境和生源构成，对乡村小规模学校制定相对宽松而富有弹性的教学质量考核机制，保护好教师的工作积极性。同时，需要鼓励小规模学校对教学组织形式和教学方式方法进行创新，比如，开展微班教学研讨、微班教学展示等活动，以切实提高乡村小规模学校的教育教学质量。

（二）智库引领——依靠乡村小规模学校标准化建设的研究团队

推进乡村小规模学校标准化建设，需要依靠社会以及民间研究团队的力量，注意倾听乡村小规模学校的声音，尤其是要吸取校长治校的创新之处，使整个推进过程民主科学、群策群力。同时，要注意开放性和生成性，倾听利益相关者，尤其是弱小、底层民众的诉求，尊重和信任社会民间力量的智力支持。这种社会民间力量的智力的集聚可称为“智库”。教育智库又称为教育咨询组织，是由专家学者组成的研究机构，往往能及时捕捉到社会或学校组织在运行中面临的现实问题，以及能对其未来的发展做出相对科学的判断，从而为教育政策制定提供科学的依据，在教育治理中发挥重要的作用。[①]乡村小规模学校标准化建设同样应该发挥民间智库的智慧和引领作用，不能只强调政府行政行为，而应重视二者的战略合作，共同推进机制保障和制度创新。教育智库的引领作用体现在以下两个方面。

一是设计引领。在校舍的建造及室内设计上，智库专家团队可以根据乡村小规模学校的地理特点、民族建筑风格等元素量身打造，通过极少的经费获

① 褚宏启，贾继娥. 教育治理中的多元主体及其作用互补[J]. 教育发展研究，2014，（19）：1-7.

得最大的效益，让乡村小学与周围的建筑风格融为一体。比如，我们在贵州省L县调研时发现，其中一所小学的阅览室就是由同济大学的公益团队设计的，将其改造成了当地谷仓的形象，利用原有的校舍，不大动干戈，就能使其焕发生机，犹如神来之笔，成为校园最美的风景。因此，乡村小规模学校的标准化建设也应最大程度地对原有资源进行改造，从而花费最少的经费，使其功能更为完善，外观更具地方特色。

二是理念引领。很多乡村校长认为，随着乡村教师收入的增加，乡村教师对物质条件、生活条件的改善的愿望变得不再那么迫切，而乡村小规模学校发展的关键是校长的办学理念、教师的教学理念以及学生的生活和学习习惯的养成方面应该如何更新。教育智库应在相关方面发挥作用，指导校长如何办学、师生如何学习和互动。在C县F乡中心小学，在教育智库的引领下，学校要求教师开设20多门课外拓展课程。刚开始没有教师愿意配合，但随着学生的成长和变化，教师也变得积极主动起来，最终完全愿意践行校长的理念，走向教育教学的实践创新，彻底改变了某些教师“只想混日子”的状态，师生呈现出教学相长的和谐景象。

（三）技术融入——让乡村小规模学校标准化建设“后发先至”

乡村小规模学校标准化建设的创新发展路径，可以体现在对现代信息技术的设计、使用与融入上。尽管乡村小规模学校的标准化建设起步晚，但正因为如此，其缺少过多的技术和资源上的历史包袱和思维惯性，若能抓住现代核心的教育信息技术，通过整体的设计和优化，加强对教师运用信息技术能力方面的培训，使乡村小规模学校复制“后发先至”的案例也不是没有可能，而这需要重塑数字校园的空间以及提升教师的信息素养。

1. 开发适应乡村小规模学校特点的信息技术，打造“数字校园”

从“农远工程”到“校校通”，再到“班班通”，国家对农村教育信息技术的提升和改造，一直不遗余力、扎实推进，极大地提升了乡村学校的信息化水平。然而，就乡村小规模学校而言，尚未形成针对性强、适应性强的教育信息技术体系。为此，针对乡村小规模学校规模小、灵活性高的特点，中央和地方以及县教育局等层面可以组织专门的研究团队，开发乡村小规模学校的教育信息技术系统。这些系统不必复杂，主要是能适应乡村教育环境，具备可操作性强、上手快、简单易懂、灵活性强等特点，能适应学生个性化的学习。构建具有乡村特色的“数字校园”。所谓“数字校园”，是指政府供给义务教育阶段学校的公共产品，旨在为学生提供优质的教学资源和服务，包括基础设施、数字教育资源、教师的信息技术应用能力等。①乡村小规模学校的标准化建设亦可以从这三个维度建构学校的教育信息化，且要将落脚点重点放在信息技术的基础设备与乡村小规模学校环境之间的融合上，使之能发挥最大的效应。

2. 加强乡村教师自主开发数字资源以及信息技术的应用能力培养

当前各大教育平台上的各类课程层出不穷，如微课、慕课、网络课程、开放课程、精品课程等，不一而足，但这些课程的“主角”都为城市重点学校的各级名师，乡村教师鲜有登台亮相的机会。为此，在小规模学校的标准化建设过程中，各级教育主管部门应鼓励乡村教师在积极学习各类名师课堂的同时，努力开发出本地、本校的乡村名师课堂，提高教师自主开发教育数字资源的能力，以此推动教师的信息技术应用能力的提高。小规模学校可以发现和推选本校教师，以现有的生源和设备来制作课程视频，以“鲶鱼效应”激活整个学校教师的生态活力。除此以外，还需要加大对乡村教师信息技术应用的培训力度，可以采用专题培训与专题研讨等形式，扎实推进乡村教师现代教育技术运用能力的提高，将培训与教师的绩效考核、职称评聘等环节相结合②，进一步提高教师学习和应用信息技术的能力，提升课堂教学效率。

总之，乡村小规模学校的形成、撤并、保留抑或发展，是社会、政治、经济、文化、人口、政策等多重因素影响和作用的产物。乡村小规模学校的标准化建设，亦折射出了社会大时代和大背景的变迁，其建设过程并不是一蹴而就的，而是分阶段、分步骤进行的动态过程。在教育公平和优质教育的时代诉求下，乡村小规模学校的标准化建设彰显出其应有的教育价值与社会意义。

---

① 黄娅. “数字学校”支持乡村小规模学校的路径研究[D]. 西南大学，2017：4.

② 曾新，高臻一. 赋权与赋能：乡村振兴背景下农村小规模学校教师队伍建设之路——基于中西部6省12县《乡村教师支持计划》实施情况的调查[J]. 华中师范大学学报（人文社会科学版），2018，(1)：174-187.

第六章　义务教育学校标准化建设的效果评估

推进义务教育学校标准化建设，除了政策到位、实施有力外，还应当对此项工作的实施效果进行科学评价。事实上，目前各地在义务教育学校标准化建设过程中，均建立了相应的评价指标体系，但大多数指标仅关注义务教育的投入要素评价，忽视了教育产出导向的评价。更为全面地评估义务教育学校标准化建设的实施效果，不能缺少产出端的评价，只有这样才能更为精准地分析义务教育学校标准化建设工作的实际效果和存在的不足，为改进相关工作提供更为精准的参考。本章通过严谨的定量分析，从学生学业产出的角度，对义务教育学校标准化建设的效果进行评估，特别是对义务教育学校标准化建设在教育充足与公平两个维度的成效进行评价，最后对学校标准化建设评估结果进行整体反思，并提出针对性的政策建议。

第一节　效果评估导向的转换

2010 年颁布的《国家中长期教育改革和发展规划纲要（2010—2020 年）》提出，推进义务教育学校标准化建设，均衡配置教师、设备、图书、校舍等资源，建立国家义务教育质量基本标准和监测制度，力图通过不断提高义务教育办学标准化水平，促进义务教育均衡发展。在此背景下，各地政府陆续出台了相关政策文件，大力推进义务教育学校标准化建设。以江苏省为例，江苏省人民政府办公厅于 2015 年颁布了《江苏省义务教育学校办学标准（试行）》。[①]2016 年，江苏省教育厅研制了《江苏省义务教育学校标准化建设监测办法（试行）》，通过学校自评自测、县级审核、市级复核、省级终审汇总形成江苏省学校标准化建设监测数据，对学校标准化建设工作实施评估。[②]

这些举措的制定与实施，极大地推进了江苏省义务教育学校标准化建设。《2017 年江苏省义务教育学校标准化建设监测报告》显示，江苏省义务教育学校标准化建设达标率显著提升。截至 2017 年，全省 71.26%的学校基本达到省定标准，达标率较 2016 年提升了 15.3 个百分点；13 个设区市义务教育学校的基本达标比例平均为 73.34%，较 2016 年提升了 16 个百分点。此外，指标达成度也已处于高位。2017 年，一级指标达成度均超过 60%，3 个一级指标达成度接近 100%；六成二级指标达成度超过 80%；46 个三级监测点达成度在 80%以上。[③]从上述数据可以看出，江苏省的义务教育学校标准化建设已经达到了较高的水准。

从世界各国的经验来看，学校标准化建设是促进教育均衡发展、提升教育质量的重要举措。各地在学校标准化建设方面取得的成果，无疑具有重要意义。但从具体的指标和建设内容而言，当前大多数省份推进的学校标准化建设

---

① 江苏省人民政府办公厅. 省政府办公厅关于印发江苏省义务教育学校办学标准（试行）的通知[EB/OL]. http://www.jiangsu.gov.cn/art/2015/6/5/art_46656_2556825. html（2015-05-05）.

② 江苏省教育厅. 江苏省义务教育学校标准化建设监测办法（试行）[EB/OL]. http://www.lyg.gov.cn/zglygzfmhwz/xszcfg/content/ac9b5049-d80b-4c80-a963-74145c95340c. html（2016-10-18）.

③ 江苏省教育评估院. 2017 年江苏省义务教育学校标准化建设监测报告[Z]. 内部资料，2018.

的工作重点大多在硬件条件和办学环境的改善上。这固然可以为学校发展提供外部保障，为受教育者提供一个更好的学习环境，但就教育政策实施而言，其最终目的是服务学生的发展，而非仅关注作为手段的“投入要素”。从逻辑上说，当我们将大量的诸如师资、设施设备、制度建设等投入变量的改善作为教育政策实施效果的评判标准时，据此仅仅能判断办学条件是否得到了改善，但这样的改善最终是否促进了学生的发展，却并不能直接从这类评价的结果中得到答案。

反观美国，自 1980 年以来，其开始推进一场声势浩大的“教育标准化运动”。在这个过程中，教育评价原则和方法的转型成为美国教育标准化运动过程中的一项重大改革。以 1989 年肯塔基州罗斯诉优质教育委员会（Rose v. Council for Better Education）案为起点，经由一系列的教育诉讼案，美国教育投入与问责的标准逐步实现了从“公平”向“充足”的转变。1989 年，在肯塔基州的罗斯诉讼案中，原告罗斯控告州优质教育委员会违反州宪法和《美利坚合众国宪法第十四条修正案》等相关法律条款，没有为辖区公立学校提供公平、高效的经费保障，导致本地教育系统处于保障不足、不公平和不平等的状态。肯塔基州高等法院最终判定被告违宪，同时对“充足的教育”的内涵进行了阐释，认为公立学校应至少为学生提供发展以下七种能力的机会：一是充足的口头与书面沟通技能，确保学生能适应复杂而快速变化的文明社会；二是充足的经济、社会和政治制度知识，确保学生能做出明智的选择；三是充分理解政府治理过程，确保学生理解影响社区、州和国家的各种问题；四是充分的自我认知以及身心健康知识；五是充分地接触艺术，确保学生能欣赏他们的文化和历史遗产；六是充分的训练或进一步的学术和职业培训，确保每个孩子都能明智地选择或追求生活与工作；七是较高的学业水平或职业技能，使公立学校的学生能在学业及就业方面与周边州的竞争者竞争。[①]

这一具有划时代意义的判决对其后的同类诉讼起到了示范作用。从 1989 年起，多地法院在相关教育诉讼中都采纳了肯塔基州按“教育充足”标准进行定责的思路。比如，新罕布什尔州高等法院认为，为了让学生在 21 世纪能适应各种竞争、做出贡献并取得成功，应为学生提供更广泛的包括社会、经济、

① Rose v. Council for Better Education，790 S. W. 2d 186，60 Ed. Law Rep. 1289[Z]. Kentucky，1989.

科学、技术以及政治现实在内的知识和训练。①田纳西州高等法院认为，应建立一个免费的公立学校系统。该系统至少能让学生获得一般性的常识，帮助其发展理性和判断能力，使之为今后的成人生活做好智力准备。②纽约州高等法院认为，必须创建和维护这样一个教育系统：它可以为儿童提供基本的识字、计算和语言方面的知识，使他们能够具备诸如参与投票、成为陪审团成员等作为一位公民的基本能力，为此政府需要提供最低限度的确保孩子完成学业的教育教学设施设备。③其中，也有一些州从“不可为”的角度界定了公立学校系统在确保教育充足过程中的基本职能。比如，俄亥俄州高等法院并未明确给出教育充足的产出标准和最低门槛，却规定了在贫困学区中不能被接受的办学条件。④这种划定“底线”的方式，同样界定了教育充足——尤其是贫困地区和弱势学校办学——的基本标准。

这些判决与以往关于教育公平的判决不同，并未止于简单地就教育系统是否均等地分配了教育机会和资源做出判断，而是从教育系统应为受教育者提供何种程度的教育来判断其是否履行了相应的责任，是一种结果导向的司法审判思路。通过这些诉讼案，教育“充足”逐步取代了“公平”的理念，成为美国司法判决和问责的基本原则。在具体操作的层面，“教育充足”标准很大程度上是指学生在学业成绩方面的进展，而判断一项教育政策是否见效，也主要看它是否促进了学生成绩的提高。⑤

结果导向的教育政策评价之所以重要，在很大程度上是因为“在资源配置的均衡发展中仅仅关注资源配置的公平是不够的，必须结合与教育效果和教育质量相关联的资源配置的充足，才可能达到高质量的均衡发展”⑥。就我国的教育实践而言，大多数评价主要关注投入要素；在学术研究方面，主要聚焦于对标准化建设的标准、必要性与可行性、建设原则、策略、方法论及应注意

---

① Claremont School District vs Gregg. 635 A. 2d 1375[Z]. New Hampshire，1997.

② Tennessee Small School Systems v. McWherter，851 S. W. 2d 139[Z]. Tennessee，1993.

③ Campaign for Fiscal Equity v. State of New York，86 N. Y. 2d 307[Z]. New York，1995.

④ DeRolph v. State，79 St. 3d 297[Z]. Ohio，1997.

⑤ 姚继军．“美国基础教育教育充足”标准的确立与影响[J]．外国中小学教育，2018，（7）：10-16；李晓燕，陶夏．从均等到公平：美国教育平等理念的嬗变——基于20世纪70年代以来美国基础教育财政诉讼的视角[J]．教育与经济，2015，（3）：58-64.

⑥ 李文利，曾满超．美国基础教育“新”财政[J]．教育研究，2002，（5）：84-89.

问题等方面的讨论。对于标准化是否促进了学生产出，公众仍然不甚明了。在我国的教育发展已经基本解决了“有学上”问题的今天，如何满足人民群众“上好学”的迫切需求，已成为教育改革与发展的核心任务。缺少产出维度的评价研究与实践探索，显然无助于这一核心任务的完成。

就理想状态而言，对于产出导向的教育政策评价，应全面地评估某项政策对学生成绩、能力、态度等多项指标的影响。但在这些指标中，大多难以测量，因此目前大多数产出导向的教育政策评价都将学生成绩作为产出的代理变量。就本研究关注的义务教育学校标准化建设的效果评估而言，从本项工作的最终目的而言，显然不应止步于硬件设备及办学条件的改善，学校应该关注学生的身心发展，或者在更具操作性的层面而言，应关注学生成绩的提升与均衡。唯有如此，人们才能更加关注教育投入与教育质量、学生成绩等产出要素之间的关系，改变此前简单化的、补偿式的对教育发展的关注。另外，在标准化教育改革过程中，不断改进和提高的教育标准又为度量教育充足的程度提供了标尺，从而使教育充足的原则得以真正贯彻。

基于此，本研究以江苏省为例，从学生学业产出的角度对义务教育学校标准化建设的效果进行评估。具体而言，我们将通过严谨、科学的定量分析，评估义务教育学校标准化建设是否促进了学生学业成绩的提升，以及是否推进了校际学生学业产出的均衡。通过这样的分析，我们力图对义务教育学校标准化建设在教育充足与公平两个维度的成效进行评价。这样的一种探索也是政策评价从投入评价为主转向产出导向的一种尝试。这样的一种评价导向，将会使评价的结果更为全面、精准，有助于我们更加科学、合理地评估义务教育学校标准化建设的政策效果。

第二节　效果评估的方法设计

一般而言，在学校标准化建设成效评估方面，可以从条件、过程与结果等维度进行评判。根据现有的义务教育学校标准化建设监测报告，我们可以清楚地了解到学校标准化建设在条件性维度与过程性维度的现状，但仍需对结果性维度的情况做更为深入的分析。从全球教育实践来看，尽管学生发展维度较多，但整体产出导向的评价主要聚焦于学生的学业表现或学业成就。从实施评价的条件来看，国内外基本上已经建立了学业监测的系统和网络。在本研究中，我们主要从反映学生发展的结果性维度——学生成绩层面对学校标准化建设进行评价。[①]具体而言，本研究以江苏省义务教育阶段的小学和初中为研究对象，用学生学业成绩来衡量学生的发展，从充足与公平两方面对义务教育学校标准化建设的成效进行评价。

一、研究思路

首先，探讨义务教育学校标准化建设是否促进了教育充足。如前所述，所谓教育充足是指在一定的资源条件下，最大限度地满足学生的发展需要。在实际测度的过程中，学生的发展难以全面测度，因此当前的相关测度基本都选用学生的成绩作为产出导向评价的代理变量来衡量教育充足的程度。本研究基于相同的思路，以学生成绩作为主要的被解释变量，来分析义务教育学校标准化建设与学生成绩的关系，进而评价学校标准化建设是否促进了教育充足。为此，我们借助江苏省义务教育学校标准化建设评估数据，用各学校达标的分值（连续变量）及是否达标（类别变量）两个变量来描述这一政策。在此基础上，运用最小二乘法回归分析标准化建设程度、达标与否与学生成绩的相关关系。需要注意的是，一般性的回归分析虽然可以帮助我们判断自变量与因变量之间的关系，却难以完成因果推断。在研究所关注问题的过程中，我们既需要了解义务教育学校标准化建设与学生成绩之间的关系，也需要了解这一政策是否是不同学校间学生成绩产生差异的原因。但对于后者，仅靠多元线性回归分析难以满足因果推断要求，因此我们还将利用断点回归设计对义务教育学校标准化建设和学生成绩之间是否存在因果关系进行分析。

---

① 需要指出的是，以学业成绩测量作为重点评估维度，并不是落入了“应试教育”的窠臼。成绩测量与以“应试”为目的的“应试教育”并不是一回事。成绩测量只是评估的一种手段，可以更为清楚和科学地看到教育投入产出及政策的效率效果，有助于教育实现高效率、高质量的发展。这样的努力将有助于决策者和实践者从低效的教育工作中解放出来。所谓“应试教育”，实际上很大程度上是由于人们不知道更为重要、更为高效的教育教学方式，而只能采取“题海战术”等低效应试的方式来获得成绩优势使然。因此，关注成绩评估的此类研究，由于聚焦于解释高效教育教学的规律，反而有助于改变“应试教育”的现状。

其次，分析义务教育学校标准化建设是否促进了教育结果公平。该部分的研究主要关注：义务教育学校标准化建设是否达标及程度高低，是否会对校际及校内的学生成绩差异产生影响？基于此，我们的主要研究内容安排如下：第一，计算各校的平均分值，利用泰尔系数考察不同分类标准下校际学生成绩是否存在差异。通过这一分析，我们将在整体上呈现校际学生成绩差异的现状及差异的来源。第二，计算不同学校校内学生成绩差异系数，利用最小二乘回归分析义务教育学校标准化建设与学生成绩差异系数的相关性，同时通过断点回归设计探究义务教育学校标准化建设是否是校内学生成绩产生差异的原因。

二、主要研究方法与模型构建

基于以上设计，本研究首先通过文献资料的分析，为模型构建奠定理论与方法基础。在此基础上，采取定量分析的方法，首先分析在控制相关因素的情况下，义务教育学校标准化建设与学生产出及教育结果均等之间的关系。传统的回归分析虽然可以分析变量之间的相关关系，但由于难以排除混杂变量的影响，故而有可能会对变量间的影响效应做出有偏估计，难以精确地解释各因素之间的因果关系。针对于此，本研究还将运用断点回归设计，基于反事实分析框架，对义务教育学校标准化建设的成效进行评价。

断点回归设计是基于随机实验思路的一种计量方法。李（D. S. Lee）认为，在随机实验不可得的情况下，断点回归能够避免参数估计的内生性问题，从而真实地反映变量之间的因果关系。在断点附近仿佛存在随机分组，故一般认为断点回归是一种内部有效性比较强的准实验，可视为局部随机实验，并可以通过解释变量在断点两侧的差异来进行因果推断。[①]

断点回归设计最早由西斯尔思韦特（D. Thistlethwaite）、坎贝尔（D. Campbell）于 1960 年提出，是一种用于非实验环境下估计处理效应的方法。他们运用这一方法分析了奖学金对学生未来学业成就的影响。学生能否获得奖学金取决于可观测的考试分数，而成绩刚好达到获奖标准的学生与差一点达到

① Lee D S，Lemieux T. Regression discontinuity designs in economics[J]. Journal of Economic Literature，2010，（2）：281-355.

获奖标准的学生之间，除是否获得奖学金外（由分数标准区分），其他特征都符合随机性原则，具有可比性。如果学生考试分数大于或等于断点值，则获得奖学金进入处理组；反之，则进入控制组。如果两组学生在其后的学业表现上存在差异，我们即可判断这种差异是由奖学金政策引起的。最初这种评估策略并未得到人们的重视，但由于这种方法在因果推断方面具有其他方法不具备的优势，20 世纪 90 年代以后，越来越多的研究开始使用断点回归来估计各种背景下的政策效应，使其逐步成为社会科学研究中因果推断的重要手段。①

断点回归有两种类型：精确断点回归和模糊断点回归。前者的特征在于个体在断点 $x=c$ 处得到处理的概率从 0 跳跃为 1。对于后者，个体在 $x=c$ 处得到处理的概率从 a 跳跃为 b，其中 $0<a<b<1$。② 在本研究中，我们主要使用精确断点回归对义务教育学校标准化建设的效果进行评估。

为了描述学生成绩校际差异的情况和产生原因，我们还计算了校际成绩的泰尔系数。泰尔系数是一个相对差异量，可以用来衡量收入、学生成绩等的差异情况。同时，泰尔系数具有可分解的特性，能够同时计算组内差异与组间差异。所以，本研究主要利用泰尔系数探究校际学生成绩的差异情况。泰尔系数的计算方法与整体思路如下：

总体泰尔系数的计算方法为

$$T=\frac{1}{n}\sum_{i=1}^{n}\frac{S_i}{S}\log\left(\frac{S_i}{S}\right) \quad (6.1)$$

其中，n 为小学、初中数，S_i 是第 i 所学校的校际学生成绩，S 为学生成绩的平均值。组内不平等系数可表示为

$$T_{\varpi}=\sum\left(\frac{N_j}{N}\frac{S_j}{S}\right)T_j \quad (6.2)$$

其中，N_j、S_j 分别代表第 j 组的观测数和第 j 组的校际平均成绩，N、S 分别为观测数和学生成绩平均值，T_j 为第 j 组的泰尔系数。那么组间不平等系数则可表示为

$$T_b=T-T_{\varpi} \quad (6.3)$$

① Lee D S, Lemieux T. Regression discontinuity designs in economics[J]. Journal of Economic Literature，2010，(2)：281-355.

② 陈强. 高级计量经济学及 Stata 应用[M]. 北京：高等教育出版社，2014：561.

即总体泰尔系数–组内泰尔系数。泰尔系数值越小，代表差距越小；反之，代表差距越大。

三、数据来源与数据处理

（一）数据来源

本研究主要使用江苏省义务教育学校标准化建设监测数据、江苏省义务教育学生学业质量测试数据与《江苏统计年鉴》的数据等展开分析。

江苏省义务教育学生学业质量监测是江苏省独立实施的对三年级学生与八年级学生进行的学业水平分析，测试三年级学生的语文、数学水平，八年级学生的语文、数学、英语和科学水平。其试卷设计不仅能测试学生对基础知识、基本技能的掌握情况，还能测试现代社会发展过程中小学生必备的信息获取、规则应用、问题解决、交流合作等核心素养。经过大约一年的研制、试测、调整等一系列程序，确定最终试卷，具有较高的信度和效度。排除无效数据后，2016 年，共抽查了 1771 所小学，其中语文科目抽样的学生数为 141 516 人，数学科目抽样的学生数为 141 460 人。初中语文、数学抽查了 992 所学校，分别抽查了 82 358 人、82 319 人；初中英语、科学抽查了 883 所学校，分别抽查了 78 246 人、78 685 人。①

江苏省义务教育学校标准化建设监测数据是江苏省教育评估院依据江苏省人民政府办公厅颁布的《江苏省义务教育学校办学标准（试行）》和江苏省教育厅发布的《江苏省义务教育学校标准化建设监测办法（试行）》对江苏省义务教育学校的标准化建设进行监测。其中，江苏省 2017 年义务教育学校标准化建设监测指标由 8 个一级指标（学校设置、校园建设、教育装备、教师队伍、教育教学、学校管理、质量评价、经费保障）、40 个二级指标、69 个监测点［其中 62 个监测点由学校填报，7 个监测点由县（市、区）教育局完成］组成。② 2017 年，江苏省教育评估院共对 4703 所小学和 2300 所初中的监测指标达成情况进行了汇总。③根据学校监测点达标数据，可以看到小学和

① 江苏省基础教育质量监测中心. 2016 年江苏省义务教育学生学业质量分析报告（总报告）[Z]. 内部资料，2017.

② 江苏省教育厅. 省教育厅关于做好 2017 年义务教育学校标准化建设监测工作的通知 [Z]. 内部资料，2017.

③ 江苏省教育评估院. 2017 年江苏省义务教育学校标准化建设监测报告[Z]. 内部资料，2018.

初中监测点达标数的总体分布情况（图 6-1、图 6-2）。《江苏统计年鉴》数据来自江苏省统计局网站，主要包括各地区的经济发展数据，工业、农业、教育等年度发展数据。本研究根据研究需要，主要提取各市的经济发展数据与人口数据，以便做进一步的数据分析、处理。

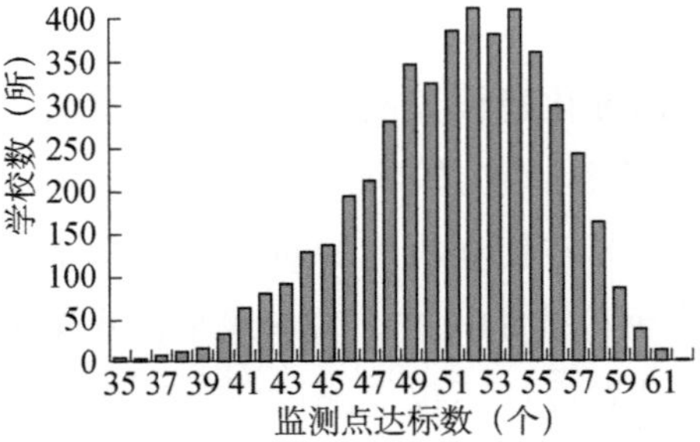

图6-1　小学监测点达标数总体分布图

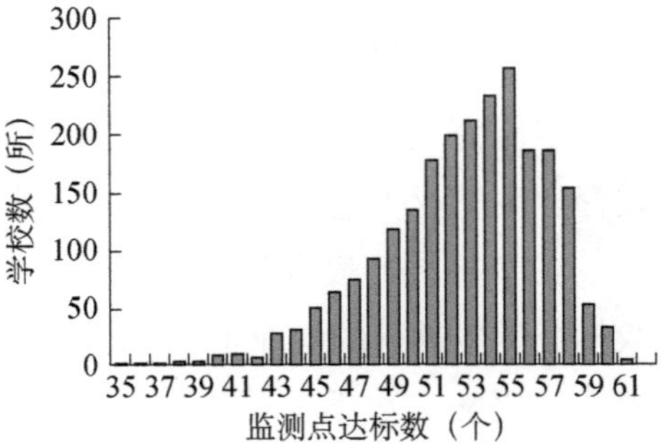

图6-2　初中监测点达标数总体分布图

（二）数据处理

本研究根据研究问题与研究思路进行数据处理。研究重点是江苏省义务教育学校标准化建设与学生学业成绩之间的关系，故将学校标准化建设数据与学生学业成绩数据进行匹配，最终得到 1619 所小学、880 所初中的数据可以使用。其中，小学学业成绩以每所学校的语文与数学成绩的平均值度量；初中学业成绩以每所学校的语文、数学、英语、科学成绩的平均值度量。

学校标准化建设达标程度利用式（6.4）进行计算：

$$\text{学校标准化建设达标程度}=\frac{\text{达标监测点数}}{\text{实际监测点数}}\times 100\% \qquad (6.4)$$

为了使估计结果更准确，加入控制变量。在我国以县为主的教育管理体制下，地方教育事业的发展与地方社会经济发展水平密切相关，故引入学校所在市的人均 GDP 指标代表地方经济发展水平。此外，人们对教育的需求也是影响义务教育学校标准化建设应考虑的因素之一，故利用《江苏统计年鉴》中的数据，利用式（6.5）分小学与初中分别计算教育需求。

$$\text{各市教育需求}=\frac{\text{各市在校生数}}{\text{常住人口数}}\times 100\% \qquad (6.5)$$

另外，江苏教育的城乡差距、区域（苏中、苏南、苏北）差异可能会对学生成绩产生影响，故将学校所属城乡类别、所属区域作为控制变量代入，具体的模型设定会在每一部分具体说明。

第三节 学校标准化建设与教育充足的关系探究

基于上一节提出的研究思路，在本节中，我们主要利用最小二乘回归与断点回归设计方法，以校际学生成绩作为代理变量，对学校标准化建设政策是否促进了教育充足进行分析。同时，根据回归结果，进一步利用方差分析与皮尔逊相关系数（Pearson correlation coefficient）对每个指标进行考察，对回归结果进行讨论。

一、模型设定与变量的描述性统计

基于上述研究思路，借助江苏省标准化建设评估数据，首先利用各学校达标率分值（连续变量）及是否达标（类别变量）两个变量通过最小二乘估计来考察义务教育学校标准化建设，分析标准化建设程度、达标与否与学生成绩之间的关系。具体模型设定如下：

$$xxmean_i = \lambda_0 + \lambda_1 xzhachrate_i + \lambda_i W_i + \mu_i \qquad (6.6)$$

$$xxmean_i = \gamma_0 + \gamma_1 T_i + \gamma_i W_i + \mu_i \qquad (6.7)$$

其中，$xxmean_i$ 代表 i 学校校际学生测试成绩平均分；$xzhachrate_i$ 表示 i 学校标准化建设达标率；T_i 为分类变量，代表 i 学校标准化建设达标与否，T_i =1 代表达标，T_i =0 代表未达标；W_i 为控制变量，包含 i 学校所属区域、所在市的人均 GDP、所在市的教育需求及城乡类别；λ_0、γ_0 为截距项，λ_i、γ_i 为控制变量的待估参数；λ_1、γ_1 为主要关注参数，代表学校标准化建设的政策效应；μ_i 为残差。

需要指出的是，一般性的回归分析虽然可以帮助我们判断自变量和因变量之间的关系，却难以完成因果推断。如前文研究思路所述，我们既希望了解学校标准化建设与学生成绩之间的关系，也希望了解这一政策是否为导致学校学生成绩产生差异的原因，故引入断点回归设计，对标准化建设与学生成绩间是否存在因果关系进行分析。根据江苏省教育评估院提出的标准，监测指标达标率超过或等于80%为基本达标，故本研究姑且以达标率达到80%构建精确断点回归进行因果推断，可得到

$$T_i=\begin{cases}1 & 若xzhachrate_i\geqslant 80\% \\ 0 & 若xzhachrate_i<80\%\end{cases} \quad (6.8)$$

其中，T_i 为处理变量，$xzhachrate_i$ 为分组变量，若 i 学校标准化建设达标率 $xzhachrate_i \geqslant 80\%$，则 T_i 为 1；否则，T_i 为 0。i 学校进入处理组还是控制组，完全取决于其学校标准化建设达标率 $xzhachrate_i$ 是否超过 80%。可以认为学校标准化建设达标率附近的每所学校其他特征是相似的，唯一不同的是学校标准化建设达标率低于 80%的学校进入控制组，学校标准化建设达标率高于 80%的学校进入处理组。由于制度原因，似乎是对学校标准化建设达标率在最小邻域 $[80\%-\varepsilon,80\%+\varepsilon]$ 内的学校进行随机分组，得到准实验设计数据，可一致地估计在 $xzhachrate$=80%附近的局部平均处理效应（local average treatement effect，LATE）[①]：

$$\begin{aligned} LATE &= E\left(y_{1i}-y_{0i}\middle|xzhachrate_i=80\%\right) \\ &= E\left(y_{1i}\middle|xzhachrate_i=80\%\right)-E\left(y_{0i}\middle|xzhachrate_i=80\%\right) \\ &= \lim_{xzhachratei\downarrow 80\%} E\left(y_{1i}\middle|xzhachrate_i\right)-\lim_{xzhachratei\uparrow 80\%} E\left(y_{0i}\middle|xzhachrate_i\right) \end{aligned} \quad (6.9)$$

若 $LATE$ 的估计结果显示标准化建设达标学校组（y_{1i}）与未达标学校组（y_{0i}）之间的学生成绩存在显著差异，则可归结为标准化建设政策的效果。

就具体方法而言，断点回归有参数化估计方法与非参数化估计方法。利用参数化估计方法，可以设定断点回归模型如下：

$$\begin{aligned} xxmean_i = \alpha + \beta_1(xzhachrate_i - x_0) + \beta_2 T_i + \beta_3(xzhachrate_i - x_0)T_i + \beta_i Z_i + \varepsilon_i \\ (-h\leqslant xzhachrate_i - x_0\leqslant h) \end{aligned} \quad (6.10)$$

其中，$xxmean_i$、$xzhachrate_i$ 的含义同上，不再赘述；x_0 代表断点值，此处为 80%；变量（$xzhachrate_i-x_0$）为 x_0 的标准化；T_i 表示以 80%为断点 i 学校标准化建设达标与否，1 代表达标，0 代表未达标；Z_i 为控制变量，其包含的变量与最小二乘估计中的控制变量一致；交互项 β_3（$xzhachrate_i-x_0$）T_i 的存在是确保断点两侧的回归可以有不同的斜率；β_1、β_2、β_3 为待估参数，ε_i 为残差，h 为最优带宽。β_2 为主要关注参数，代表标准化建设达标学校的效应。

利用参数化估计方法得到的式（6.10）存在的一个问题在于，多项式的阶数无法确定，如果回归函数存在高次项（$xzhachrate_i-x_0$）^{n} 则会存在遗漏变量

① 陈强. 高级计量经济学及 Stata 应用[M]. 北京：高等教育出版社，2014：559-560.

偏差。故引入断点回归的非参数化估计方法，其优势在于不依赖具体的函数形式且可通过最小化均方误差来选择最优带宽。故本研究采用断点回归设计非参数化估计中的局部线性回归方法，即最小化式（6.11）中的目标函数：

$$\min_{\{a,b,d,g\}}\sum_{i=1}^{n}K\left[\frac{(xzhachratei-x_0)}{h}\right]\left[xxmean_i-\alpha-\beta(xzhachrate_i-x_0)-\delta Ti\right.$$
$$\left.-\gamma(xzhachrate_i-x_0)T_i\right]^2 \quad (6.11)$$

其中，变量含义与式（6.10）相同，$K(\cdot)$为核函数，β、δ为待估参数，h为最优带宽。其实质是在邻域（x_0-h，x_0+h）内进行加权最小二乘估计，具体权重由核函数计算，常用的核函数有矩形核与三角核。①

具体变量设置与变量的描述性统计见表6-1。从表6-1可以看出，不同学校的测试成绩存在较大差异，小学校际测试成绩最低分仅约为342分，最高分达到约663分；初中校际测试成绩最低分仅为约301分，最高分达到约649分。根据数据匹配处理后的有限样本，小学标准化建设达标率在58.06%—100%，平均达标率约为82.4%；初中标准化建设达标率在58.06%—98.39%，平均达标率为84.8%。另外，各地的经济发展水平、教育需求也存在巨大差异。

表6-1　变量描述性统计

变量（$N_{小学}$=1619 $N_{初中}$=880）	变量含义		平均值	标准差	最小值	最大值
xxmean	测试成绩	小学	503.524	57.054	341.750	663.014
		初中	495.080	47.461	301.453	649.278
T_i	标准化建设达标与否	小学	0.676	0.468	0	1
		初中	0.773	0.419	0	1
$xzhachrate_i$	标准化建设达标率（%）	小学	82.442	6.898	58.060	100
		初中	84.800	6.922	58.060	98.390
*city*GDP	各市人均GDP（万元）	以小学样本计算	9.932	3.227	4.831	14.556
		以初中样本计算	9.867	3.238	4.831	14.556
*qy*1	苏中，哑变量	小学	0.200	0.400	0	1
		初中	0.206	0.404		
*qy*2	苏南，哑变量	小学	0.460	0.499	0	1
		初中	0.444	0.497		

① 陈强. 高级计量经济学及Stata应用[M]. 北京：高等教育出版社，2014：561-562.

续表

变量（$N_{小学}$=1619 $N_{初中}$=880）	变量含义		平均值	标准差	最小值	最大值
*cx*1	城区，哑变量	小学	0.525	0.500	0	1
		初中	0.557	0.497		
*cx*2	镇区，哑变量	小学	0.343	0.475	0	1
		初中	0.362	0.481		
edudemand	江苏 13 个市小学教育需求（%）	小学	6.216	2.021	4.480	10.390
		初中	2.383	0.460	1.800	3.460

二、义务教育学校标准化建设与学生成绩的相关性

首先，采用最小二乘估计，利用上文中的模型对学校标准化建设与学生成绩之间的关系进行回归分析。通过怀特检验（White test），发现回归方程存在异方差问题，故利用加权最小二乘回归进行异方差修正，回归结果见表6-2。

表 6-2 义务教育学校学生成绩与标准化建设的最小二乘估计回归结果

项目		小学		初中	
		模型（1）	模型（2）	模型（3）	模型（4）
标准化建设达标程度（%）		−0.113 （−0.636）		−1.225*** （−5.807）	
标准化建设达标与否			−1.802 （−0.724）		−15.779*** （−4.374）
学校所在市人均 GDP（万元）		2.928* （1.792）	6.129*** （3.134）	0.562 （0.291）	1.737 （0.813）
学校所在市的教育需求（%）		−0.364 （−0.307）	−0.471 （−0.383）	8.789 （1.518）	8.527 （1.432）
学校所属区域（苏北为对照组）	苏中	44.796*** （5.175）	41.883*** （4.865）	43.286*** （5.388）	41.001*** （4.990）
	苏南	−12.517 （−0.967）	−34.746** （−2.535）	35.986** （2.464）	24.875 （1.621）
学校所属城乡类别（农村为对照组）	城区	27.568*** （6.275）	29.380*** （7.562）	17.730*** （2.942）	15.556*** （2.728）
	镇区	−1.204 （−0.270）	−1.568 （−0.389）	9.087 （1.537）	7.543 （1.365）
常数项		467.430*** （21.346）	439.001*** （26.616）	534.434*** （18.670）	438.892*** （19.640）
样本量		1619	1619	880	880
F		43.667	53.652	23.708	22.813
调整 R^2		0.156	0.186	0.153	0.148

注：括号内的数据为 *t* 值；*表示在 10%的水平差异显著，**表示在 5%的水平差异显著，***表示在 1%的水平差异显著

模型（1）、模型（2）为小学生学业成绩分别与标准化建设达标程度、标准化建设达标与否的回归结果。研究结果表明，在控制了学校所属区域与城乡类别、学校所在市的教育需求与地区人均 GDP 后，小学标准化建设达标程度、达标与否与学生成绩呈负相关。具体而言，模型（1）的回归结果表明，在控制了相关变量的情况下，标准化建设达标程度每提高 1%，小学学生成绩下降 0.113 分，但在统计上差异并不显著。模型（2）的回归结果则显示，小学阶段标准化建设达标的学校与没有达标的学校二者间学生成绩相差 1.802 分，但差异并不显著。

模型（3）、模型（4）为初中生学业成绩与标准化建设达标程度、标准化建设达标与否的回归结果。研究结果表明，初中标准化建设达标程度、标准化建设达标与否与学生成绩呈显著负相关。具体而言，模型（3）表明，标准化建设达标程度每提高 1%，初中生成绩下降 1.225 分，且在统计上差异显著。模型（4）表明，初中标准化建设达标学校与不达标学校相比，学生平均成绩显著要低 15.779 分。

在控制变量方面，小学所在城市的经济发展水平对学生成绩有显著的正向影响，初中阶段的教育需求对学生成绩有正向影响，但在统计上差异并不显著；学校所属区域变量的系数表明，苏中地区的学生成绩要比苏北地区高一些；从学校所属城乡类别变量来看，城区学生的成绩要明显高于镇区学生。

三、义务教育学校标准化建设与学生成绩的因果关系

在对学校标准化建设与学生成绩之间的相关关系进行判定后，我们进一步利用断点回归方法对二者的因果关系进行判断，并对分组变量与控制变量的连续性进行检验，以判断断点回归结果是否稳健。

（一）因果推断结果

基于前文的研究设计与模型设定，首先利用图示法绘制标准化建设达标程度与学生学业成绩的断点回归图，从直观上对二者的关系进行判断。从图 6-3、图 6-4 可以看出，小学、初中学生学业成绩在标准化建设达标程度 80% 处（即图中中心化处理后的 0 处）仅存在轻微跳跃。这意味着尽管学校标准化建设和学生的成绩相关，却并不一定是导致学生成绩产生差异的原因。

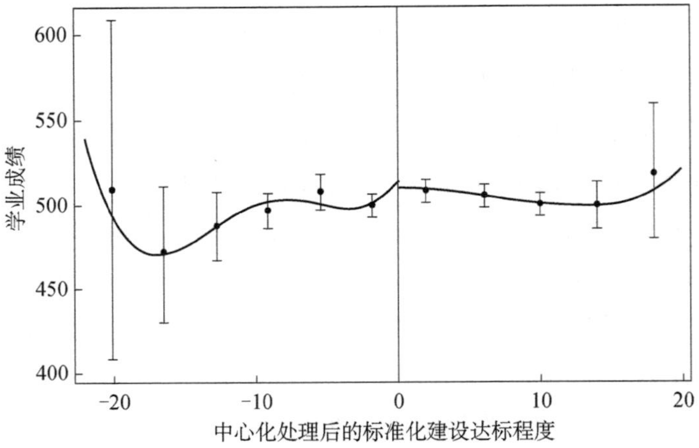

图 6-3 小学断点回归图

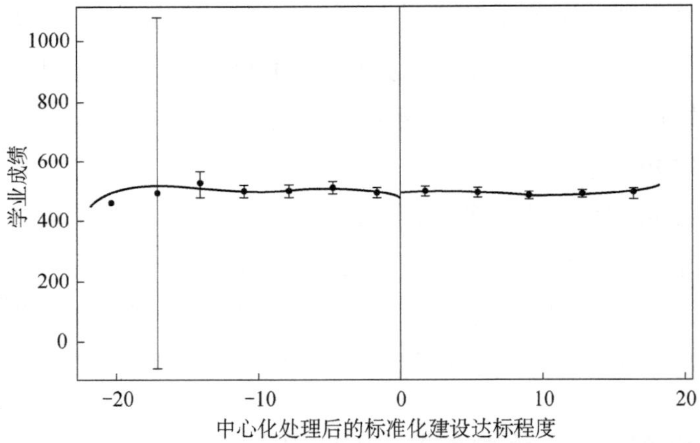

图 6-4 初中断点回归图

为了精确估计二者是否存在因果关系，我们进一步利用局部回归方法对其进行分析。对于断点回归而言，带宽的选择至关重要，是偏度与精度之间的博弈。本研究根据安本斯（Imbens）与卡利亚纳拉曼（Kalyanaraman）提出的最小化两个回归函数在断点处的均方误差来选择最优带宽①，使用矩形核及最优带宽的一半和两倍进行因果关系检验。

表 6-3 表明，在不同的带宽设定下，小学、初中阶段学校标准化建设程度与学生成绩之间均不存在显著因果关系。具体而言，在小学阶段，未加入控制变量时，在不同的带宽设定下，标准化建设达标组学校与未达标组学校的学生成绩相差–11.164—7.619 分。在加入控制变量的情况下，标准化建设达标组学校与未达

① Imbens G, Kalyanaraman K. Optimal bandwidth choice for the regression discontinuity estimator[J]. The Review of Economic Studies，2012，(3)：933-959.

标组学校的学生成绩差异在–6.146—8.661 分变动，但无论是否加入控制变量，模型结果均不显著。初中阶段，在未加入控制变量时，标准化建设基本达标的学校的初中生成绩比未达标学校的学生高 1.815—11.222 分。在加入控制变量后，相较于未达标学校而言，基本达标学校的学生成绩要高 2.026—12.216 分，但在统计上差异并不显著。

表 6-3　义务教育学校学生成绩与学校标准化建设的断点回归结果

义务教育学校标准化建设达标与否	小学	±3.541		±7.083		±14.165	
		–6.146	–11.164	8.661	7.619	8.158	5.845
		（–0.551）	（–0.963）	（1.190）	（1.005）	（1.583）	（1.083）
	初中	±3.76		±7.53		±15.06	
		12.216	11.222	4.217	5.549	2.026	1.815
		（0.754）	（0.670）	（0.456）	（0.571）	（0.278）	（0.238）
	是否加入控制变量	是	否	是	否	是	否

注：括号中的数据为 z 估计值

（二）结论的稳健性检验

为了确保断点回归结果的稳健性，我们又对分组变量、控制变量的条件密度在断点处的连续性进行了检验，以确保断点回归中的跳跃不是由二者的原因造成的。

1. 分组变量连续性检验

断点回归中的前提假设是在标准化建设过程中，学校无法操纵其达标率，不能自我选择进入达标组或非达标组。故分别绘制小学与初中分组变量密度函数图，查看其连续性。从图 6-5、图 6-6 可以看出，小学和初中的密度函数图在断点附近是连续的，满足连续性假设。

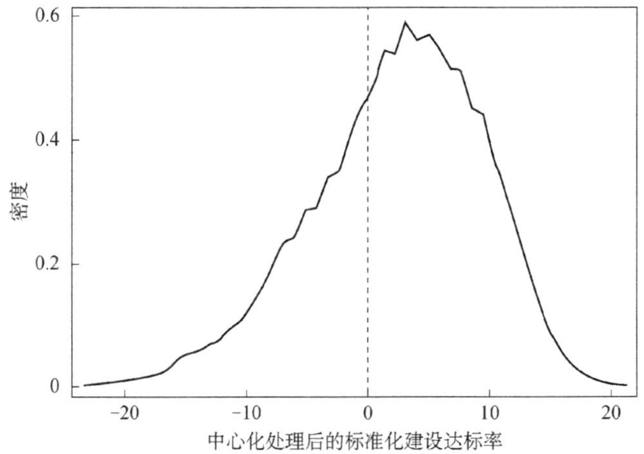

图 6-5　分组变量密度函数图（小学）

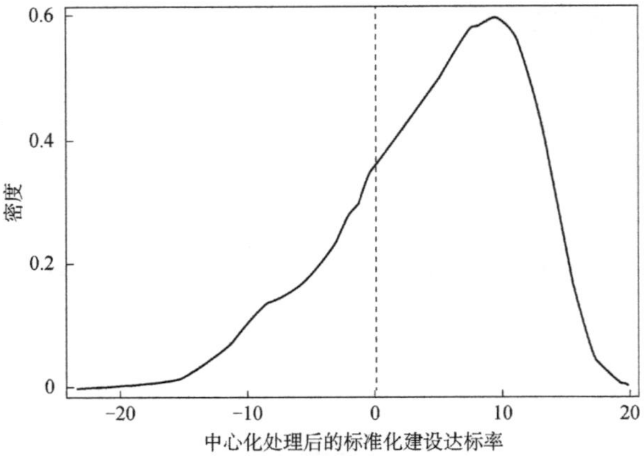

图6-6 分组变量密度函数图（中学）

2. 控制变量连续性检验

控制变量显著不连续则表明拥有某些特征或占据某些优势的学校或多或少能够影响最终的结果。表 6-4 为控制变量在断点处的连续性检验，可以看出在 5% 的显著性水平下，小学与初中所有变量均连续，符合连续性假定。

表 6-4 控制变量的连续性假定检验

项目	小学	初中
江苏 13 个市人均 GDP	0.088 （0.217）	0.450 （0.740）
城乡类别	−0.021 （−0.273）	0.188* （1.783）
所在区域	−0.018 （−0.168）	0.100 （0.603）
所在市教育需求	0.405* （1.700）	−0.028 （−0.329）
局部沃尔德估计	5.858 （0.823）	8.036 （0.828）

注：括号内的数据为 z 估计值，括号外的数据为控制变量检验系数，在这一部分主要为检验控制变量是否连续

上述检验表明，结论具有稳健性。综上所述，通过断点回归分析，我们并没有发现学校标准化建设与学生成绩之间存在着明显的因果关系，即标准化建设水平并不是导致学生成绩产生差异的原因。

四、分析与讨论

我们从上述分析结果可以得出，从产出端来看，学校标准化建设效果不甚理想。但回顾上文提到的江苏省义务教育学校标准化建设现状报告数据可以

发现，从义务教育学校标准化建设的监测指标来看，在指标涉及的维度内，尤其是在硬件保障方面，江苏省已经基本完成了均衡发展的任务，义务教育学校标准化建设已经达到了较高的水准。换言之，从投入端的评价结果而言，义务教育学校标准化建设的成效是令人满意的。这恰恰与该部分的研究结果大相径庭。究其原因在于，已有的标准化建设评估报告主要是从投入端进行的评价，而本研究则是从产出端对政策效果进行的评价。

从这个角度而言，我们在做政策评估时，就不能只看“投入”而不考察“产出”。虽然我们并不认为产出导向的评价是优于投入导向评价的绩效评估方式，恰恰相反，我们坚信在学校标准化建设过程中，保障条件的改善和均衡是重中之重。我们同样认为，在目前大多数同类评价均聚焦于投入绩效的时候，对产出绩效的考察是确保评价结论全面、科学、稳健的必要环节。

虽然从产出端学生成绩维度得出的结果与投入导向的绩效评估结果有所不同，但它与很多前期的研究发现一致，即办学条件的改善未见得必然带来教育质量的提升。如著名的《关于教育机会平等性的报告》（即《科尔曼报告》）论述的，教育资源性投入并不是造成学生成绩差异的最主要原因。[①]另外，美国斯坦福大学高级研究员汉纳谢克（E. A. Hanushek）通过对 377 篇关于学生表现的教育产出文献的分析得出，学生表现与学校资源之间并不存在强相关关系，简单的资源政策对改善学生成绩效果甚微。[②]我国有学者也得出了类似结论，胡咏梅利用我国西部农村公立中小学数据，通过回归分析发现，中小学大部分物力、财力资源投入对学生成绩并无显著影响。[③]侯玉娜等使用 2009 年上海中学生国际学生评估项目（The Program for International Student Assessment，PISA）测试数据进行了研究，同样发现学校教育资源质量与学生成绩并无显著的关联。[④]

---

① Coleman J S，Hobson C J, McPartland J et al. Equality of Educational Opportunity[R]. Washington：U. S. Government Printing Office，1966：3-23.

② Hanushek E A. Assessing the effects of school resources on student performance：An update[J]. Educational Evaluation and Policy Analysis，1997，（2）：141-164.

③ 胡咏梅. 学校资源配置与学生学业成绩关系研究——基于西部五省区农村中小学的实证分析[D]. 北京师范大学，2007：123-130.

④ 侯玉娜，沈爱祥. 学校资源对上海基础教育质量与公平的影响——基于国际学生评估项目（PISA2009）数据的实证研究[J]. 教育学术月刊，2014，（9）：38-45.

但是，我们更为关注的是，到底是什么原因导致了这样的差异。为此，我们对标准化建设监测数据进行了进一步的分析，对可以提取出定量数据的标准化建设校际层面的62个检测点进行了方差分析，以判断在各指标达标与不达标的情况下，学生成绩是否有显著不同。结果表明，小学阶段的学校轨数、生均占地面积、生均体育运动场地面积、生均网络多媒体教室配备情况、图书馆设置阅览室情况、藏书室藏书情况等指标存在显著差异。以学校轨数为例，方差分析结果表明，达标学校比未达标学校学生的成绩低13.01分。按照标准化监测指标中的要求——“完全小学不高于6轨”，即一个年级平行班的班级数量小于或者等于6的学校，在该指标上，它们将被划入达标组。但我们在调研过程中发现，江苏省乡村小学大部分满足这一条件，而城镇小学中，尤其是很多“优质小学”往往一“位”难求，在这个指标上难以达标。这类学校的教学质量往往远高于平均水平，这就在整体上拉高了这一指标未达标组学生的成绩。

在初中阶段，学校轨数、生均建筑面积、生均图书册数、年生均新增图书册数、学生人机比、初中教师本科及以上学历比率等指标，达标组与未达标组有显著差异。以学生人机比为例，达标组比未达标组学生的成绩低14.31分。按照监测指标的要求，在校生数与网络环境下学生使用计算机数之比，初中要达到8∶1。计算方法如下：

$$学生人机比=\frac{学生用计算机总数}{学校当年在校学生总数}$$

这就不难推测为什么不达标组学生的成绩反而更好了。优质学校往往由于办学规模庞大，诸如计算机等硬件设备生均占有量偏低，这在拉低“优质学校”此类指标得分的同时，也拉高了未达标组学生成绩的均分。

上述分析表明，在义务教育学校标准化建设过程中，伴随着保障水平的提高，学校之间在教育质量上的差距仍然存在。在诸多指标上，未达标组学生的成绩反而好揭示的恰恰是人民群众对优质教育资源的渴求。优质教育资源的相对短缺，导致“好学校”供不应求，办学规模的扩张带来的生均资源供给水平降低，必然导致投入端绩效评价结果不及预期。这种实际办学质量与投入端评价结果的背离，也再次提醒我们，需要对此类教育政策评价指标设置进行反思，从更为全面的视角界定和评估教育政策的实施效果。

第四节　义务教育学校标准化建设对教育结果公平的影响

在上一节中，我们主要对学校标准化建设与教育充足之间的关系进行了探究。在本节中，我们将对学校标准化建设政策是否促进了教育结果公平进行分析。首先，利用泰尔系数分析不同类别学校学生的成绩是否存在差异。其次，计算校内学生成绩差异系数，同时利用最小二乘估计与断点回归设计分析标准化建设与校际学生成绩差异系数的相关关系和因果关系，分析标准化建设是否是教育结果——学业成绩产生差异的原因。最后，对回归结果进行反思与探讨。

一、模型设定与变量的描述性统计

基于上文的研究思路，我们利用最小二乘回归，以校内学生成绩差异系数作为因变量，分别以标准化建设程度、标准化建设达标与否作为自变量，加入相关可能影响学生成绩的因素如学校所在市的人均 GDP、教育需求等作为控制变量进行相关性分析。模型设定如下：

$$cvscore_i = \lambda_0 + \lambda_1 xzhachrate_i + \lambda_i W_i + \mu_i \tag{6.12}$$

$$cvscore_i = \gamma_0 + \gamma_1 T_i + \lambda_i W_i + \mu_i \tag{6.13}$$

其中，$cvscore_i$ 代表 i 学校校内学生成绩的差异系数，差异系数是测算数据离散程度的相对指标，为标准差与均值之比。数值越大，表明数据离散程度越大。在本研究中，校内学生成绩差异系数反映了教育结果的均衡状况——学生成绩的相对差异；$xzhachrate_i$ 表示 i 学校标准化建设达标率；T_i 为分类变量，代表 i 学校标准化建设达标与否，$T_i=1$ 代表达标，$T_i=0$ 代表未达标；W_i 为控制变量，包含 i 学校所属区域、所在市的人均 GDP、教育需求及城乡类别；λ_0、γ_0 为截距项，λ_i、γ_i 为控制变量的待估参数；λ_1、γ_1 为主要关注参数，代表学校标准化建设的政策效应；μ_i 为残差。

考虑到相关分析无法解决内生性问题，无法完成因果关系推断，因此引入断点回归设计分析学校标准化建设程度是否是校内学生成绩产生差异的原因。同样，将标准化建设评估基本达标标准（即监测达标率超过或等于

80%）设为断点，采用精确断点回归进行因果推断。其原理与上一节相同，故不再反复提及。断点回归参数化的具体模型如下：

$$cvscore_i = \alpha + \beta_1(xzhachrate_i - x_0) + \beta_2 T_i + \beta_3 T_i(xzhachrate_i - x_0) + \beta_i Z_i + \varepsilon_i \quad (-h \leqslant xzhachrate_i - x_0 \leqslant h) \tag{6.14}$$

模型中的变量含义均与上文相同，同样，考虑到断点回归参数化估计方法的缺陷，故主要采用断点回归设计中的非参数化估计方法进行分析，即最小化式（6.15）中的目标函数：

$$\min_{\{a,b,d,g\}} \sum_{i=1}^{n} K\left(\frac{cvscorei - x_0}{h}\right)[cvscore_i - \alpha - \beta(xzhachrate_i - x_0) - \delta Ti - \gamma(xzhachrate_i - x_0)T_i]^2 \tag{6.15}$$

具体变量设置与整体数据特征见表 6-5。从表 6-5 可以看出，1619 所小学校内学生成绩差异系数平均约为 13.97，最小值为 0.782，最大值为 43.609，两者具有较大差异。880 所初中校内学生成绩差异系数平均约为 15.96，成绩差异离散程度要小于小学阶段，最小值为 5.319，最大值为 28.025。总体而言，无论小学还是初中校内学生成绩都存在较大差异。

表 6-5　变量描述性统计

变量（$N_{小学}$=1619 $N_{初中}$=880）	变量含义		平均值	标准差	最小值	最大值
$cvscore_i$	差异系数	小学	13.971	3.837	0.782	43.609
		初中	15.955	3.437	5.319	28.025
t	标准化建设达标与否	小学	0.676	0.468	0	1
		初中	0.773	0.419	0	1
$xzhachrate_i$	标准化建设达标程度（%）	小学	82.442	6.898	58.060	100
		初中	84.800	6.922	58.060	98.390
*city*GDP	江苏 13 个市人均 GDP（万元）	以小学样本计算	9.932	3.227	4.831	14.556
		以初中样本计算	9.867	3.238	4.831	14.556
edudemand	江苏 13 个市小学教育需求（%）	小学	6.216	2.021	4.480	10.390
		初中	2.383	0.460	1.800	3.460
*qy*1	苏中，哑变量	小学	0.200	0.400	0	1
		初中	0.206	0.404		
*qy*2	苏南，哑变量	小学	0.460	0.499	0	1
		初中	0.444	0.497		
*cx*1	城区，哑变量	小学	0.525	0.500	0	1
		初中	0.557	0.497		
*cx*2	镇区，哑变量	小学	0.343	0.475	0	1
		初中	0.362	0.481		

二、校际学生成绩不均等状况及其分解

首先，为了了解学生成绩差异的主要原因，利用具有可分解特性的泰尔系数对该问题进行探究。分别以标准化建设是否达标、标准化建设是否达标与学校所属区域（苏北、苏中、苏南）的交互、学校标准化建设是否达标与学校所属城乡类别（乡村、镇区、城区）的交互三类条件进行分组，分别计算校际学生成绩的泰尔系数，以此分析校际学生成绩均衡状况及其差异来源，最终结果见表 6-6。

表 6-6 小学与初中校际学生成绩泰尔系数及其分解结果

项目		学校标准化建设是否达标			学校标准化建设是否达标及学校所属区域			学校标准化建设是否达标及学校所属城乡类别		
项目	整体	（1）			（2）			（3）		
		T_w	T_b	T_w 贡献率（%）	T_w	T_b	T_w 贡献率（%）	T_w	T_b	T_w 贡献率（%）
小学	0.006 42	0.006 41	0.00 001	99.84	0.005 45	0.000 97	84.89	0.006 16	0.000 26	95.95
初中	0.004 64	0.004 62	0.00 003	99.57	0.004 00	0.000 64	86.21	0.004 45	0.000 19	95.91

注：T_w 为组内差异；T_b 为组间差异

从整体来看，无论是初中还是小学，校际学生成绩的泰尔系数均远远小于 1，表明江苏省在义务教育阶段校际教育结果公平方面达到了较高的公平度，校际学生成绩总体较为均衡，且初中校际成绩差异小于小学阶段。

相对而言，从泰尔系数的分解结果可以发现，以（1）—（3）中的任何一种分组标准进行计算，组内的成绩差异都明显要大于组间差异。具体而言，结果（1）表明，标准化建设达标组内部的学生成绩差异要明显大于达标组与未达标组学校之间的学生成绩差异，未达标组亦如此。结果（2）进一步验证了苏北、苏中、苏南达标学校与未达标学校之间的学生成绩差异依然小于其内部差异。结果（3）表明，城乡达标与未达标学校之间的学生成绩差异仍然是组内差异大于组间差异。总之，从各类别的校际学生成绩泰尔系数分解结果可以看出，校际学生成绩变异主要来自于类别内部，这一部分的贡献率最低达到了 84.89%。这表明需要对不同分类内部学校之间的学生成绩差异给予关注，类别内部教育结果公平程度有待进一步提高。

三、学校标准化建设对校内学生成绩差异的影响

在上一部分，我们发现江苏省校内学生成绩存在差异，但并不明确学校标准化建设是否是导致校内学生成绩不均等的原因，也就是说尚不明确学校标准化建设是否起到了改善校内学生成绩差异的作用。故我们在本部分首先分析学校标准化建设与校内学生成绩差异间的相关性，并进一步探究学校标准化建设是否是导致校内学生成绩产生差异的原因。

（一）学校标准化建设与校内学生成绩差异的相关性分析

基于上文的研究逻辑与模型设定，我们首先对学校标准化建设与校内学生成绩的相关关系进行分析。通过怀特检验，我们发现回归方程存在异方差，故对回归方程利用加权最小二乘回归进行异方差修正，最终得出学校标准化建设与校内学生成绩差异系数的相关性分析结果（表6-7）。

表 6-7 义务教育学校校内学生成绩差异系数与标准化建设的最小二乘估计回归结果

项目		小学		初中	
		（1）	（2）	（3）	（4）
标准化建设达标程度（%）		0.008 （0.643）		0.058*** （3.373）	
标准化建设达标与否			0.073 （0.411）		0.873*** （3.095）
学校所在市人均 GDP（万元）		−0.113 （−0.986）	−0.151 （−1.307）	−0.088 （−0.583）	0.014 （0.097）
学校所在市的教育需求（%）		−0.031 （−0.372）	−0.016 （−0.190）	−1.064** （−2.327）	−1.247*** （−2.806）
学校所属区域（苏北为参照组）	苏中	−2.143*** （−3.483）	−2.070*** （−3.399）	−1.481** （−2.305）	−1.839*** （−2.949）
	苏南	0.850 （0.914）	1.154 （1.250）	−1.782 （−1.515）	−2.521** （−2.248）
学校所属城乡类别（乡村为参照组）	城区	−0.629* （−1.776）	−0.680** （−1.991）	−0.597 （−1.351）	−0.655 （−1.381）
	镇区	0.881** （2.411）	0.879** （2.482）	−0.090 （−0.201）	−0.116 （−0.248）
常数项		14.700*** （9.640）	15.494*** （16.443）	15.875*** （7.108）	19.997*** （12.900）
样本量		1619	1619	880	880
F		0.075	0.079	0.052	0.049
调整 R^2		19.754	20.926	7.835	7.446

注：括号内的数据为 t 估计值

从表6-7的模型（1）、模型（2）可以看出，在小学阶段，标准化程度、标准化建设达标与否都与被解释变量校内学生成绩差异系数呈正相关，即标准化建设程度越高，进入标准化建设达标组的学校的校内学生成绩差异越大，但差异并不显著。从初中阶段的模型（3）、模型（4）可以得出，标准化建设程度与校内学生成绩差异系数之间呈现出显著正相关，即标准化建设程度越高，进入达标组的学校的校内学生成绩差异越大。另外，我们发现，在初中阶段，学校所在市的教育需求与校内学生成绩差异系数呈负相关，即教育需求越大，越有利于缩小校内学生成绩的差异。在义务教育阶段，苏中地区的校内学生成绩差异小于苏北；小学阶段城区的校内学生成绩差异小于乡村，镇区的校内学生成绩差异显著大于乡村。

（二）学校标准化建设与校内学生成绩差异的因果关系分析

1. 因果关系推断

在完成学校标准化建设与校内学生成绩的相关性分析后，我们将进一步通过断点回归设计分析标准化建设是否是校内学生成绩产生差异的原因，同时通过断点回归的图示法与局部线性回归方法分析二者的因果关系。首先，分别绘制小学与初中标准化建设达标率与学生成绩差异系数的断点回归图。如图6-7、图6-8所示，在小学阶段，在断点处校内学生成绩差异系数存在微小的跳跃，而在初中阶段并未出现明显的跳跃。

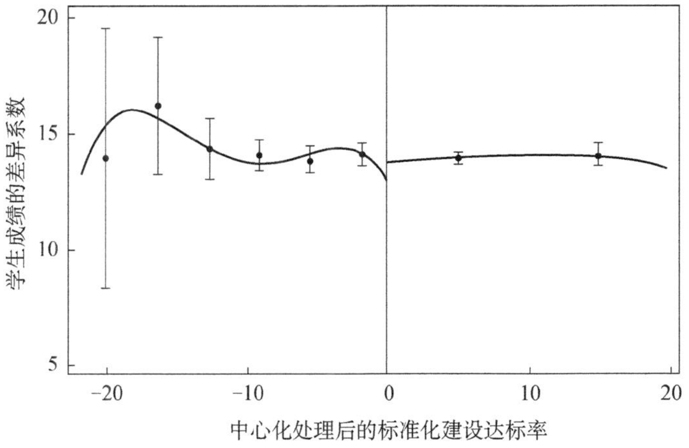

图6-7 小学断点回归图

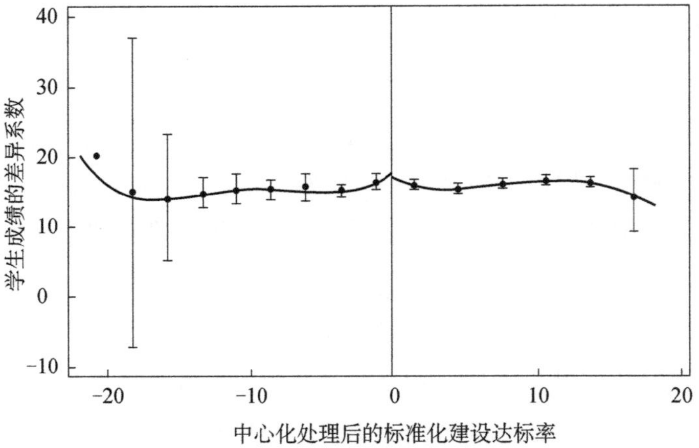

图6-8 初中断点回归图

为了精确判定二者是否具有因果关系，本研究进一步利用断点回归的局部线性回归方法，通过不同的带宽设定进行分析，结果见表 6-8。在小学阶段，不同的带宽设定对最终结果的影响有显著的不同，在最优带宽±4.964 的邻域内（即标准化建设达标率在[75.04%，84.96%]内的学校），其标准化建设与校内成绩差异系数并不存在显著的因果关系。在最优带宽的一半（±2.482）的邻域内（即达标率在[77.52%，82.48%]内的学校），二者则存在显著的因果关系，在不加入控制变量的情况下，标准化建设达标组的学校校内学生成绩的差异要比未达标组的学校低 6.95 分，即标准化建设缩小了校内学生成绩的差异。总体来看，小学阶段标准化建设与校内学生成绩之间的关系并不稳健。在初中阶段，无论带宽如何变化，二者之间都不存在显著的因果关系，这与图示法的结果一致。

表 6-8 义务教育学校学生成绩差异系数与标准化建设达标率的断点回归结果

义务教育学校标准化建设达标率	小学	± 2.482		± 4.964		± 9.927	
		−6.284** （−2.228）	−6.947** （−2.401）	0.280 （0.486）	0.362 （0.619）	−0.173 （−0.415）	−0.105 （−0.247）
	初中	± 2.772		± 5.544		± 11.088	
		−0.380 （−0.311）	−0.357 （−0.288）	−0.199 （−0.203）	−0.306 （−0.310）	−0.294 （−0.450）	−0.409 （−0.614）
	是否加入控制变量	是	否	是	否	是	否

注：括号内的数据为 *z* 估计值

2. 因果推断的稳健性检验

断点回归设计只有在满足一定的限定条件下才能得出有效的结论，故我们又对结果的稳健性进行了检验，以确保断点处的跳跃不是由于分组变量或者控制变量的跳跃引起的。

（1）分组变量连续性检验

图 6-9、图 6-10 为分别使用核密度函数对小学与初中分组变量进行的连续性检验，可以看出分组变量在断点处不存在特别明显的跳跃，整体符合连续性假定。

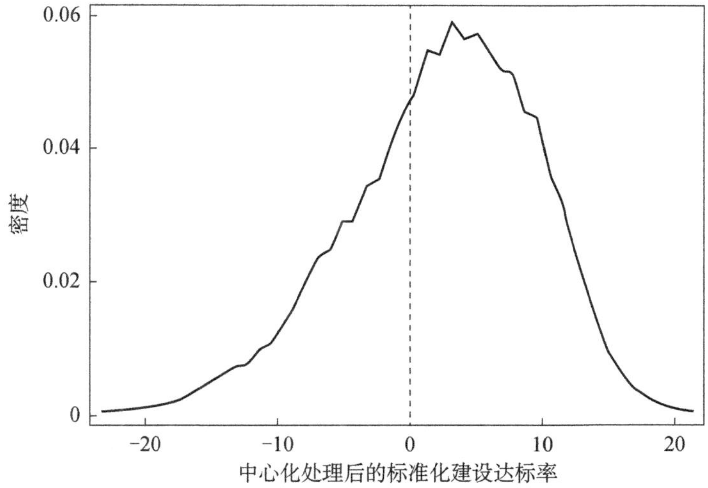

图6-9 分组变量密度函数图（小学）

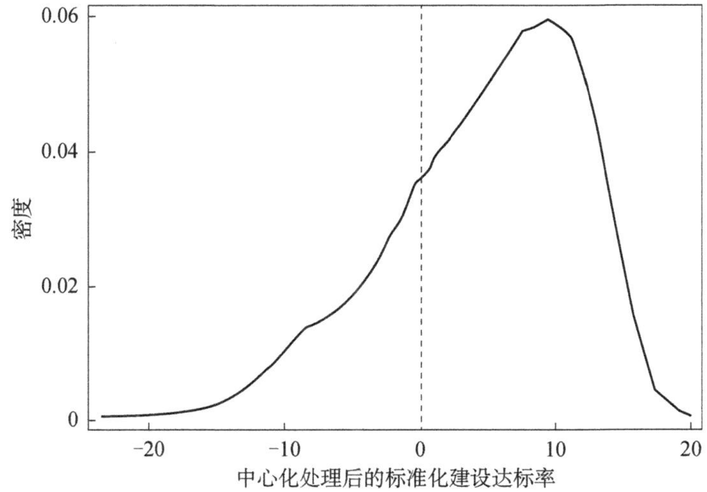

图6-10 分组变量密度函数图（初中）

（2）控制变量连续性检验

我们进一步对控制变量的连续性进行了检验。从表 6-9 可以看出，在模型中小学与初中阶段所有的控制变量在 5%的水平上不具有显著性差异，即整体而言，控制变量在断点处连续。

表 6-9　控制变量的连续性假定检验

项目	小学	初中
江苏 13 个市人均 GDP	0.208 （0.394）	0.434 （0.505）
学校所属城乡类别	0.020 （0.205）	0.246* （1.714）
学校所在市的教育需求	0.323 （1.047）	−0.040 （−0.332）
学校所属区域	0.031 （0.215）	0.084 （0.357）
局部沃尔德估计	0.362 （0.619）	−0.306 （−0.310）

注：括号内的数据为 z 估计值

通过上述检验，可以得出本研究的结论具有稳健性。综上所述，基于现有数据，断点回归分析的结果显示，学校标准化建设政策在促进校内教育质量均衡方面并没有发挥其最大功效，当前该政策在促进教育结果公平方面的作用相对而言是有限的。然而，对于相关结果，我们仍需要进一步进行理性分析与科学讨论。

四、分析与讨论

综上所述，泰尔系数的分析表明，江苏省的义务教育阶段校际学生成绩达到了较高公平度，但通过不同分类标准查看组内、组间差异时发现，达标组内部的学生成绩差异要明显大于达标组与未达标组之间的学生成绩差异；未达标组亦如此。区域（苏北、苏中、苏南）、城乡达标与未达标学校之间同样是组内差异大于组间差异。

最小二乘估计的结果则显示标准化建设程度与校内学生成绩差异呈正相关，断点回归设计的结论则表明学校标准化建设不是校内学生成绩产生差异的原因。从前文的标准化建设评估报告可知，在硬件保障方面，江苏省已基本完成均衡发展的任务。但就其上述研究来看，标准化建设工作对教育结果公平几乎没有产生促进作用。这与相关学者的观点相一致，即提供教育过程（包括教育条件和师资）的公平，并不能保证教育结果的公平。[①]

然而，进一步探究本研究结果的原因，可以发现一些微妙的复杂因素。在小学阶段，从方差分析的结果可以看出，在某些指标上，标准化建设达标组与未达标组学校校内学生成绩差异系数具有显著差异，如学校轨数、学校平均班额、生均占地面积、生均体育运动场地面积、生均绿化面积、教师人机比、音体美教师配备等。以学校轨数为例，方差分析结果显示，该指标达标的学校与未达标的学校有显著差异，达标组的校内成绩差异系数比未达标组高0.565。依据标准化监测指标统计口径中的学校设置要求——完全小学不高于6轨，可以推导出小学轨数小于等于6轨的学校，其校内学生成绩差异反而更大。这可能与城乡间的教育差异相关，比如，一些乡镇的教学点虽然该指标达标，但其教育质量与城镇相比却有一定差距，从而导致达标组在该指标上的差异程度相对较大。同样，以生均体育运动场地面积为例，达标组比未达标组校内成绩差异系数高0.583。究其原因，可能是城区的学校往往由于占地的限制不能达标，而其教育质量又相对较高。

在初中阶段，方差分析结果同样显示，在学校轨数、生均图书册数、年生均新增图书册数、初中教师本科及以上学历比率等指标方面，达标与未达标组有显著差异。以生均图书册数为例，达标组比未达标组高0.697。监测指标中要求“初中生均图书册数不少于40册”，据此可以认为生均图书册数大于40册的学校，其校内学生成绩差异反而更大。对于造成这种现象的原因，通过分析指标的计算方法可知，$\text{生均图书册数}=\dfrac{\text{学校图书总册数}}{\text{学校当年在校学生总数}}$，这意味着好学校往往由于在校生数过大，导致该指标不达标。

以上分析表明，义务教育学校标准化建设之所以对学生学业成绩未能产生显著影响，主要还是评估指标设置的原因。如前所述，当下在此类评估指标中，绝大多数为“投入端”的评估指标。这类指标虽然可以刻画各校在基本保障条件方面的水平和均等程度，但由于存在薄弱学校、薄弱地区生源不足的问

① 顾明远. 公平而差异：基础教育的必然选择[J]. 教育发展研究，2007，(21)：7-8.

题，在人均指标上反而会出现指标得分高的情况，从而导致高指标得分、低学业产出的结果。这也从一个侧面反映出简单化的投入导向的评估难以真正评估教育投入或教育政策的实际效果。

第五节 对义务教育学校标准化建设评估结果的反思与政策建议

一、对义务教育学校标准化建设评估结果的整体反思

通过上述分析，我们可以发现，在本研究中学校标准化建设政策的产出端效果不同于其在投入端评估中展现出的成效。具体而言，从充足角度来看，当前研究并没有充分证据表明学校标准化建设对学生的学业成绩提升起到了促进作用；从公平角度来看，江苏省义务教育学校标准化建设数据的分析结果表明，标准化建设对于促进教育结果公平的效应有限。在教育产出维度促进教育充足与教育公平方面，学校标准化建设政策仍存在改进的空间。当前，对学校标准化建设的评估仍主要聚焦于资源保障等条件维度与过程维度，对结果维度的关注不足，或许是导致该问题的原因之一。但是我们并不否认当前学校标准化建设政策在促进薄弱学校改造与发展中的作用。正如既有研究揭示的，义务教育阶段的办学条件得到了显著改善，校舍建筑面积、信息化配置水平、教学设施设备等均有所提高与改善①，这都为义务教育阶段学生的健康成长与学业发展提供了硬件保障与条件基础。本研究所分析问题的价值在于，揭示了投入导向政策效果评价与产出导向政策效果评价的差异，而后者由于能够更好地回应政策实施的预期及现阶段教育发展的关键性问题，有助于人们从教育政策是否真正满足了人民群众对优质教育迫切需求的角度评估教育政策的效果，因此是当前政策效果评价中不容忽视的视角。

---

① 宋乃庆，肖林，辛涛. 改革开放以来义务教育办学条件建设：成就、反思与建议——基于数据分析的视角[J]. 教育学报，2019，(1)：47-55；李鹏，朱德全. 义务教育学校标准化建设：进程、问题与反思——基于 2010 年—2014 年全国义务教育办学条件数据的测度分析[J]. 清华大学教育研究，2016，(1)：110-117.

当然，我们对学校标准化建设政策的评估也存在一定的局限之处。首先，从样本主体来看，在本研究中依托江苏省学校标准化建设标准，利用江苏省学校标准化建设数据对该政策进行评估，其结论或许对我国其他省份有启发作用，但由于各地区内部的差异明显，因此相关结论是否能适用于其他区域，还需要更广范围的研究予以验证。其次，本研究中以学生成绩作为学校标准化建设成效的衡量标准，只是探究了学生生命成长发展过程中的一个维度，标准化建设政策对学生的全面发展状况的影响，仍有待进一步讨论与分析。考虑到学生成长与发展的复杂性，这样的量化评估在数据的可获得性及结果的稳健性方面均面临挑战。最后，作为“百年树人”的教育事业具有延迟效应，学校标准化建设政策的实施不一定会产生立竿见影的实时效果，其政策效应在短期内或许不能完全被注意或观察到，这是在以后学校标准化建设评估过程中应注意的问题。要解决这一问题，需要有更多的纵向跟踪数据支持，这也是未来这一领域的研究者需要着力强化的方面。

二、政策建议

针对上述关于义务教育学校标准化建设政策的评估、分析与反思，首先需要重申的是，这样的结论并不意味着否定资源投入的价值与意义，毕竟资源是底线保障。但这一结论也表明，当前的标准化建设在实现从投入均等到产出充足、结果公平转变方面仍存在较大的改进空间。为了进一步推动政策的更好落实，根据既有结论，我们提出以下建议。

（一）从投入均等向教育产出充足、结果公平转变

在标准化建设的导向上，需要实现从投入均等到结果公平的转变。这既是理念上的转变，也是决定最终成效的核心要素。单纯的校际资源均衡不能够实现教育结果的公平，学校间的生源分层等其他因素同样会导致学习结果出现差异[①]，而且根据边际效应递减法则，当资金和资源投入达到一定数量的时

---

① 任春荣，辛涛. 校际生源分层与教育公平[J]. 全球教育展望，2011，(4)：65-69.

候，加大经济投入对于提高教育质量、促进均衡的收效甚微。[①]所以，需要根据标准化建设政策的进展对其发展方向进行动态调控，不能因为过于关注手段、关注绩效而忘了其实施的初衷。

“农村最好的房子在学校，最好的环境在校园”是对当前很多地方农村学校的写照，这表明其在硬件保障上已经取得了一定的成绩，但这并不意味着已经为农村义务教育交上了一份满意的成绩单。必须指出的是，“数量标准、硬件标准是标准化学校建设的表象，而质量标准、内涵标准才是标准化学校建设的实质，要始终将学校办学质量放在标准化评估的首要位置”[②]。正如我们在调研中发现的，不能说义务教育学校标准化建设与教育质量之间没有关系，但不能完全匹配，总体上关系不大。在评价指标设置过程中，过于关注投入变量，往往会使此类评估难以刻画政策在教育产出上的效果，进而忽视了政策实施的最终目标，从完成工程或任务的角度出发而使评估失去焦点，或许是导致此类评估难以发现结果端存在问题的主要原因[③]，这是在学校标准化建设过程中应时刻警惕的问题。

现阶段，人民群众对于更高质量教育的渴求与优质教育资源供给的不均衡与不充分之间的矛盾，是教育改革发展过程中的主要矛盾。如前所述，20 世纪 80 年代以后，美国教育供给的原则便逐步由公平转向充足，其核心理念是在一定的资源保障条件下，尽量让每一个孩子都获得最大的发展。[④]这样的理念对于我国当前的学校标准化建设工作同样具有借鉴价值。在办学条件满足学生的基本发展需求之后，要追求发展式均衡，各地应根据具体情况，激发学校的办学活力，把关注点转向学校办学质量[⑤]，追求办学质量的提升与教育的优质均衡发展。

---

① 辛涛，姜宇，王旭冉. 从教育机会到学习机会：教育公平的微观视域[J]. 清华大学教育研究，2018，（2）：18-24.

② 张新平，张冉. 义务教育学校标准化建设：现况、问题与理路选择[J]. 教育发展研究，2017，（18）：1-7.

③ 陈学军，张新平. 义务教育学校标准化建设方法论[J]. 江苏教育，2017，（82）：7-9.

④ 姚继军. 美国基础教育“教育充足“标准的确立与影响[J]. 外国中小学教育，2018，（7）：10-16；薛二勇. 美国教育充足理念的形成、依据及政策影响[J]. 教育发展研究，2011，（19）：80-84.

⑤ 王天平，李鹏，王建平. 城乡中小学标准化建设的问题审视与优化之道——基于 N 市中小学标准化建设的调研[J]. 西南大学学报（社会科学版），2014，（3）：72-79，172-183.

虽然教育者的自身能力和先赋条件均会导致教育产出不平等[①]，但我们应努力通过学校教育尽力消除社会环境因素等对学生发展可能造成的不利影响，使每个孩子都能获得最大限度的发展。教育均衡不应只是硬件等投入资源的均衡，质量的高位均衡、教育结果的公平也应该成为各地促进教育发展的着力点。尤其是在当前学校标准化建设投入端均衡已经达到较高水平的情况下，我们更需要关注硬件等资源的效力与效益，使设备、设施等真正服务于学生的发展。也就是说，在学校标准化建设过程中，在保证每一所学校发展必需的硬件设施、师资配备、课程资源、经费保障的同时，应该加大对产出质量的考核与考察，促使硬件投入和条件改善真正服务于学生的发展，切实提高教育质量，努力实现每一个学生都有所发展和实现持续成长。

（二）循证决策，注重指标的科学性、灵活性和动态性

标准化建设监测指标作为学校标准化建设成效的评估工具，对学校标准化建设具有引领作用，其本身的意义与价值重大。但是，假如度量成效的尺子本身存在一定的问题，得到的最终结果也将是有偏的。同时，每所学校都有自身的特色与固有短板，这就要求我们不能用“一把尺子量到底”的思维去衡量其标准化建设成效，要考虑到普遍性与特殊性，不应被标准禁锢。故在义务教育学校标准化建设中，一方面要加大科研力度，更加科学、合理地设置标准化建设评价指标；另一方面要注重标准的弹性与动态性。

在指标的科学性方面，本研究的一个重要发现是简单地聚焦于投入端的标准化建设并不能促进学生产出的改善。究其原因，很大程度上是由于设置标准化建设指标时，人们对投入和产出的关系并未明了，很多指标的设计往往依据的是经验而非科学的证据。在循证改革的过程中，欧美国家在做出重大政策决策时，都要求有扎实的实证证据，讲求循证决策，即政策制定者的决策是以一系列来源广泛的、最佳的可利用证据为基础的，所有主要利益相关者都能在政策制定初期参与整个政策制定过程，所有相关证据，包括专家提供的证据，

---

① 黄斌，钟宇平. 教育财政充足的探讨及其在中国的适用性[J]. 北京大学教育评论，2008，（1）：39-153，192.

都以通俗、有意义的形式供决策者使用。[①]美国教育部早在2002年就建立了教育资料库（What Works Clearinghouse，WWC），作为一个教育资源中心，其能为教育者、决策者、研究人员和公众提供可靠的教育证据。[②]在实际应用中，美国在《每一个孩子都成功法案》中，不但延续了《不让一个孩子掉队法案》中对循证决策的要求，还对各类证据的强度做了明确规定。[③]在这方面，我国还有一定的改进空间，需要加强教育信息化建设，推动决策方式由经验决策向循证决策转变。[④]在未来的义务教育学校标准化建设过程中，需更加重视指标与评价的合理性、科学性。

在指标的灵活性方面，由于义务教育发展的不均衡性，需要使标准具有一定的灵活性，可以考虑制定学校标准化建设的省域内强制标准与推荐标准。其中，强制标准是义务教育学校必须达到的合格性标准，推荐标准是可以由学校根据校情具体选择、菜单式执行并寻求权威机构认定的标准。[⑤]同时，要协调好统一要求和学校特色发展之间的关系，为学校留出自由发展的空间。在学校标准化建设过程中，应避免四平八稳、面面俱到的指标设置，允许学校的特色发展及不同评价维度间的替代和协调，不必拘泥于指标的全部实现，只要有证据表明它是有效的，能够更好地促进学生的发展，就应该被视为完成了标准化建设的任务。

在指标的动态性方面，学校发展程度不一，在学校标准化建设过程中遇到的问题可能不同，所以不能简单地走向“唯指标”主义，要在评估中根据城乡、区域学校的实际进行动态调控，对标准化建设成效的评估，要因校而异。教育作为社会的子系统之一，与社会的发展具有联动机制。在义务教育学校标准化建设过程中，各部门需要通力合作。有些学校标准化建设的某些指标不达标，并非学校本身通过努力就能改变的，如学校大班额现象就是人口的社会流

---

① Strategic Policy Making Team Cabinet Office. Professional Policy Making for the Twenty-first Century[Z]. 1999.

② Heinrich C J. Evidence-based policy and performance management：Challenges and prospects in two parallel movements[J]. The American Review of Public Administration，2007，(3)：255-277.

③ Slavin R E. Evidence-based reform in education[J]. Journal of Education for Students Placed at Risk，2017，(3)：178-184.

④ 张新平. 科学化的县级教育行政决策[J]. 决策与信息，2018，(9)：77-80.

⑤ 魏峰. 义务教育学校标准的制定：内涵、目标与方法论[J]. 教育发展研究，2017，(18)：5-21.

动、教育发展不均衡导致的家庭择校、学校实际招生中对生源的挑选及学校建设数量滞后于学龄儿童增长数量等多方面因素造成的[①]，这就需要诸如教育、城乡规划、国土资源等部门协调解决。在这一过程中，相关部门既要立足现实，对区域社会经济发展的条件与基础有充分的认识，明确教育发展的基础和面临的挑战，使相关标准更有针对性，也要有前瞻性，对社会经济与教育发展做出科学的预判，使相关指标充分发挥引导教育发展的作用。

（三）打造标杆，缩小内部差距，加强监督问责

首先，在完善硬件建设的同时，需要加强软件建设指导，打造学校特色，注重提高学校配套设施的质量与使用效率，使其真正服务于学生发展。在学校标准化建设所需学校资源得到基本保障后，学校间在办学声誉与质量上的差异仍客观存在。这意味着要求所有学校均按统一的标准建设优质学校，既不现实也不可能，一条更为现实的路径是引导不同学校形成自身的特色与品牌。正如有学者所言，义务教育学校建设标准除了关注自身“实体”的升级，还要围绕学校的核心“教育教学活动”进行思考，应给予学校一定的自由发展空间，引导其个性化与特色化发展。例如，在学校标准化建设过程中融入自身特色，同时也可以在完成标准化建设后，结合学校的历史与未来规划，进行设计和改进。[②] 这就需要学校标准化建设的相关利益主体解放思想，多措并举，因地、因校制宜，走凸显自身特色的优质发展之路。每一所学校都应该打造自身的优势，彰显办学特色，实现多样化发展。对于相关政策制定者而言，需要给予学校更大的选择权与话语权，允许学校立足自身的优势自主发展。对于社会而言，要参与学校建设，整合各种资源，为学校发展创造良好的环境。

其次，在关注学校间、地区间的差异的同时，要着力缩小教育系统内部的差异，关注合乎最小受惠者的最大利益。[③]这就要求教育部门在义务教育学校标准化建设过程中，要更加注重教育公平的差异原则与补偿原则，根据受教育者的禀赋、能力、兴趣，差异化地配置教育资源。同时，要给予处境不利者

---

① 孙军. 化解义务教育大班额现象的策略[J]. 江苏教育，2017，(82)：11-13.

② 高士晶，和学新. 城乡义务教育学校建设标准的问题审视及优化策略[J]. 教育科学研究，2017，(1)：40-47.

③ 约翰•罗尔斯. 正义论[M]. 何怀宏，等，译. 北京：中国社会科学出版社，1988：8.

一定的补偿，保证每个人都有平等的获得成功的机会。[①]在这一过程中，相关部门在政策层面应该向薄弱学校、乡村学校倾斜，在改善教育条件的同时，着力提升其师资质量，解决薄弱学校、乡村学校的教师结构性缺编问题，使这些学校真正能留住优秀教师，进而有效提高其教育质量。除此之外，相关部门还应重视对这些学校的内部挖潜，充分发挥校长、教师等一线工作者的经验与智慧，立足本校实际，探索适合自身的提升教育质量的举措，使每个孩子都能获得更多的发展机会。

最后，重视评估与督导，强化教育问责。义务教育学校标准化建设是一项系统工程，在推进这一工程的过程中，各级教育管理部门要充分发挥主导作用，通过科学评估和督导，明确相关责任人的职责，确保义务教育学校标准化建设中各级各类学校的需求能够得到及时的反馈与满足。具体而言，相关部门应注重发展性评估，在进行年度数据汇总评估的同时，通过多种途径定期了解义务教育学校标准化建设的相关情况，做到事前、事中、事后的全面了解；基于科学评估的结果，对学校的改进给予建议与指导，充分考虑学校的办学实际，给出切实可行的建议与改进方案；明确各责任主体的责任，确保各类政策从举措到保障措施能够落实到位，促进不同政府部门之间的协同配合与社会力量的参与，进而实现多元参与、共同建设。[②]

---

① 褚宏启，杨海燕. 教育公平的原则及其政策含义[J]. 教育研究，2008，(1)：10-16.

② 阮成武. 城乡义务教育资源均衡配置的省级统筹机制——基于 A 省的调查分析[J]. 湖南师范大学教育科学学报，2016，(5)：63-69.

第七章　区域推进义务教育学校标准化建设的典型经验

各级政府是推进义务教育学校标准化建设的责任主体，在义务教育学校标准化建设中的重要作用和责任不可忽视。事实上，从实现更大范围内义务教育优质均衡发展的角度考虑，当前更应该关注省级政府在发展义务教育方面的责任。作为全国教育发达省份，江苏省在推进义务教育学校标准化建设工作上起步早、成体系、举措新，取得了较好的建设效果，也在全国产生了广泛的影响。本研究以江苏省为例，系统呈现与探询区域推进义务教育学校标准化建设的相关问题。具体内容包括两个方面：一是从纵向维度总结江苏省推进义务教育学校标准化建设的四个阶段；二是从横向维度系统探讨江苏省推进义务教育学校标准化建设的五种经验。

第一节　区域推进义务教育学校标准化建设的层次阶段

江苏省义务教育学校标准化建设工作一直是被置于“教育现代化”这一总战略目标下开展的，同时该项工作也受到不同时期国家与江苏省有关义务教育发展政策的影响。我们以“标准”为线索，从“局部（农村）的基本条件标准”到“更具整体性的条件标准”，从“条件标准”到“办学标准”，从“标准内容更新”到“推进杠杆创新”，将江苏省义务教育学校标准化建设工作分为四个阶段。从教育现代化建设角度看，它们分别对应了启动教育现代化建设、提出率先基本实现教育现代化目标、总体达到基本实现教育现代化目标、追求更高水平的教育现代化四个阶段；从义务教育发展角度看，它们也呼应了巩固普及水平、促进基本均衡与推进优质均衡三个政策目标层次。

一、聚焦农村学校基本条件标准改善：1993—2004 年

江苏省是全国较早提出教育现代化建设目标的省份。早在 1993 年，江苏省教育委员会就印发了《关于在苏南地区组织实施教育现代化工程试点的意见》，提出试点实施教育现代化工程。不过此时“两基”任务还没有完全实现，普及义务教育仍是工作重点。为此，1993 年 9 月，江苏省教育委员会颁布了《江苏省农村完全小学办学基本要求（试行）》《江苏省乡（镇）中心小学办学基本要求（试行）》《江苏省城市小学办学基本要求（试行）》等标准，以强化义务教育实施的基础和要求。1996 年，江苏省明确提出在全国率先基本实现教育现代化的目标，并于当年发布了《江苏省乡镇教育基本实现现代化建设标准（试行）》《江苏省小学基本实现现代化要求（试行）》。1999 年，江苏省人民政府发布了《江苏省教育现代化实施纲要》，提出全面完成改造薄弱学校的任务，所有学校都要达到省规定的建设标准。在一个市区或乡镇区域内，义务教育阶段的办学条件要基本平衡，为受教育者提供尽可能公平的教育机会。 在“基本实现教育现代化”的目标下，江苏省将 1993—2004 年的标准化建设工作的重点聚焦在农村学校，尤其是聚焦在江苏北部农村学校基本办学

条件的改善上。其主要涉及校舍与学校基础设施的改善，具体是通过颁布相应的标准以及通过实施农村危房改造、“校校通”、“三新一亮”和“六有”等几项工程推进的。这一阶段的重要政策及推进工作见图 7-1。

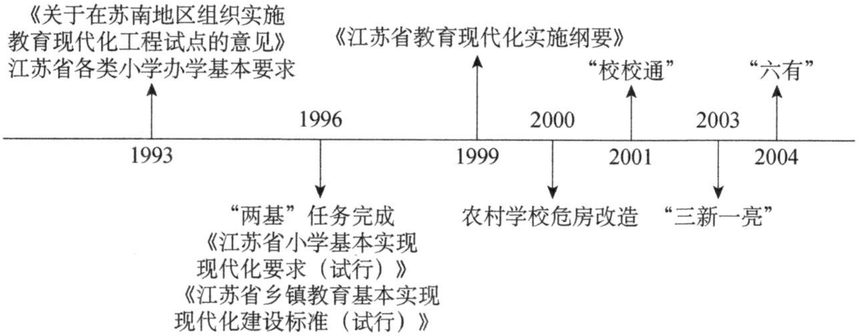

图 7-1　聚焦农村学校基本办学条件改善阶段的政策与工作

1993 年，《江苏省农村完全小学办学基本要求（试行）》《江苏省乡（镇）中心小学办学基本要求（试行）》《江苏省城市小学办学基本要求（试行）》颁布，重点还是在“两基”任务上，涉及乡（镇）中心小学、农村完全小学和城市小学三类小学。这套办学要求是改革开放之后江苏省提出的最早的系统化的办学标准。三类小学的办学要求采用统一的框架，除了与特定类型学校专门职能有关的要求外，涉及的内容基本一样，只是标准高低有些区别。具体而言，办学要求涉及以下几大方面：一是办学条件，包括行政干部配备、教师编制、学校占地面积、校舍建筑面积、课桌凳等设施、教具等设备仪器、生均图书等方面的要求。二是学校管理，包括办学方向、办学目标、校园管理、教师管理、学生管理、教育教学工作管理、后勤工作管理、档案资料管理等方面的要求。三是教育质量，包括学生各科学习、思想认识、身体素质等方面的发展要求，以及在校学生巩固率、教育完成率、留级率等方面的指标。除前三方面的要求外，对乡（镇）中心小学还有一项“示范辅导”方面的要求，即对村小进行指导。

1996 年颁布的《江苏省乡镇教育基本实现现代化建设标准（试行）》《江苏省小学基本实现现代化要求（试行）》与“在全国率先基本实现教育现代化”这一目标的明确密切相关。前者涉及 6 个维度、30 项指标要求：一是全民受教育水平，包括农村劳动力平均受教育程度、适龄人口接受高等教育比例、乡镇企业中专业技术人员比例和非文盲率 4 项指标；二是教育发展水平，包括入园率、小学布局、中学布局、高中阶段教育水平、成人教育要求 5 项指标；三是教育装备水平，包括教育装备条件达标情况、现代化教学设备和教学软件配备、职业教育实验室和实习基地情况 3 项指标；四是师资队伍水平，包括各级各类学校教师学历达标率、师德和教学基本功、外语和计算机培训考核、教师收入、教师住房条件等 8 项指标；五是教育管理水平，包括政府重视、依法执教等 6 项指标；六是教育投入水平，包括经费筹措、确保增长等 4 项指标。后者主要是为了给现代化建设试点小学提供参照，包括 10 条要求：有明确的办学方向和目标、有科学的教育思想、有合理的课程计划和较高的实施水平、有良好的教育环境、有完备的校舍设备、有先进的教育技术和管理手段、校长具有较高水平、教师具有优良素质、有较高的教学质量、有鲜明的办学特色。

上述标准为学校标准化建设指出了方向，也提出了具体的要求。基本实现教育现代化在当时既是一个高瞻远瞩的目标，也是一项任重道远的任务。这种最高的目标又需要从最困难处、最基本处入手。最困难的是农村，最基本的是校舍、设施设备等基本条件。因此，农村学校基本条件标准化便成了江苏省义务教育学校标准化建设最初的工作重点，主要通过以下几项工程加以推进。

一是农村学校危房改造工程。它在 2000 年被提出，当时江苏全省中小学危房面积占中小学校舍面积的比例较“普九”时期高出 2—3 个百分点，苏北五市危房更是到了高发期，仅徐州、淮阴、盐城三市就占全省学校危房总面积的一半以上。同时，危房又主要集中在农村小学，约占总危房面积的 65%。① 为此，自 2000 年开始，江苏省教育厅将危房改造作为工作的重中之重，并于当年明确了“三年改危攻坚战略”，计划用 3 年时间消除全省农村学校的 C、D 级危房。后来，这一计划又缩短为 2 年，要求在 2002 年完成全部危房改造任务。为了完成这一任务，江苏省教育厅与苏北五市签订了危房改造工作责任书，以强化政府的责任。省级层面的投入采用“以奖代补”②的方式，坚持“奖优扶困”的原则。据当时的报道，2002 年前 10 个月，全省投入危房改造的资金有 15.25 亿元，拆除 C、D 级危房 220 万平方米，新建扩建校舍 406.8 万平方米。③至 2002 年底，全省基本完成农村中小学危房改造任务。

① 佚名. 学校危房改造要警钟长鸣[J]. 农村教育，2000，（12）：49.

② 唐建. 江苏省中小学校舍安全工程工作情况汇报[EB/OL]. http://www.moe.gov.cn/jyb_xwfb/moe_1946/moe_2591/tnull_53464. html（2009-10-26）.

③ 王力. 江苏农村中小学危 房改造任务有望年内全面完成[EB/OL]. http://tech.sina.com.cn/roll/2002-11-15/ 1721150219. shtml（2002-11-15）.

二是“校校通”工程。它于2001年被提出，是一项教育部要求开展的工作。2000年，教育部发布了《关于在中小学实施“校校通”工程的通知》，计划用5—10年时间使全国90%左右独立建制的中小学校能够上网，使中小学师生都能共享网上教育资源。同年，教育部发布了《关于在中小学普及信息技术教育的通知》，提出用5—10年时间在中小学普及信息技术教育。结合这两项通知的要求，江苏省教育厅于2001年发布了《关于大力推进中小学教育信息化的意见》，提出启动中小学“校校通”工程，要求各地结合自身情况选择不同建设层次，用5年时间实现中小学“校校通”。2005年初，到了5年计划的最后一年，当时全省中小学有3860所实现了“校校通”，2353所拥有校园网，但仍有4000多所农村中小学尚未实现“校校通”，一些已实现“校校通”学校的标准也不高。①为了确保完成5年任务，江苏省教育厅在2005年7月发布了《关于加快推进“校校通”工程建设的意见》，将推进“校校通”作为年度工作重点。为此，省级层面安排专项资金，支持苏北、苏中经济薄弱县和黄桥、茅山老区未完成任务的学校，并对这些地区已经完成工程建设的学校给予适当补助。同时，省里还组织部分企业及苏南挂钩扶贫单位对苏北“校校通”工程建设进行帮扶。

三是“三新一亮”工程。它于2003年3月启动，具体是指做到班班“新课桌、新板凳、新讲台、台灯亮”。它是在农村学校危房改造工程之后实施的，同样是主要面向苏北五市的农村中小学。危房改造要解决的是校舍问题，“三新一亮”工程则是为了改善校舍最基本的教学条件。该工程于2005年1月完成，历时一年多，通过政府拨款和社会捐资等方式筹措资金，总共投入4.2亿元，累计新增课桌凳290.7万套，维修单人课桌凳293.1万套、讲台4.4万张，通电并安装照明设备教室13.2万个，大大改善了苏北农村中小学教室的基本教学条件。②

四是“六有”工程。它是指要保证农村中小学有整洁的校园、有满足师生就餐需要的卫生食堂、有冷热饮用水、有水冲式（符合农村改厕要求）厕所、有安全宿舍、寄宿生1人有1张床。2004年5月，江苏省教育厅发布了

---

① 佚名. 江苏：今年底将基本实现中小学“校校通”[J]. 教育信息化，2005，(4)：1.

② 华中文，龚学明. 江苏中小学布局调整[EB/OL]. http://news.sina.com.cn/o/2005-01-05/08124720644s. shtml（2005-01-05）.

《关于全省农村中小学实施“六有”工程的意见》，提出用两年左右的时间，实现农村中小学的“六有”。该工程是为了继危房改造、“三新一亮”工程之后进一步改善农村中小学办学条件，促进农村教育均衡发展。如果说“三新一亮”侧重“教学”基本条件，“六有”关注的则是“生活”基本条件，重点是卫生设施和食宿条件。为了明确要求，江苏省教育厅制定了《江苏省农村中小学“六有”工程实施标准》，并在实施上强调因地制宜、因校制宜，采用分层推进、分类推进、分项推进相结合的工作机制。在经费筹措上，省级层面对苏北和苏中部分经济薄弱县和黄茅老区予以资助，各地从地方教育附加费中安排相应的资金，苏南、苏北的对口支援向支持“六有”工程倾斜，并鼓励社会捐赠。2006年4月，江苏省教育厅宣布，全省87个实施农村中小学“六有”工程的县（市、区）全部通过了考核验收或抽查。据统计，“六有”工程建设共投入资金27亿元，涉及6600多所中小学，共新建、改建食堂3050个，新建、改建学生宿舍2089个，新建、改建水冲式厕所5967个，购置双人床388 960张，购置开水炉1169只、保温桶10 171个、饮水机92 804台。[①]

二、指向基本均衡的条件标准化建设：2005—2009年

2003年，江苏省提出在全国“率先全面建成小康社会，率先基本实现现代化”的经济社会发展目标。为更好地服务“两个率先”，江苏省于2005年召开了21世纪第一次全省教育工作会议，颁布了《关于加快建设教育强省率先基本实现教育现代化的决定》。该文件将“促进城乡、区域教育均衡发展的任务仍较艰巨”作为亟须解决的问题，将“进一步提高教育质量，推进教育均衡发展”作为指导思想，将“办学条件和质量明显改善”作为奋斗目标之一，将“改善农村中小学办学条件”作为教育重点工程之一。这标志着江苏省义务教育学校标准化建设工作进入了一个新的阶段。在目标上，标准化建设在继续关注为教育质量服务的同时，更为鲜明地将推进教育均衡发展作为基本目标；在对象上，标准化建设在继续基于苏北并重点关注农村的同时，强调所有地区

① 江苏省教育厅：农村中小学实现“六有”[EB/OL]. http://edu.anhuinews.com/system/2006/04/05/001459690. shtml（2006-04-05）.

同步推进；在内容上，标准化建设不再主要关注校舍、课桌椅灯、卫生食宿等基本条件，而是关注范围更广的办学条件；在层次上，标准化建设不再只关注学校、乡镇层面，而是进一步提升到区域层面，强调区域整体推进。这一阶段的重要政策及推进工作见图7-2。

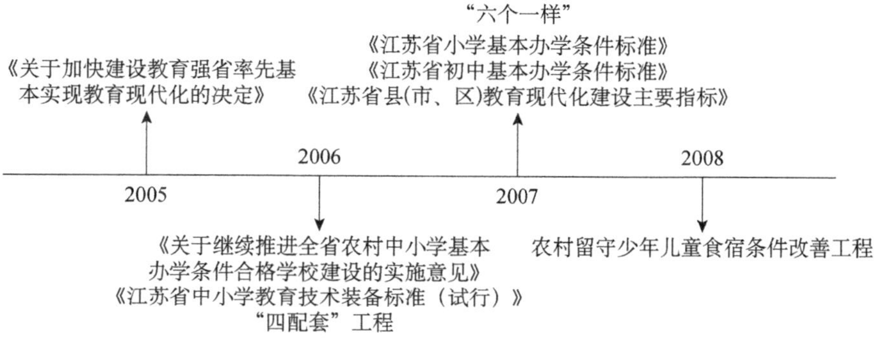

图7-2　指向基本均衡的办学条件标准化建设阶段的政策与工作

2005年7月，也就是《关于加快建设教育强省率先基本实现教育现代化的决定》颁布后的一个月，江苏省教育厅发布了《关于加快推进"校校通"工程建设的意见》，推进"校校通"工程。这既是为了确保完成2000年制定的5年计划的任务，也成为实施2005年《关于加快建设教育强省率先基本实现教育现代化的决定》的一个部分，是改善农村中小学办学条件工程的一项举措。

2006年4月，江苏省教育厅发布了《关于继续推进全省农村中小学基本办学条件合格学校建设的实施意见》。该意见提到，为达到2005年《关于加快建设教育强省率先基本实现教育现代化的决定》提出的到2007年全省高水平高质量普及义务教育，各级各类学校的基础设施和教育技术装备基本达到中等发达国家水平。可见，这项工作主要是基于2005的《关于加快建设教育强省率先基本实现教育现代化的决定》开展的。在主要任务上，要加强农村中小学理化生史地实验设备、图书资料、体育、艺术教育器材四个方面设施设备的建设。因此，这项工作也被称为"四配套"工程。

"四配套"工程不是为了简单地落实2005年《关于加快建设教育强省率先基本实现教育现代化的决定》的要求，更是基于客观实际的需要提出的。2005年初，江苏省教育厅对苏北五市921所农村初中学校的体育和艺术教育场地器材状况、课程开设情况等进行了调研。调研发现，苏北农村初中体育场地器材缺口巨大，问题严重。有标准田径场的学校只占 8.5%，有小运动场的学校为 67.6%，且体育场地以煤渣和泥土场地为主。在体育器材方面，只有 1.3%的学校合格或基本合格。体育课程开设情况也与新课程标准的要求存在巨大差距。在艺术教育方面，苏北五市平均只有 80%的学校配备了美术专用教室，只有 55%的学校配备了音乐专用教室，常配美术和音乐教学设备配置率更低。在艺术类课程开设方面，苏北五市农村初中均未达到课程标准和教学计划的要求。此外，理化生实验设备、图书资料也严重匮乏。这在当时已经成为制约农村中小学课程改革全面提高教育教学质量、实施素质教育的重要因素，与全省高水平、高质量实施义务教育以及基本实现教育现代化的要求相距甚远。①

可见，较之此前的标准化建设工作，“四配套”工程与教育教学本身的关联更为紧密。为了实施这项工程，江苏省教育厅印发了《江苏省中小学教育技术装备标准（试行）》。该套标准分小学、初中、高中三个分册，主要包括实验室装备、图书馆装备、信息技术装备、艺术装备、体育装备等标准。标准又分为合格、先进、示范三个层次，苏南、苏中、苏北三个地区装备的要求是一致的，但各个装备层次的比例不同，苏南绝大部分以第一、第二层次为主，苏北在最开始的两年以第三层次为主。②工程经费坚持省、市、县共同承担的原则。省里对经济薄弱地区给予重点帮扶，省里承担 3/4 的全责配备任务，各有关市、县承担 1/4 的任务。③

“四配套”工程计划用两年时间完成。2007 年 3 月，江苏省教育厅召开全省农村中小学合格学校建设工作会议进一步推进该项工作，并发布了《关于做好 2007 年农村中小学基本办学条件合格学校建设工作的通知》。同年 4 月，在江苏省基础教育工作座谈会上，江苏省教育厅提出将推进义务教育均衡发展和全面实施素质教育作为基础教育发展的两件大事。时任教育厅厅长王斌泰首次提出促进区域内城乡义务教育学校实现“六个一样”的目标：校园环境一样美、教学设施一样全、公用经费一样多、教师素质一样好、管理水平一样高、人民群众一样满意。④这既进一步丰富了义务教育学校办学标准的内容，也突

① 王斌泰. 全面推进农村中小学合格学校建设[J]. 江苏教育，2006，(15)：4-6.

② 张忠伟.《江苏省中小学教育技术装备标准》编制的若干说明[J]. 江苏教育，2006，(15)：47.

③ 王斌泰. 全面推进农村中小学合格学校建设[J]. 江苏教育，2006，(15)：4-6.

④ 江苏确定基础教育目标任务 • 今年要重点做好 6 件事[EB/OL]. http://www.gov.cn/gzdt/2007-04/18/content_586302. htm（2007-04-18）.

出了“四配套”工程在促进义务教育均衡发展方面的积极意义。2008 年 2 月，“四配套”工程结束。两年的时间中，江苏省级财政安排专项资金 6 亿多元，帮助经济薄弱地区的 1240 所农村初中、3650 所农村小学配齐基本的教学设施，基本实现了全市城乡义务教育学校“教学设施一样全”。[①]

2007 年 5 月，为了进一步推进率先基本实现教育现代化目标，江苏省教育厅发布了《江苏省县（市、区）教育现代化建设主要指标》。该指标主要是为了对县域教育现代化建设情况进行评估。江苏省也成为全国第一个启动县域教育现代化评估的省份。主要指标共有 16 项，其中第 8 项是小学初中（含民办）的办学条件均达到省标准化建设要求，初步建立教育思想先进、管理水平较高、办学质量优良的义务教育体系。为落实此项指标的具体评估，江苏省教育厅又研制出台了《江苏省小学基本办学条件标准》《江苏省初中基本办学条件标准》。它们都包括 10 条具体的要求，涉及校舍、校园环境、教室、卫生食堂、厕所、宿舍、操场、图书馆、计算机网络教师、教师配备及其任职资格等内容。这套标准的出台有三个方面的意义：其一，它们是面向所有学校的标准，而不只是农村地区或小学。其二，它们整合了此前“三新一亮”“六有”“校校通”等单项工程的要求，是一个综合性更强、更为全面的办学条件标准。其三，它们为以区域为单位开展的标准化建设评估工作提供了工具。

2008 年 10 月，江苏省教育厅和财政厅联合下发了《关于实施农村留守少年儿童食宿条件改善工程的意见》，启动实施农村留守儿童食宿条件改善工程。该工程主要是为了落实《关于切实加强民生工作若干问题的决定》中提出的加强农村寄宿制学校建设，新建一批学生食堂和宿舍，大力改善农村留守少年儿童寄宿生食宿条件的要求，并不是办学条件标准化建设中的一项具体任务，但具体实施过程中两项工作又是相互结合的，是应对社会现代化进程中教育新情况的一种举措。工程以省政府与各帮扶县（市、区）签订工程建设责任书、经费共担的方式实施。经过两年的建设，省级财政投入 3 亿多元支持苏北和苏中经济薄弱地区的 300 多所农村初中新建了宿舍和食堂。[②]

---

① 陈瑞昌．江苏省投资 6 亿元为近 5000 所农村中小学“四配套”[N]．中国教育报，2008-02-25.

② 赵建春，陈瑞昌．向着教育现代化目标迈进[EB/OL]．http://paper.jyb.cn/zgjyb/html/2010-08/28/content_34246. htm（2010-08-28）.

三、指向优质均衡的办学标准化建设：2010—2015 年

2010 年 1 月，江苏省人民政府批准授予 2007 年和 2009 年通过评估的 62 个县（市、区）“江苏省教育现代化建设先进县（市、区）”称号①，这意味着全省 90 多个县（市、区）中 60%左右的区域实现了基本教育现代化和义务教育基本均衡。接下来的任务是，一方面要努力全面实现基本教育现代化和义务教育基本均衡；另一方面是筹划与迈向教育现代化，推进义务教育优质均衡。这个阶段的工作有四个相互关联的特征：其一，从“办学条件标准”转向“办学标准”，标准化建设的内容更为丰富与综合，做到了硬件与软件、外延与内涵相结合。其二，从“基本均衡”到“优质均衡”，不再是兜底、补差、合格式建设，而是要在解决“有和无”问题的基础上，考虑“是否一样好”的问题。其三，从突出“教育现代化”到聚焦“优质均衡发展”，这不是说优质均衡不属于教育现代化大主题、大战略下的一项重要任务，而是强调义务教育学校标准化建设工作的价值目标更为清晰，建设工作的专门化、独立性程度更高。其四，从“县域推进”扩展到“县域、辖市与全省推进”，不仅对县域标准化建设工作提出了要求，更进一步对省、市两级推进标准化建设工作提出了明确意见。这一阶段的重要政策及推进工作见图 7-3。

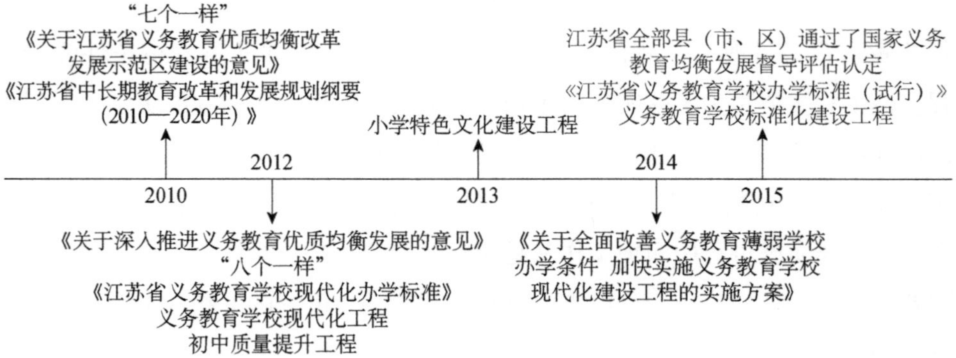

图 7-3 指向优质均衡的办学标准化建设阶段的政策与工作

在 62 个县（市、区）实现基本教育现代化和义务教育基本均衡后，需要

① 省政府办公厅关于授予溧水县等江苏省教育现代化建设先进县（市、区）称号的通知[EB/OL]. http://www.jiangsu.gov.cn/art/2010/1/21/art_46144_2544744. html（2010-01-21）.

进一步解决义务教育发展中的深层次矛盾，提升义务教育的水平和质量。为了落实2010年初《教育部关于贯彻落实科学发展观进一步推进义务教育均衡发展的意见》的要求，江苏省人民政府办公厅于2010年5月转发《关于江苏省义务教育优质均衡改革发展示范区建设的意见》，启动义务教育优质均衡改革发展示范区建设工作。首批创建江苏省义务教育优质均衡改革发展示范区的地区包括南京市、无锡市、苏州市、徐州市铜山县等13个市（县、区）。其目标是用3年左右的时间，使义务教育由基本均衡达到优质均衡，具体表现为义务教育公平度、满意度和适合度大幅度提高，努力做到校园环境一样美、教学设施一样全、公用经费一样多、教师素质一样好、管理水平一样高、学生个性一样得到弘扬、人民群众一样满意，真正成为优质均衡先导区、城乡一体融合区、素质教育样板区、体制机制创新区、人民满意认可区。[①]其中的“七个一样”是对2007年“六个一样”的进一步发展。就标准化建设而言，2007年主要聚焦“六个一样”中的“教学设施一样全”，关注办学条件标准；2010年，关注的则是整体性的办学标准，“七个一样”都是标准化建设的内容。

不过，2010年更为重要的事情是《国家中长期教育改革和发展规划纲要（2010—2020年）》的颁布。该纲要提出“推进义务教育学校标准化建设，均衡配置教师、设备、图书、校舍等资源”，标准化建设成为一项国家要求。同年9月，江苏省相应地颁布了《江苏省中长期教育改革和发展规划纲要（2010—2020年）》，提出大力推进2010年启动的义务教育均衡发展示范区建设，同时提出“实施义务教育学校现代化建设工程，全面加强学校校舍、场地、师资队伍、设施设备等方面建设，到2015年，全省义务教育建成现代化标准的学校比例达50%以上，2020年达90%以上”。从文件内容来看，国家层面强调了标准化建设在“均衡”发展方面的意义，江苏省使用的是“现代化”这个概念，这可能与《江苏省中长期教育改革和发展规划纲要（2010—2020年）》以教育现代化为战略目标有关。

2012年3月，为了实施义务教育学校现代化工程，江苏省教育厅制定了《江苏省义务教育学校现代化办学标准》并经省政府办公厅转发全省。该标准

---

① 教育部. 江苏省大力推进义务教育优质均衡改革发展示范区建设[EB/OL]. http://www.moe.gov.cn/jyb_sjzl/s3165/201008/t20100825_96485. html（2010-06-11）.

内容包括办学理念与办学行为、学校人才与队伍建设、素质教育与学生发展、硬件设施与条件保障、学校管理与办学特色五大维度，共涉及 24 项要求。这套标准有两个重要特征：第一，它是“办学标准”而不是“办学条件标准”，是标准化建设工作的一次质的跃升，从关注教育机会的保障与基本办学条件标准化，到更为关注整体性的办学内容，重视标准化建设在保障和提升教育质量方面的作用。第二，它在很大程度上是依据《江苏省中长期教育改革和发展规划纲要（2010—2020 年）》制定的，是为了完成该纲要中提出的相关任务。此标准总体上以质性要求为主，量化标准较少。但凡做量化要求的，基本都是《江苏省中长期教育改革和发展规划纲要（2010—2020 年）》中提出的要求。譬如，《江苏省中长期教育改革和发展规划纲要（2010—2020 年）》中提出“义务教育阶段严禁设置重点学校（班），逐步减少择校现象”。该标准中便规定“公办学校择校生比例低于招生总数的 10%并逐步减少。学校均衡编班，没有分重点班、快慢班、特长班、实验班等违规和各种变相违规行为”。《江苏省中长期教育改革和发展规划纲要（2010—2020 年）》中提出“逐步推进小班化教学，小学每班 35 人、初中每班 40 人以下”。该标准中就规定“实行标准班额办学，原则上小学班额不超过 40 人，初中班额不超过 45 人”。《江苏省中长期教育改革和发展规划纲要（2010—2020 年）》中提出的“社会对学校的满意度达 90%以上”在标准中也有提及。

为了贯彻落实《国家中长期教育改革和发展规划纲要（2010—2020 年）》《国务院关于深入推进义务教育均衡发展的意见》《国务院办公厅关于规范农村义务教育学校布局调整的意见》，江苏省人民政府于 2012 年 11 月颁发了《关于深入推进义务教育优质均衡发展的意见》。该意见提出按照省定义务教育学校现代化办学标准办好每一所学校，努力做到“八个一样”，即校园环境一样美、教学设施一样全、生均公用经费一样多、教师素质一样好、管理水平一样高、学生个性一样得到发展、学校安全一样得到保障、人民群众一样满意。该意见要求全面落实“省级统筹、以县为主”的义务教育管理体制，实施义务教育学校现代化建设工程，对照省定标准，加强每一所学校的软件和硬件建设，到 2015 年，所有县（市、区）达到国家义务教育基本均衡发展要求，70%以上的县（市、区）达到省定义务教育优质均衡发展要求，50%以上的义务教育学校达到省定现代化办学标准。到 2020 年，所有县（市、区）达到省定义务教育优质均衡发展要求，所有义务教育学校达到省定现代化办学标准。

2013 年 12 月，《教育部 国家发展改革委 财政部关于全面改善贫困地区义务教育薄弱学校基本办学条件的意见》颁布，根据此意见，教育部办公厅、国家发展改革委办公厅、财政部办公厅又于 2014 年 4 月联合下发了《关于制定全面改善贫困地区义务教育薄弱学校基本办学条件实施方案的通知》。为了落实这两个文件的要求，江苏省教育厅、发展改革委和财政厅联合颁布了《关于全面改善义务教育薄弱学校办学条件 加快实施义务教育学校现代化建设工程的实施方案》。该方案提出深入实施义务教育学校现代化建设工程，推进学校标准化建设，按照"缺什么补什么"的原则，重点改善 11 个未通过国家义务教育基本均衡督导认定地区的义务教育薄弱学校办学条件，进一步加大对省定集中连片地区义务教育学校改造力度，着力改善所有农村义务教育学校和城区义务教育学校薄弱环节。国家层面的要求进一步推动了江苏省已经实施的义务教育学校现代化建设工程，强化了标准化建设工作的"重点思路"与"补缺思路"。重点是薄弱地区、薄弱学校；补缺是要加强每一所学校的软硬件达标建设，保障基本教学条件，改善生活设施，着力解决生均占地、校舍、图书、设备等教育资源不足以及破旧课桌椅更新的问题。

2015 年 6 月 1—5 日，国务院教育督导办公室派出 40 多名国家督学和评估专家，对江苏省最后一批申报国家义务教育基本均衡县的 11 个县（区）进行现场督导检查，并对此前两年已通过国家督导评估认定的 89 个县（市、区）进行抽检。经检查，江苏省全部县（市、区）通过全国义务教育均衡发展督导评估认定，成为全国首个实现县域义务教育基本均衡全覆盖的省份。这意味着推进义务教育均衡发展和《江苏省中长期教育改革和发展规划纲要（2010—2020 年）》提出的义务教育现代化建设第一阶段的目标任务完成。不过，诚如当时的江苏省教育厅厅长沈健所言，尽管成为全国第一个实现义务教育基本均衡全覆盖的省份，但"对照教育现代化指标、义务教育优质均衡发展要求，还存在需要加强和改进的薄弱环节"，"部分城区的个别学校教育资源紧张"，"教师队伍仍存在薄弱环节，农村教师队伍的年龄结构、学科结构不合理的问题在部分县依然存在，学校音体美等学科教师尚未完全配齐，教辅人员数量不足，素质有待提高”，“部分地区教师交流的长效激励机制尚未健全”。[①]

2015 年 5 月，江苏省人民政府办公厅颁发了《江苏省义务教育学校办学标准（试行）》，启动开展义务教育学校标准化建设。该标准依据《关于深入推进义务教育优质均衡发展的意见》等法律法规和文件的要求，对照《江苏教育现代化指标体系》制定而成，从学校设置、校园建设、教育装备、教师队伍、教育教学、学校管理、质量保障、经费保障等 8 个方面，用 64 条内容对义务教育学校办学标准做出了规定。它既是为了落实国家要求各地制定义务教育薄弱学校基本办学条件标准的政策，也标志着江苏省义务教育学校标准化建设正式进入从“义务教育学校现代化建设”到“义务教育学校标准化建设”的新阶段，即从《江苏省中长期教育改革和发展规划纲要（2010—2020 年）》确立的前五年的目标到后五年的目标；从义务教育基本均衡到全面推进义务教育优质均衡；从实现义务教育基本现代化到实现义务教育现代化；从评估检查到监测改进。同时，将“现代化建设”发展为 “标准化建设”，一方面在概念表述上与《国家中长期教育改革和发展规划纲要（2010—2020 年）》保持了一致，另一方面也避免了工作上突出“现代化”还是“均衡发展”主题的问题，将两项工作更好地结合起来。

在指向优质均衡阶段的义务教育学校标准化建设，同样采用工程推进的方式。不过，与前两个阶段相对分散的专项工程不同，这一阶段将标准化建设作为一项总体工程加以实施，2012 年称为“义务教育学校现代化工程”，2015 年称为“义务教育学校标准化建设工程”。在此期间，江苏省还实施了与义务教育学校标准化建设有关的另外两项工程：一是 2012 年的薄弱初中质量提升工程。该工程以薄弱乡镇初中和外来务工人口随迁子女占比 60%以上的薄弱初中为对象，以强化薄弱课程建设为抓手，旨在推动初中教育从注重规模向质量提高、从外延发展向内涵提升、从硬件建设向软件建设转变。[②]二是 2013 年的小学特色文化建设工作。该工程以薄弱学校或进城务工人员随迁子女占 40%以上的学校为对象，以特色课程文化为抓手，采用“以一帮一、以强带

---

① 蒋廷玉．江苏成为义务教育基本均衡全国第一省[EB/OL]．http://jiangsu.china.com.cn/html/jsnews/news/1790397_1. html（2015-12-17）．

② 江苏省教育厅，江苏省财政厅．关于启动实施薄弱初中质量提升工程的通知[EB/OL]．http://jyt.jiangsu. gov. cn/art/2012/6/25/art_38047_3293116. html（2012-06-20）．

弱”的建设方式，旨在结合义务教育学校现代化建设，加强全省小学物质文化、精神文化和制度文化建设。可以发现，这两项工程都聚焦于薄弱学校，都强调内涵建设。[①]

四、基于监测报告机制的标准化建设：2016 年至今

2016 年 8 月，《江苏省“十三五”教育发展规划》发布，将“义务教育学校标准化建设”列为八项工程之一，提出深入落实《江苏省义务教育学校办学标准（试行）》，实行学校办学标准监测制度，统一城乡办学标准、师资编制标准、装备配置标准，积极推进城乡义务教育学校标准化和现代化建设，强化教育督导，提升优质均衡发展水平。2016 年 9 月，江苏省教育厅印发了《江苏省义务教育学校标准化建设监测办法（试行）》，并颁布了《江苏省义务教育学校标准化建设监测指标（试行）》《江苏省义务教育学校标准化建设监测指标统计口径及计算方法》。2016 年 10 月，江苏省教育厅组织召开全省义务教育学校标准化建设监测工作暨培训会议，全面启动监测工作。2017 年 2 月，江苏省教育评估院撰写形成了国内第一份义务教育学校标准化建设监测报告——《2016 年江苏义务教育学校标准化建设监测报告》，此后每年向江苏省人民政府提交一份年度监测报告。2017 年 2 月，为落实 2016 年 7 月国务院颁布的《关于统筹推进县域内城乡义务教育一体化改革发展的若干意见》，江苏省人民政府颁发了《关于统筹推进城乡义务教育一体化促进优质均衡发展的若干意见》。该意见进一步强化了实施标准化建设工作的意义，并提出健全义务教育学校标准化监测制度，动态掌握每一所义务教育学校的校园建设、教育装备、教师队伍、教育教学等状态信息，及时分析并补齐短板。

江苏省在全国率先开展的义务教育学校标准化建设监测制度是一项极其重要的创新。首先，它是一种政策杠杆上的创新。它不再只是通过行政要求或仅仅是财政激励、工作问责来推进标准化建设工作和义务教育优质均衡发展，而是通过数据提供、信息公开、相互比较等形成一种压力并提供一种支持，以

① 江苏省教育厅，江苏省财政厅. 关于推进小学特色文化建设工程的意见[EB/OL]. http://www.pthls.cn/law/1022f379f70e7bf. html（2013-10-14）.

激发各地更加积极、扎实地投入到建设工作中。它也使得其他政策杠杆的精准度更好、效力更大。其次，它是一种工作理念上的创新。它本质上是一种基于证据的工作方式，旨在通过全面收集每一所义务教育学校建设状态数据和信息，依托大数据和现代信息技术准确把握标准化建设的进程，精准研判建设成效与薄弱环节，积极推动持续改进①，体现出政策实施上实事求是的态度和科学专业的理念。最后，它还是一种治理方式上的创新。②监测工作由江苏省教育厅直属单位，专门从事教育评估、具有独立法人资格的江苏省教育评估院组织实施，这在很大程度上确保了监测工作的专业性与相对独立性，积极推动了管办评相对分离治理体系的建立。

江苏省义务教育学校标准化建设监测是一项系统性工作，由标准制定、数据采集、分析报告、反馈改进四大板块构成（图7-4）。其中，标准制定是前提，没有指向精准、结构良好、敏感度高、操作性强的标准体系，监测工作是无法开展的。数据采集是基础，只有科学、高效地采集相关数据，才能充分了解建设情况，才能对建设工作的成效或不足做进一步分析。分析报告是核心，监测重在基于数据对建设情况的总体特征及相关问题进行专业的分析，这也是最能体现监测制度创新价值的地方。如果少了专业分析与报告制度，除了更有效地搜集数据外，监测制度与过去的评估方法不存在本质性的区别。反馈改进是目标，所有的工作都是为了推进标准化建设实践，实现持续改进。

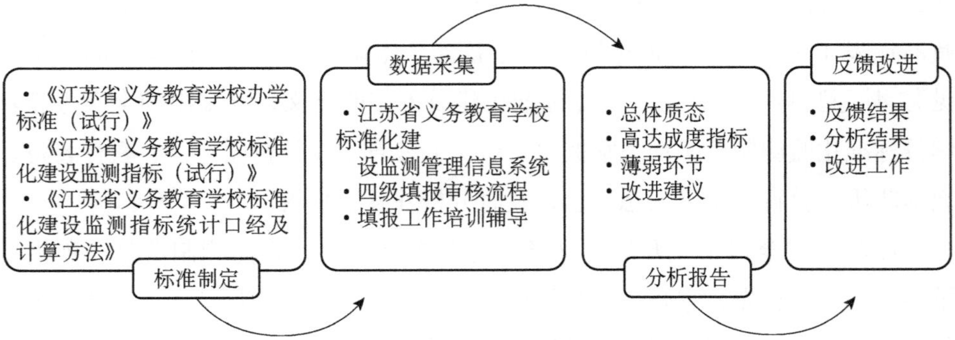

图7-4　江苏省义务教育学校标准化建设监测工作体系

① 周明，杨权海. 江苏省义务教育学校标准化建设监测手册[M]. 南京：江苏凤凰教育出版社，2017：141.

② 周明，杨权海. 江苏省义务教育学校标准化建设监测手册[M]. 南京：江苏凤凰教育出版社，2017：141.

在标准制定方面，前文提到的 2015 年颁发的《江苏省义务教育学校办学标准（试行）》就是为监测工作做准备的。在此基础上，江苏省教育厅制定《江苏省义务教育学校标准化建设监测办法（试行）》，明确了更为具体的监测指标。其中，一级指标 8 个，二级指标 40 个，监测要点 52 个。为了确保监测数据的可得、可测与可比，江苏省教育厅又针对 52 个监测要点确定了 67 个检测点，并对其统计口径与计算方法进行了统一规定。总体来看，江苏省义务教育学校办学标准的三个突出特点，保证了监测工作有效顺利开展。一是全面性。办学标准适用于所有义务教育学校，在内容上坚持全面覆盖与突出重点相结合，既关注学校硬件建设，也关注学校内涵发展与质量提升；既注重引导所有学校整体办学水平的提升，也重点关注义务教育学校标准化建设的难点问题，特别是一些老城区学校和农村偏远教学点存在的老大难问题。①二是体系化。从 8 个一级指标的内容可以清晰地看到由办学条件、教育过程与事业保障组成的体系结构，真正体现了江苏省人民政府《关于深入推进义务教育优质均衡发展的意见》中提出的“切实缩小校际差距、城乡差距和区域差距，真正实现起点公平、过程公平和结果公平，促进每一个学生健康成长”的目标。三是具体化。监测指标以定量为主、定性为辅，在 67 个检测点中，有 49 个为定量指标，18 个为定性指标。而且，无论是定量指标还是定性指标，都明确了具体的衡量方法。

数据采集以江苏省义务教育学校标准化建设监测管理信息系统为平台，采用四级采集填报制度，重视填报培训辅导工作。监测数据有八个来源：教育事业统计年报数据、教育经费统计年报数据、江苏省中小学校舍信息管理系统数据、江苏省中小学资产与设备管理信息系统数据、教职工信息管理系统数据、江苏省学生资助管理中心统计数据、县级教育行政部门填报数据和学校填报数据。数据采集基于专门开发的江苏省义务教育学校标准化建设监测管理信息系统进行。该信息系统供省级、市级、县级和学校四级用户使用，各级用户的使用权限与任务各不相同。该系统主要有数据采集和数据分析两大功能。其中，数据采集功能包括数据填报、报表输出、数据审核和进度监控；数据分析

---

① 周明，杨权海. 江苏省义务教育学校标准化建设监测手册[M]. 南京：江苏凤凰教育出版社，2017：9.

功能包括数据呈现与图表展示。可见，该信息系统是一个功能集成平台，既服务于数据采集、工作监控，也具备基本的分析功能。数据采集采用四级填报制度：首先，学校填报其应填数据；其次，县级层面负责审核学校的数据，并填报县级层面应填数据；再次，市级层面审核县级层面填报的数据；最后，江苏省教育评估院对数据进行审核。为了更加合理、高效地完成数据填报工作，每年监测工作启动前，江苏省教育评估院都要组织举行全省层面的培训辅导，而各地教育局亦会举行本区域的数据填报培训。

分析报告由江苏省教育评估院负责撰写。报告基于两方面的证据：主要依据江苏省义务教育学校标准化建设监测管理信息系统采集的全省义务教育学校标准化建设的信息，辅以各县（市、区）提交的义务教育学校标准化建设监测报告。后者是各县（市、区）基于本区域的数据形成的报告。它不仅为全省报告提供了证据，更是一种重要的工作机制创新，以"倒逼"形式促使各区域对自身的建设工作进行总结与改进。与监测工作保持一致，江苏省教育评估院每年形成一份义务教育学校标准化建设监测报告。截至2019年，已形成2016年、2017年和2018年三个年度的监测报告。年度监测报告的内容结构大体相似，分为四大部分：一是全省义务教育学校标准化建设的总体进展，包括总体达标情况与各指标达标情况；二是全省义务教育学校标准化建设的主要成绩，着重反映达标度与提升度高的建设内容；三是全省义务教育学校标准化建设的薄弱环节，主要分析达成度偏低的指标；四是深化全省义务教育学校标准化建设的对策建议，重点是针对建设中的突出问题提出政策建议。基于证据与目标导向是该报告的突出特色。基于证据体现为监测报告中的结论及其分析都是以数据为基础。目标导向在大的方面表现为紧扣促进均衡和提高质量两项义务教育发展的重点任务。

改进提升是监测工作的终极目的。①以评促建是义务教育学校标准化建设监测工作坚持的一项重要原则。监测工作服务于义务教育学校标准化建设改进提升的路径有三个：其一，促进各市、县、校更好地认识义务教育学校标准化建设工作的进展、亮点与不足，强化预警与诊断。一方面，基于监测管理信息系统，各

① 周明，杨权海. 江苏省义务教育学校标准化建设监测手册[M]. 南京：江苏凤凰教育出版社，2017：196.

市、县、校能够了解自身建设的相关情况；另一方面，江苏省教育评估院也会采用点对点的方式将监测结果反馈给各市、县、校，使其能够在全省、全市和全县的大图景中认识与反思自身的建设工作。其二，推动各市、县政府重视解决义务教育学校标准化建设中出现的突出问题，强化政府履行发展义务教育的责任。其三，为政府决策提供参考，服务省级层面的规划引导与战略部署。每年的监测报告都会由江苏省教育厅报告给江苏省人民政府，一方面汇报全省义务教育学校标准化建设的情况，另一方面对义务教育学校标准化建设工作提出政策建议。

据江苏省 2016 年、2017 年和 2018 年的《义务教育标准化建设监测报告》显示，该省义务教育学校基本达标比例 2016 年为近 60%，2017 年超过 70%，2018 年为近 85%。无论是达标进度还是总体达标程度，都表现出较高的发展水平。这种建设工作上的进展主要得益于各级政府的重视与投入以及教育行政部门和学校的努力，但义务教育学校标准化建设监测工作无疑也发挥了重要的推动作用。

第二节　区域推进义务教育学校标准化建设的主要经验

自 1993 年起，江苏省义务教育学校标准化建设工作已经走过了近 30 年。回望这段建设历程，我们更容易理解为什么该省能在义务教育学校标准化建设上取得诸多进展与巨大成效。本节我们将从五个方面总结江苏省义务教育学校标准化建设的主要经验。在我们看来，这些经验既可以具体地应用在义务教育学校标准化建设工作上，也可以用来思考其他类似工作的推进。更为重要的是，这些经验蕴含着如何推进义务教育学校标准化建设的“可靠逻辑”，为各地区学校标准化建设工作提供了一定的参照。在此意义上，这些典型经验的凝练彰显了区域推进义务教育学校标准化建设的“中国方案”与“中国道路”。

一、强化省级统筹下明确的建设责任体系

在坚持的基础上强化省级统筹，是江苏省有效推进义务教育学校标准化

建设工作的体制保障。强化省级统筹，明确了省级政府的责任，也明确了市、县（市、区）政府的责任。它既可以确保建设工作的"一盘棋"，也是义务教育学校标准化建设在县域均衡基础上走向省域均衡、最大程度地实现建设标准"一个样"的要求。

强化省级统筹，首先意味着明确省级政府的经费保障责任。这主要包括三个方面：其一是省级政府安排的专项财政经费。此类经费大多是为了实施义务教育学校标准化建设的相关工程安排的。专项财政经费使用的基本原则是"扶困奖优"，即抓住"两头"。对苏北、苏中经济基础薄弱地区和老区一般采用直接补助的方式，对建设成效卓著的地区给予表彰和奖励。其二是调集对口支援经费。为了支持苏北地区的发展，缩小省内区域发展差距，江苏省组织和协调苏南五市对口支援苏北。除市级层面的对接帮扶外，县和学校层面也开展结对帮扶，苏南地区除了向苏北农村学校提供标准化建设所需的部分资金支持，还提供了大量教育教学设备。其三是鼓励社会捐赠。在推进"校校通"等工程建设中，省级层面会动员与鼓励企业等社会力量对贫困地区的学校进行捐赠。数据显示，在 2002 年的前 10 个月，江苏全省投入农村学校危房改造的资金有 15.25 亿元①；"校校通"工程中，省财政拨出 3.5 亿元专项资金，又通过"南北挂钩"等办法筹措 3.5 亿元②；2006—2008 年省级财政投入 6 亿多元专项资金推进"四个配套"工程③。2000 年以来，为推进全省义务教育均衡发展的工作项目，江苏省级财政投入约 70 亿元，调动地方政府和社会各方资金近 200 亿元。④

强化省级统筹，也意味着明确市县政府的建设责任。县（市、区）是义务教育学校标准化建设的责任主体，然而如果只是强调"以县为主"，地级市政府的建设责任就容易被弱化，各县（市、区）政府也可能会根据自身的情况决定建设进度与程度。省级统筹将义务教育学校标准化建设确定为一项重点任

---

① 王力. 江苏农村中小学危房改造任务有望年内全面完成[EB/OL]. http://tech.sina.com.cn/roll/2002-11-15/1721150219. shtml（2002-11-15）.

② 佚名. 江苏投资 7 亿确保中小学"校校通"[J]. 教育信息化，2005，(10S)：80.

③ 江苏城乡中小学教学设施一样全——省财政两年投 6 亿元为近 5000 所农村中小学"四配套"[J]. 现代教育科学（小学校长），2008，(2)：104.

④ 佚名. 江苏注重加强省级统筹[EB/OL]. http://www.fjjyxy.com/jcjylw/bqgz/content_39630（2009-11-09）.

务，明确了各级政府的责任，在很大程度上扮演了“助攻”的角色，在帮助县区教育部门争取当地政府的经费投入方面发挥了重要作用。具体而言，这种省级统筹下的责任明确，是通过与市、县（市、区）政府签订责任书并依据责任书进行考核的方式实现的。早期实施学校危房改造工程时，江苏省教育厅便与苏北五市政府签订了危房改造工作责任书。在实施农村留守少年儿童食宿条件改善工程时，与各帮扶县（市、区）也签订了工程建设责任书。2014 年，为了全面完成县域义务教育基本均衡任务，江苏省人民政府与 11 个经济薄弱县政府签订责任书，各县政府县长签字，突出了“一把手”的责任。①为了进一步推进义务教育优质均衡发展，江苏省人民政府又与各市签订了责任书，明确省、市、县各级政府的责任，如此便自上而下地形成了党委领导、政府推动、人大和政协监督、省级督导的责任体系。

强化省级统筹，彰显了省级层面规划协调工作的重要性。义务教育学校标准化建设基于区域推进，但最终是要实现省域层面的标准与目标。因此，如何在省级层面做好统一目标任务、统一办学标准、统一建设规划、统筹实施步骤等工作十分重要。同时，省、市、县（市、区）各级的建设工作都涉及教育、财政、人社等多个部门的协调，省级层面的有效协调也能够为地方设定良好的协调框架。江苏省在推进义务教育学校标准化建设工作中，特别强调“路线图、标准杆、时间表和任务书”。“路线图”基于总体研判形成，明确了建设工作的主要阶段与任务；“标准杆”始终聚焦省级标准的制定与实施，强调统一的要求；“时间表”关注总体步骤的统一部署，也考虑不同地区根据自身的情况分步实施；“任务书”则强调了建设责任与具体的行动计划，要求层层落实、项项落细。

二、持续、整合与创新相兼顾的建设思路

义务教育学校标准化建设不是一项一蹴而就的工作，它需要一以贯之、坚持不懈地推进，也需要处理好与其他教育事业发展工作的关系。江苏省义务

① 佚名. 全面改善农村义务教育学校办学条件深入推进全省义务教育优质均衡发展[EB/OL]. http://www.moe.gov.cn/jyb_xwfb/xw_zt/moe_357/s7865/s8513/s8517/201410/t20141030_181793.html（2014-10-30）.

教育学校标准化建设工作取得重要成效的原因在于，能够始终保持建设工作的持续性，能够实现标准化建设工作与不同时期其他工作的有机整合，能够在建设过程中不断探索和创新。

自“两基”任务完成后，江苏省历届政府坚持把义务教育的标准化建设放到全省教育现代化大局中，整体谋划，精心布局，落实推进。[①]考虑到各届政府的经济社会发展任务并不相同，能够持续重视和推进义务教育学校标准化建设工作并不是一件容易的事情。正是工作上的持续性，使得政府的决心更加坚定，实施路径日益清晰，建设信心不断增强，每一项工作都能有一定的基础和做出了一定的贡献，最终一点一滴、一步一步地构筑出义务教育学校标准化建设的喜人模样。同时，江苏省的经验也表明，真正能起推动作用的是“发展性持续”而非“简单重复式持续”。也就是说，一方面要保持政策与工作上的接续；另一方面又要根据现实情况不断推动政策与工作的发展。江苏省义务教育学校标准化建设工作在层次上最初以农村地区为重点，同时以关注单个的学校为主，后来发展到县域层面，然后又提升到市级、省级层面，由局部到整体的路径较为清晰；在目标上，最初指向基本实现教育现代化和义务教育基本均衡，后来发展为实现更高水平的教育现代化和义务教育优质均衡；在标准上，从关注基本办学条件到关注更全面的办学条件，从“办学条件标准”到“办学标准”。这些都体现了发展持续性的建设思路。

如果说“持续”主要关注不同时期义务教育学校标准化建设工作的衔接与发展，“整合”强调的则是同一时期相关任务和工作的协调，整合度影响了持续性。在资源有限的情况下，如果不能实现与新的任务和工作的有效整合，原来的工作可能就难以持续。有效的整合，可以实现资源的打通使用，也可以避免工作上的杂乱无章、有始无终，确保工作的一致性、主动性与连续性。具体而言，这在江苏省义务教育学校标准化建设过程中表现为三个方面。一是将义务教育学校标准化建设工作与本省更高层次的教育事业发展工作整合。江苏省义务教育学校标准化建设工作始终是在教育现代化这一总体目标下部署实施的，后来又成为推进义务教育基本均衡和优质均衡发展的重要内容。二是将义

① 周明，杨权海. 江苏省义务教育学校标准化建设监测手册[M]. 南京：江苏凤凰教育出版社，2017：3.

务教育学校标准化建设工作与国家层面要求贯彻落实的相关工作整合。例如，国家要求在中小学实施“校校通”工程，江苏省将此整合到办学条件标准化建设工作中。国家要求各地全面改善贫困地区义务教育薄弱学校基本办学条件，江苏省又将此整合到义务教育学校现代化建设工程中。三是将标准化建设工作与江苏省人民政府要求推进的其他工作整合起来。例如，将“四配套”工程纳入全省农村新五件实事之中；将农村留守少年儿童食宿条件改善工作作为省委、省政府着力抓好的十件实事之一。

在有的人看来，强调持续性与重视整合度，可能会使工作陷入陈规旧套和左顾右盼中，影响工作创新的程度。然而，江苏省的实践表明，持续性与整合度非但没有妨碍工作创新，而且为其奠定了良好的基础，不断创新也成为江苏省义务教育学校标准化建设工作的一个重要特征。这集中体现在两个方面：一是 2015 年制定的《江苏省义务教育学校办学标准（试行）》。该办学标准是在《江苏省乡镇教育基本实现现代化建设标准（试行）》《江苏省小学基本实现现代化要求（试行）》《江苏省初中基本办学条件标准》《江苏省义务教育学校现代化办学标准》等标准的基础上发展而来的。它是全国首次全面成体系地制定的办学标准，实现了从“办学条件标准”向“办学标准”的转变。这一创新实则源自义务教育从基本均衡向优质均衡发展的需要，是适时深入推动工作的需要。二是 2016 年启动义务教育学校标准化建设监测工作。这项工作以一种“工具”的方式强化了持续开展义务教育学校标准化建设的理念与方法，深度配合义务教育优质均衡发展和教育现代化监测工作，是为了更加科学、精准地实现“以评促建”。

三、全面改薄与分类实施协同的推进方式

义务教育学校标准化建设需要同时实现两个目标：缩小差距与提升水平。缩小差距是基本目标，“标准化”就是要实现义务教育学校办学条件的“一个样”，至少要一样地达到省定办学标准。同时，“标准化”也要关注总体水平的提升，低水平的标准化不是真正意义上的标准化，无论在内涵还是程度上，义务教育学校办学标准都需要根据政策要求与现实基础不断发展。相应地，如何处理好缩小差距与提升水平的关系，如何既能缩小差距，又能实现整

体跃进，便成了义务教育学校标准化建设实践中需要特别关注又较难把握的问题。在这方面，江苏省的做法是保持全面改薄与分类实施的协同推进。

与全国其他地区一样，江苏省义务教育学校标准化建设工作从提出之时就聚焦于“兜底”“补差”“改薄”，缩小不同地区和学校之间办学方面的各种差距是义务教育学校标准化建设的工作重点。强调改薄的全面性，是江苏省义务教育学校标准化建设工作的一个重要特征。这首先表现为改薄对象的全面性。从全省三大区域来看，苏北五市是标准化建设改薄的重点，苏北五市的农村学校又是义务教育学校标准化建设改薄的重中之重。苏北五市中的省定集中连片地区（涉及14个县区、59个乡镇）和革命老区（黄桥和茅山两个老区）也是改薄的重中之重。那些在规定时间未达到标准或达到标准有难度的县区也会被确立为改薄的重点。此外，改薄不仅是一个整体概念，也是一个局部概念。省内发达地区或城区义务教育学校标准化建设中的薄弱环节（生均面积、体育场地、班额等不达标）也是改薄的重点。对于重点地区、重点学校或重点环节，江苏省采用了多样化的改薄方式，这是改薄全面性的第二个表现。实施倾斜化的经费保障政策是基本方式之一，实施专项工程则是另一种基本方式。农村学校危房改造工程、“六有”工程、“三新一亮”工程、“四配套”工程、农村留守儿童食宿条件改善工程、薄弱初中质量提升工程等都指向了改薄的重点。此外，为了加强指导与督查，江苏省还确立了省教育厅领导挂钩到点的工作方式。最后，江苏省义务教育学校标准化建设改薄工作的全面性，还体现在改薄内容的不断发展与丰富上。改薄最初关注校舍、黑板、课桌凳等基本办学条件，后扩展为更为全面的办学条件，再后来到硬件条件与内涵质量兼顾的办学标准，内容不断扩展。可见，“薄”有客观标准，但在发展过程中又有其相对性。换言之，改薄工作在某种意义上不是一项阶段性的任务，而是一项长期的工作，是义务教育学校标准化建设的一种方式。

分类实施针对的是省内经济社会和教育发展的不同基础，是江苏省义务教育学校标准化建设推进方式的另一方面。在江苏省，苏南、苏中和苏北三大区域以及各县区之间在发展基础与速度上存在一定差距，在推进义务教育学校标准化建设过程中，不能“削峰填谷”，也不可能“前等后赶”。在不断强化改薄工作的情况下，以分类实施的方式让基础好的地区继续向前探索发展，既是一种高度结合省情的选择，也是一种充分利用省情的策略选择。在确保全部达标与不断缩小差距的目标下，分类实施可以鼓励基础好的地区先试先行，也可以为薄弱地区提供发展经验与实际支持。在 2001 年发布的《关于大力推进中小学教育信息化的意见》中，江苏教育厅便鉴于各地经济发展水平和现有信息技术基础设施存在的明显差异，设定了三个层次的建设要求，各地可以根据自身情况选择一个层次执行。2006 年的“四配套”工程也将省定中小学教育技术装备标准分为合格、先进、示范三个层次。其中，苏北以合格层次为主，苏南以示范和先进层次为主。2010 年的义务教育优质均衡改革发展示范区建设以及 2014 年的教育现代化示范区建设，采取的也是一种分类推进的形式。它们提出的“七个一样”和“八个一样”标准，既是鼓励示范区先行发展，也是探索优质均衡发展目标下标准化建设的要求和方式。2015 年，江苏省义务教育学校办学标准的制定，与这些前期探索工作密不可分。因此，与全面改薄相结合的分类实施，有利于形成“前脚带，后脚跟”“顺次迭代，共同向前”的良好建设局面。

四、政策、标准与监测一体化的杠杆机制

义务教育学校标准化建设重在落实，也难在落实，政策驱动是很多地方普遍的做法。但正如很多人所认识到的，“徒政策无以自行”，因此很多地方将研制标准作为一种新的杠杆，以配合督导评估工作的实施。这在很大程度上改进了过去工作的不足，至少在强化市、县（市、区）政府建设责任方面发挥了重要作用。然而，标准也面临如何强化自身效力的问题，即标准的有效利用也需要杠杆。江苏省在全国率先实施的义务教育学校标准化建设监测制度便是这样的杠杆。政策、标准和监测三重杠杆的一体化，是江苏省义务教育学校标准化建设工作最大的创新，也是最值得借鉴的经验。

政策是推进义务教育学校标准化建设的第一重杠杆。从江苏省的实践来看，作为杠杆的政策有两种类型：目标性政策与工作性政策。前者是总体性的，重在明确义务教育学校标准化建设工作与义务教育乃至更大教育事业发展关系的前提下，提出标准化建设的目标、要求和任务。就一个省而言，目标性政策有省级层面自主颁发的，有国家层面颁发的，也有省级层面根据国家层面政策制定的。需要指出的是，并不是所有目标性政策都能转化为进一步的行动，也不是所有目标

性政策一经提出就能转化为行动。例如，在江苏省义务教育学校标准化建设过程中，1999年之前政策的行动转化度相对较低，2010年的《江苏省中长期教育改革和发展规划纲要（2010—2020 年）》则是众多政策中转化较快的。工作性政策大多是为了贯彻落实目标性政策，重在明确义务教育学校标准化建设工作实施的内容与方案。因为更为直接和具体，工作性政策的杠杆效应通常更为明显。江苏省的实践表明，重要的不只是发挥政策的杠杆效应，还要意识到政策本身的层次，做好不同层次政策的衔接，发挥政策体系的杠杆作用。

标准是推进义务教育学校标准化建设的第二重杠杆。21 世纪以来，基于标准的改革已经成为一种非常普遍的现象，对于义务教育学校标准化建设而言，制定标准更是极为重要的工作。很多研究者和实践者往往抽象或孤立地讨论办学标准本身的合理性，江苏省的实践则表明，办学标准的杠杆效应很大程度上不在于它离理想的办学标准有多远，而在于它的“合用性”。这种“合用性”体现在两个方面：首先，标准要指向和对接相应的政策。换言之，办学标准要具有情境适应性，不同阶段的政策要体现不同时期的情境要求。可见，江苏省义务教育学校办学标准的制定与落实是一个依据政策情境不断发展的过程。除此之外，办学标准的“合用性”还体现在标准本身的连续性上。在内容和要求上变动无常的办学标准，会打乱地方推进工作的安排，也会影响义务教育学校标准化建设工作整体持续发展的节奏。从薄弱地区和学校层面的办学标准到整体性的省定办学标准，从基本办学条件标准到更全面的办学条件标准，从办学条件标准到办学标准，江苏省义务教育学校办学标准始终保持着良好的连续性，并在连续中不断发展。这种办学标准上的连续性在很大程度上与政策的连续性密切相关，这也再次表明了整体考虑政策与标准两重杠杆的重要性。

监测是推进义务教育学校标准化建设的第三重杠杆。政策、标准和监测三种杠杆虽然存在接续关系（先政策，后标准，再监测），但很难说哪一种杠杆的重要性更为突出。政策指导着标准制定与监测工作，但政策落实的效果依赖于后两者；标准影响着政策效用，也是监测工作的基础，但自身更多是一种居间的工具，前依政策，后靠监测；监测可以强化标准和政策的效力，但本身不具有独立性。江苏省的实践表明，三种杠杆之间是一种边际效用递增的关系，标准会强化政策的效用，监测又会强化标准的效用。因此，关键不是三者中的哪一个更重要，而是如何实现三种杠杆的一体化，着眼于它们整体性的杠杆效应。很多省份在推进义务教育学校标准化建设过程中，其实也建立了各种“类监测”制度，即由省教育督导室或省教育评估院组织实施的督导评估。但它们与江苏省2016年启动的义务教育学校标准化建设监测制度有着根本区别，体现在三个方面。一是精准程度。一方面，作为监测工作基础的办学标准更突出定量数据的收集；另一方面，数据来源也尽量采用统计年报、中小学校舍信息管理系统、中小学资产与设备管理信息系统、教职工信息管理系统等公共数据，且学校和教育行政部门填报数据的要求也更加规范。更为客观的数据不仅为全面真实地了解义务教育学校标准化建设的情况提供了基础，也为细致科学地分析义务教育学校标准化建设过程中的问题提供了依据。二是动态程度。基于管理信息系统的监测工作，各级政府和学校能够即时了解各地各校的义务教育学校标准化建设进度，也能够掌握建设工作的总体态势，避免了标准化建设成为一项年度化节点性的工作。三是反馈作用。标准化建设监测具有考核评估与奖励表彰各市、县（市、区）推进工作的功能，但更重要的功能在于反馈改进，既包括省级层面工作的自我反思与改进，也包括对各地、各校建设工作的督促和指导。正是这三个方面的特征，使得江苏省的监测工作不仅能够发挥行政性的督促、检查作用，也能够发挥科学化的咨询、指导作用，从而增强了政策、标准与监测一体化的杠杆效果。

五、由点至面、体系清晰的工程化策略

作为一项政策要求，采用何种政策工具推进义务教育学校标准化建设工作，也是一个重要的问题。江苏省采用的是工程化策略，即以各种形式的专项工程推进义务教育学校标准化建设。这与其他省份并无大的区别，不同之处在于，江苏省的工程化策略连续性更好、体系感更强。

结合江苏省的实践来看，以工程方式推进义务教育学校标准化建设工作有三个方面的作用。第一，突出工作的重要性。诸如农村学校危房改造、“三新一亮”、“六有”、“四配套”、“校校通”等工程的确立，都显示出这些工作的重要性。之所以说它们重要，可能是因为时间比较紧迫，也可能是因为情况比较严重，还可能是因为工作本身很关键。第二，明确、具体的政策对象。教育政策通常是普遍性的，针对所有地区和学校，但设立专门工程就可以将工作范

围具体到特定对象。例如，就地区而言，有的工程针对苏北五市，有的工程针对发展基础好的改革示范区，有的工程针对农村地区。就学校而言，有的工程针对农村中小学，有的工程针对城区有薄弱环节的学校；有的工程针对小学，有的工程针对初中；还有的工程针对留守儿童、流动儿童等群体较多的学校。第三，获得建设经费支持。在某种程度上，这是工程化策略最为直接、最为重要的作用。一旦确立为专项工程，就意味着将获得专项经费的支持，既包括省级政府的专项资金，也包括市、县（市、区）政府的经费投入。第四，优化工作推进方式。专项工程往往有明确的任务目标、建设要求和完成时间，据此就可以将标准化建设任务细排到具体项目、具体时段、具体责任人，进而采取挂图作战、倒排整改等措施。第五，强化建设效果的考核。工程化的推进策略因其明确、具体、与其他教育事业发展工作能够相对分离，使得各级政府的工作效果更易于评估、考核。

江苏省义务教育学校标准化建设工作几乎都以工程的方式加以推进。这些工程由点到面，形成了清晰、有序的工程体系。最初的工程都聚焦于某一个具体的点，例如，危房改造工程聚焦农村学校校舍改造；“校校通”工程聚焦学校网络建设；“三新一亮”工程聚焦农村中小学教室的基本教学条件；“六有”工程聚焦农村中小学卫生设施和食宿条件；“四配套”工程聚焦农村中小学理化生史地实验设备、图书资料、体育和艺术教育器材。可以发现，这些工程有着较为清晰的发展层次。首先，在建设内容上，其与建设一所学校的过程相类似：先是校舍，后是课桌椅和电灯，再是教室周围的环境与食宿条件，然后到实验设备等与教学紧密相关的内容。其次，在对象范围上，也是一个不断扩展的过程，先是集中在学校、乡镇层面，然后关注到区域层面。

在基础性的办学条件得到基本满足后，江苏省义务教育学校标准化建设过程中实施的单项工程越来越少，而是发展成为整体性的工程，即 2012 年的“义务教育学校现代化工程”和 2015 年的“义务教育学校标准化建设工程”。其中，2012 年的“义务教育学校现代化工程”不只标志着从单项工程向整体工程的转变，还是“办学条件标准化”建设工程向“办学标准化”建设工程的转变。它意味着标准化建设又向前迈了一大步，即从关注教育机会保障的标准化建设到更关注教育内涵与过程的标准化建设。2015 年的“义务教育学校标准化建设工程”较 2012 年的“义务教育学校现代化工程”又有新的发展，后者主要指向义务教育基本均衡，前者则指向义务教育优质均衡。

总之，江苏省实施义务教育学校标准化建设相关工程的实践表明，以工程方式推进标准化建设是一种可以考虑的策略，但在实施上需要注意各种工程前后衔接、相互支撑的关系，在整体形成中不断提升层次。

参 考 文 献

陈学军. 义务教育学校标准化建设的问题及其方法论思考——基于×省三个县（市）的调研[J]. 教育学报，2021，（3）：95-106.

程红艳. 教育公平与教育质量关系之辩[J]. 南京社会科学，2014，(11)：116-123.

程晋宽，缪舒敏. 指向义务教育均衡优质发展的学校标准化建设路径——基于政策目标与政策手段的分析[J]. 教育发展研究，2017，(18)：8-14.

褚宏启，贾继娥. 教育治理中的多元主体及其作用互补[J]. 教育发展研究，2014，(19)：1-7.

杜复平，张谦. 区域内义务教育均衡发展：问题与对策[M]. 郑州：大象出版社，2015.

范国睿. 教育公平与和谐社会[J]. 教育研究，2005，(5)：21-25.

高士晶，和学新. 城乡义务教育学校建设标准的问题审视及优化策略[J]. 教育科学研究，2017，(1)：40-47.

高益民.《义务教育标准法》与日本义务教育的均衡发展[J]. 比较教育研究，2011，(10)：77-81.

关松林. 发达国家中小学教师培训的经验与启示——以美国、英国、日本为例[J]. 教育研究，2015，(12)：124-128.

蒋丹. 英国基础教育财政投入政策折射出的教育公平理念及启示[J]. 教育与经济，2009，(2)：58-63.

李敏. 义务教育非均衡发展动力机制研究[M]. 北京：中国社会科学出版社，2011.

李鹏，朱德全. 义务教育学校标准化建设：进程、问题与反思——基于 2010 年—2014 年全国义务教育办学条件数据的测度分析[J]. 清华大学教育研究，2016，(1)：110-117.

李晓燕，陶夏. 从均等到公平：美国教育平等理念的嬗变——基于 20 世纪 70 年代以来美国基础教育财政诉讼的视角[J]. 教育与经济，2015，(3)：58-64.

联合国教科文组织. 反思教育：向“全球共同利益”的理念转变？[M]. 联合国教科文组织总部中文科，译. 北京：教育科学出版社，2017.

刘艳芳，温晓东. 农村义务教育教师均衡配置困境及优化策略[J]. 教育学术月刊，2014，(12)：25-31.

秦玉友. 教育城镇化的异化样态反思及积极建设思路[J]. 教育发展研究，2017，(6)：1-7.

秦玉友. 农村小规模学校发展的基本判断与治理思路[J]. 教育研究，2018，(12)：81-86.

宋乃庆，肖林，辛涛. 改革开放以来义务教育办学条件建设：成就、反思与建议——基于数据分析的视角[J]. 教育学报，2019，(1)：47-55.
孙益，武美红. 如何用科学的手段来管理学校？——19 世纪末 20 世纪初管理进步主义影响下的美国学校教育变革[J]. 教育科学研究，2017，(6)：85-90.
田贤鹏，陈恩伦. 后标准化时代义务教育学校发展方式的转变[J]. 现代中小学教育，2014，(8)：19-22.
田祖荫，杨宇，胡成，等. 韩国、日本义务教育学校标准化建设情况调研报告[J]. 教育研究，2015，(10)：136-141.
王定华. 美国基础教育：观察与研究[M]. 北京：人民教育出版社，2016.
王继华，徐超. 学校文化建设标准的哲学思考[J]. 贵州大学学报（社会科学版），2014，(1)：1-10.
王天平，李鹏，王建平. 城乡中小学标准化建设的问题审视与优化之道——基于 N 市中小学标准化建设的调研[J]. 西南大学学报（社会科学版），2014，(3)：72-79，172-183.
韦恩·K. 霍伊，塞西尔·G. 米斯克尔. 教育管理学：理论·研究·实践[M]. 范国睿，主译. 北京：教育科学出版社，2011.
魏峰. 义务教育学校标准的制定：内涵、目标与方法论[J]. 教育发展研究，2017，(18)：15-21.
邬志辉，秦玉友，等. 中国农村教育发展报告 2016[M]. 北京：北京师范大学出版社，2017.
谢维和. 我国应该建立自己的教育标准[J]. 教育研究，2001，(11)：21-23.
辛涛，李珍，姜宇，等. 美国教育标准化改革现状及其启示[J]. 清华大学教育研究，2011，(6)：69-75.
杨舒涵，李玲，韩玉梅. 县（区）域内城乡义务教育学校标准化建设风险预警机制研究——基于西部 A 省 Y 县的调研[J]. 教育发展研究，2012，(7)：7-12.
杨兆山，金金. "建设标准化学校"搭建义务教育均衡发展的操作平台[J]. 东北师大学报（哲学社会科学版），2005，(5)：36-41.
杨兆山，张海波. 标准化学校：教育均衡发展视角下农村义务教育的发展路径[J]. 东北师大学报（哲学社会科学版），2008，(1)：24-29.
姚继军. "美国基础教育教育充足"标准的确立与影响[J]. 外国中小学教育，2018，(7)：10-16.
岳伟，黄道主. 彰显教育的公平与公益——城市免费义务教育问题研究[M]. 武汉：华中师范大学出版社，2014.
张新平. 关于基础教育阶段学校办学标准的若干思考[J]. 教育研究，2010，(6)：37-43.
Imbens G，Kalyanaraman K. Optimal bandwidth choice for the regression discontinuity estimator[J]. The Review of Economic Studies，2012，(3)：933-959.
Lee D S，Lemieux T. Regression discontinuity designs in economics[J]. Journal of Economic Literature，2010，(2)：281-355.

后　记

在强调个性化教育的时代，讨论学校标准化建设问题，可能很容易遭到误解以及批判。有些人会认为，教育高质量发展时代还讨论学校标准化建设，完全是与这个时代相背而行。殊不知，从理论、实践与政策上持续关注义务教育学校标准化建设，在当前仍然是极其重要的，因为标准化建设维持了教育的“底线公平”，是社会公平的基石。特别是对于边缘群体、薄弱学校、落后地区的发展而言，标准化建设无疑是重要举措与支持保障，在后扶贫时代仍然是“教育扶贫”的攻坚力量。为了推动义务教育优质均衡发展，让每一名学生享有“公平而有质量的教育”，我们必须以精准关切的目光审视新时代义务教育学校标准化建设的现状、问题与理路，对相关问题进行原理的再思考、视野的再比较、投入的再优化、农村的再关注、效果的再评估、经验的再提炼。从整个社会发展而言，标准化建设可以成为教育与社会发展的阶段性“底色”，“标准”及其蕴含的理性、科学、规范、高效等精神融入工作和生活，让我们节约了精力去做更多事情。标准犹如空气，我们意识不到其存在，但我们离不开它。无标准则无公平，标准化与个性化、高质量并不必然对立，相反，正如《教育部关于完善教育标准化工作的指导意见》中指出的，进入新时代，我国教育事业步入高质量发展阶段，教育标准的重要性愈益凸显。学生的个性化发展需求、学校的特色化建设愿景都是建立在标准化基础之上的，标准化是其基本前提。同在一片蓝天下，我国东中西部发展整体是不均衡的，通过义务教育学校标准化建设达到硬件、软件的合规，让每一个地区、每一所学校甚至每一个人都拥有发展的“权利”，进而才有更多的发展“可能性”。

本研究团队多年来始终聚焦办学标准等方面的研究，在此方面形成了一定的积累。关注义务教育学校标准化建设，同时也是肇始于一次契机。2016年，全国教育科学规划领导小组办公室将“义务教育学校标准化建设研究”作为国家社会科学基金教育学重点课题，面向社会正式公开招标。基于对这一问题重要性的认识以及长久以来的研究旨趣，我们参与投标并有幸获得这一课题。本书的出版是推动相关研究进程的一项重要成果。在过去的几年，我们形成了互学、共创、同成长的研究共同体，在数次沙龙、讲座、研讨活动中，每一位教师和研究生都积极参与，进行开放性的讨论与对话，在研究中实现了持续的成长。在此过程中，本书研究的开展离不开团队所有成员的努力，感谢研究过程中每一个人的智识贡献，尤其要感谢柳世玉在研究过程中所做的大量资料整理与协调工作，陈红燕在调研活动中的积极投入，刘冬冬在日常工作中所做的细致记录等。同时，衷心感谢调研中所有教师、领导等提供的真实资料与数据，他们的话语构成的“视域融合”，在一定意义上反映了义务教育学校标准化建设的“中国样态”。同时，也感谢本书所有参考文献的被引作者，他们的文字始终是中国义务教育学校标准化建设研究的底蕴与根基。

作为一项共同学习研讨的成果，本书各章分工如下：导论，张新平，佘林茂；第一章，佘林茂，张新平，何晨玥，陈学军；第二章，程晋宽，马嵘，夏杨燕；第三章，张雪，叶忠；第四章，魏峰，冯晓敏，周兆海；第五章，钟振国，张新平，佘林茂；第六章，刘燕丽，姚继军；第七章，陈学军。同时，本书在出版过程中，得到了科学出版社领导的指导和关心，朱丽娜、高丽丽等编辑老师付出了很大心力。

在新的历史时期，我国教育进入高质量发展时代，从标准化到高质量，并不意味着教育发展范式的断裂。相反，我们更愿意将其理解为教育现代化进程中的阶段性构成，超越学校标准化建设，走向教育高质量发展，意味着更大的责任担当。诚邀大家与我们一同踏上这一持续探索的道路！